"知心姐姐"在夏令营

2012年夏令营，"知心姐姐"和小朋友在一起

"知心姐姐"给孩子们签名

"知心姐姐"在工作中

卢勤教育文集

卢 勤 著

长大不容易

浙江文艺出版社
Zhejiang Literature & Art Publishing House

图书在版编目（CIP）数据

长大不容易 / 卢勤著. —杭州：浙江文艺出版社， 2019.4
ISBN 978-7-5339-5599-1

Ⅰ．①长… Ⅱ．①卢… Ⅲ．①家庭教育 Ⅳ．①G78

中国版本图书馆CIP数据核字（2019）第031260号

责任编辑　王晶琳
文字编辑　周琼华
特约编辑　刘程程
装帧设计　李　莹

长大不容易

卢勤　著

出版　浙江文艺出版社
地址　杭州市体育场路347号
邮编　310006
网址　www.zjwycbs.cn
经销　浙江省新华书店集团有限公司
印刷　三河市延风印装有限公司
开本　710毫米×1000毫米　　1/16
字数　342千字
印张　23
插页　4
印数　00001–10000
版次　2019年4月第1版　2019年4月第1次印刷
书号　ISBN 978-7-5339-5599-1
定价　35.80元

代再版序

我和书的故事

卢　勤

我的职业是记者、编辑。1979年我31岁，这一年，我进了中国少年报社。后当上"知心姐姐"，实现了我童年的梦想，就这样我乐此不疲地干了30年，直到60岁退休。

写书当作家，对我来说纯属意外。

1996年我48岁。在一次由全国妇联组织的"冬妮童话丛书"出版座谈会上，我做了10分钟的发言，得到时任全国妇联副主席、书记处第一书记黄启璪大姐的充分肯定。

过了十几天，中国妇女出版社当时的副社长薛宝根来找我。她说："全国妇联为了推动家庭精神文明建设，准备在全国开展'年轻妈妈读书活动'，要为年轻妈妈写一本书，启璪书记说：'就请卢勤来写吧！我看她儿童观很好，事例生动，语言也不错，一定能写好！'"

当时我真是受宠若惊，因为我不是作家，只是一个记者、一个编辑。我被这种高度信任深深感动了，白天上班，早晚加班，每天写3000字，苦战两个月，16万字的书稿终于完成了。

《写给年轻妈妈》一书出版后，全国妇联和中国妇女出版社就在全国开展了"年轻妈妈读书活动"。由于活动开展得好，仅仅三年时间，这本书重印了46次，发行量达到213万册，并荣获第六届中宣部"五个一工程奖"，成为当时全国十大畅销书之一。我本人也荣获"全国三八红旗手""巾帼建业标兵"称号，作为"全国更新家庭教育观念巡回报告团"成员，在全国几十个城市进行演讲。

静下心来想一想，究竟是什么力量促使我拿起笔写书的呢？我领悟到是信任的力量！信任能使人产生强烈的责任感，充分挖掘自身潜力、释放能量。

当新世纪到来时，中国妇女出版社又约我写了第二本书——《写给世纪父母》，全国妇联主办了"世纪父母读书活动"，后来此书荣获了"中国图书奖"。

《写给年轻妈妈》《写给世纪父母》出版后，我收到了许多读者的来信。家长的信任、社会的需求激起了我强烈的责任感，也激发了我对写书的兴趣。尤其当我看到许多孩子买了我写的书送给妈妈，有的孩子还来到报告会现场，坐在家长席上听我做报告时，我被感动了。我曾问一个坐在第一排的小男孩："你来听什么？"他说："我来听知心姐姐说说怎么教育孩子，我看看我爸妈教育孩子的方法对不对。他们为什么老打我？"

我被震撼了，孩子们也主动参与到家庭教育中来了，他们本来就是主体！

当时，我在《中国少年报》主持《知心姐姐》栏目。于是，我开辟了一个新栏目——《做人与做事》，同一话题，一篇写给孩子，一篇写给父母。讲给孩子的话，写在《知心姐姐讲座》专栏里；讲给父母的话，写在《知心家庭学校》里。

《做人与做事》栏目开办了3年，我先后写了《做人十大课题》《做事十大秘诀》《一生受益十大名句》，深受广大师生和父母的欢迎。

1999年的夏天，我去内蒙古参加一个作者座谈会，会上内蒙古的一位男老师带着三个小学生站起来说："卢老师，今天我们要送您一件礼物。《中国少年报》的《做人与做事》栏目同学们都很爱看，但报纸不够分，我们就抄下来了，做了手抄本，大家传着看。这就是手抄本，送给您！"

我接过三大本手抄本，只见每一页都书写工整，而且配了彩色插图。孩子们的用心感动得我流下了眼泪。读者的信任是对作者最大的鼓励，我决心以《做人与做事》为题，写一本父母与孩子共读的书，我从3年的讲座中，选择了10个话题，重新撰写了其中的20个故事。

2001年，在接力出版社的热情帮助下，亲子共读的《做人与做事——我和爸爸妈妈共同的话题》得以出版。这本书发行量突破160万册，并荣获第八届中宣部"五个一工程奖"。

2002年，我主编的《知心姐姐送给孩子的12件礼物》，由中国少年儿童出版社出版。

2000年时浙江发生了一起震惊全国的事件：17岁的浙江金华中学生用榔头打死了自己的母亲，原因是不堪母亲对其学业上过分的要求和给其带来的精神上的重压。这件事惊动了党中央，国家领导人为此专门发表了关于教育问题的谈话。事发7周后，我去了金华，和这名男生面对面谈了100分钟。我真的非常震撼，这名男生的母亲以"我都是为你好"为理由，从小就"绑架"了她的儿子,不给儿子一点自由的空间,致使儿子心灵世界一片荒芜,最终走向犯罪。他被判处十二年有期徒刑,进了少管所。我一直没有放弃,他服刑期间我年年去少管所看他,和他谈心,我走近他、了解他、鼓励他、帮助他。后来,他减刑6年提前出狱,我又帮他安排了工作。如今,他已自食其力,组建了家庭,成为一个帅气儿子的父亲。

那一年,我作为"预防青少年违法犯罪工程"的爱心大使,加入了共青团中央、全国少工委组织的"为了孩子的今天和明天——全国素质教育报告团",到各地去巡回报告。每当我走进一个个座无虚席的会场,面对一双双望子成龙的眼睛,我的内心便会掀起波澜。我发现,中国父母从来没有像今天这样关注孩子。我心中一直放不下这件事,朝思暮想:我能为中国的家庭教育再做些什么?一个家庭教育图书系列在我心中逐渐成形:《告诉孩子,你真棒!》(写给父母),《告诉世界,我能行!》(写给孩子),《告诉自己,太好了!》(写给父母、老师和孩子)。

2003年,长江文艺出版社北京图书中心总编辑金丽红和社长黎波得知我的想法后,给予了我热情的支持和有效的帮助。

2004年,《告诉孩子,你真棒!》出版了,一下子发行了一百多万册,这本书产生的社会影响是我始料未及的,至今还有很多读者会说起这本书对自己的影响。

想起14年前,这本书刚刚出版时,一个妈妈拿着《告诉孩子,你真棒!》来找我,愁眉苦脸地对我说:"卢老师,你看!"只见封面上书名的"棒"字,被用铅笔改成了"差"字!"这是我上四年级的女儿干的!她在学校挺好,可我老觉得她不如别人,老说她,所以她对我很有意见!"

我笑了:"你女儿很有智慧,用这样的方式表达了对你的意见。你老说孩子差,孩子会越来越差;你常说孩子棒,孩子会越来越棒。什么样的语言环境培养什么样的孩子。"8年后,在一家银行,我再次见到这位妈妈,她笑容满面地告诉我,由于自己的改变,女儿发展得很好,今年考上北京大学了。

金丽红总编曾说:"这本书的价值,不仅仅在于发行数量大,更在于改变了广大父母的教育观念。"

金丽红说的对——家庭教育类的图书与小说不同,它的价值不在于故事情节引人入胜,而在于传播的教育观念能切中时弊。一念之差,就有可能改变一个孩子的命运。

是的，错误的理念，会让孩子变为恶魔；正确的理念，会让孩子变为天使。此后，为父母、为孩子写作，成为我神圣的使命，从那年开始，我几乎年年出一本专著。

2005年"六一"前夕，《告诉世界，我能行——成长面对的50个问题》由中国少年儿童出版社、长江文艺出版社联合出版。

2006年，《告诉自己，太好了！》由中国少年儿童出版社出版。同年，我主编的《发掘孩子的大脑潜能》由地震出版社出版。

2007年，《好父母，好孩子》《把孩子培养成财富》由漓江出版社出版。书中表达的观念是：父母与其把财富留给孩子，不如把孩子变成财富。

2008年，四川汶川发生了大地震。当地震发生的时候，当灾难降临的时候，中国人民团结起来了，我们同时看到了一种伟大的力量——爱的力量，这是道德力量的基石。同年7月，我的新书《卢勤谈如何爱孩子》，由陕西师范大学出版社出版，书中总结出10种爱孩子的方法。

2011年，长江文艺出版社北京图书中心约我写了第二本书：《长大不容易》。本书传达了"长大不容易，成长有规律"的教育理念，发出了"教育儿童必须符合儿童身心发展的规律和年龄特征，否则会导致不良后果"的呼唤。同年，长江文艺出版社出版了《卢勤30年家教智慧文集》。

2013年，译林出版社出版了《卢勤家庭教育文集》。

2014年，我主编的《男孩梦》《女孩梦》由北京师范大学出版社出版。

2014年，以"知心姐姐语录"的方式编写的儿童读物《和烦恼说再见》，由中国少年儿童出版社出版。

2017年，由汇智光华策划、广东经济出版社打造的"中国当代家庭教育经典系列"同世了，内含《告诉孩子，你真棒！》《告诉世界，我能行！》《告诉自己，太好了！》。

2017年，《让每个孩子都精彩》由长江文艺出版社出版。

2018年，《悦长大——把孩子当孩子》由现代出版社出版。

这些书的总发行量超过1000万册。

我从48岁开始写书，今年已70岁，一晃22年过去，真是弹指一挥间。回想二十多年来写书的历程，我不仅收获满满，还得到许多贵人的指点。中宣部原常务副部长、中国家庭文化研究会原会长徐惟诚（笔名：余心言）

4次为我的书作序，给了我极大的鼓励。

在中国少年儿童出版社出版的《知心姐姐书系（家庭版）》中，徐惟诚写了总序，题目是《受欢迎的知心姐姐》，其中有几段是这样写的：

> 知心姐姐写的书是受人欢迎的。孩子欢迎，家长也欢迎。她的每一本新书写出来都很畅销，一版、再版，还不断有人盗版，说明客观上社会对这类好书有着强烈的需求。
>
> 《知心姐姐》本来是《中国少年报》上一个面向读者解答问题的专栏。卢勤同志主持这个专栏多年，最终打造出了这样一个知名的品牌。其中的奥妙何在？
>
> 首先，她爱孩子。一听到有关孩子的事，卢勤就两眼放光。听到孩子有什么困难，她千方百计也要帮助解决。孩子说什么，孩子的父母说什么，她都能倾听，而且不断地引导、鼓励对方把话说完、说透。这样她就能彻底理解孩子，也能充分理解家长。于是，她说出来的话就能为对方着想，并且从对方的实际出发，真正做到了"知心"。这正是做思想工作、解决问题的最根本的条件。因为做到了这一点，孩子们把她看成知心姐姐，家长们也把她看成知心姐姐，她就成功了一大半。
>
> 其次，她很勤快。她的名字叫卢勤，确实也勤于学习。别人有什么好主意，她就会马上记到自己的小本子上，而且记得特别详细，到时候拿出来就能用。孩子的倾诉，家长的倾诉，她都不厌其烦地一一记下，也记得特别详细。这样，她肚子里就有说不完的有关孩子成长的故事，有成功的经验，也有失败的教训。许多地方都请她去做有关孩子健康成长的报告，她都尽可能地不予推辞，终年四处奔波，一遍遍地讲，讲完了还耐心地回答各种提问。她的思想就在这样的劳顿之中一遍遍地被打磨得更成熟、更精致。她说的道理是正确的，但又不是套话、空话，更不是令人难以理解的官话，而是合乎道理、实实在在、一针见血的大实话，这就自然受到了孩子和家长的欢迎。也许她还有许多其他的重要经验，但我认为这两条是最根本的，也是最重要的。

徐惟诚部长后来成为中国大百科全书出版社总编辑，他自己本身就是大作家，工作又十分繁忙，他舍得抽出时间，那么认真地为我的书写序，还给予了高度的评价，让我十分感动，也深受教育。他帮助我总结出"先做好人，再写好书"的道理，让我明白：先要成为读者的知心朋友，写的书才能受到读者欢迎；只有"走进"读者的心，才能"赢得"读者的心。

教育部原总督学柳斌、中国少年儿童新闻出版总社原社长海飞与李学谦，都曾热情地为我的书作序，让我十分感动。

在图书出版过程中，各家出版社的领导、编辑给了我多方面的关心、支持和帮助，不仅使我的写作水平得到提高，也令我的教育思想得到了升华。

更让我感动的是千千万万读者对我的鼓励和支持。无论是爸爸、妈妈、爷爷、奶奶们，还是男孩女孩们，见了面，他们常常会说——读了你的书，我的孩子教育好了，今天如何如何精彩……没见面的，会写信告诉我，他读书后变化有多大……

今年，在中国北京凤凰中心举办的"2017—2018华人教育家大会"上，我意外荣获了"华人教育名家"称号。本想我都70岁了，应该和各种奖项告别了，突然又得到这样的殊荣，我内心很激动。在颁奖会上，主持人让我发表获奖感言，我说："昨天去北京医院做针灸，等待时，一位女士跑过来激动地和我说：'十年前我看了你的书，我改变了教育儿子的方法，从打骂指责变为鼓励，我儿子变得可好了，今年考上了美国前十名的大学！我一直想感谢你，今天终于见到你了！'说完她情不自禁地和我拥抱。这样的场景，我经常会遇到，也常被感动得热泪盈眶。刚才主持人问我，从事40年儿童教育和家庭教育，我最大的成就感是什么？现在我可以真诚地告诉大家：幸福灿烂的笑脸。"

这就是书的魅力！书可以不受时空的限制，飞到任何需要她的地方；书可以陪伴任何需要她陪伴的人一起成长。我感谢书，给我带来朋友；也感谢书，让我的生命得到延续。

我还要特别感谢在北京凤凰壹力文化发展有限公司的策划下，在我70岁这一年，由浙江文艺出版社为我出版的这套《卢勤教育文集》，这是一份对我来说价值连城的生日礼物！她记录下70年来我成长、工作、奋斗的历程，也记录下爱我的师长、朋友、家长、孩子对我的信任和支持。在这里，我谢谢大家！

2018年11月12日夜，北京家中

序

长大不容易，成长有规律

新书要出版了，朋友们都问："你的新书叫啥名呀？"

"《长大不容易》。"我脱口而出。

"太好了，说到我们心里去了！"朋友们异口同声。

的确，"长大不容易"，这正是养育过孩子的父母共同的感慨。

我是第一代独生子的母亲。当我同你一样，经历了一个小小的生命从孕育到出生，从婴儿到幼儿，从童年到少年，从青年到成人的全过程，才真真切切地感受到"长大不容易"！也才会打从心底感悟到"养儿方知父母恩"千真万确。

如今做了奶奶，目睹了小孙子从0岁到1岁长大的过程，与他的父母一起经历了焦急和纠结，又更加感到，"长大真的不容易"！

有人说："第一个孩子翻书养，第二个孩子当猪养。"虽是玩笑话，但也说明成长规律的重要。

第一次养育孩子，做父母的除了欣喜与惊奇，更多的是焦虑和郁闷。不知孩子的表现是正常还是有病？是必然还是偶然？经历了，知道什么时候会发生什么变化，心就放下了。

小孙子4个月大时，来了陌生人，只要朝他笑，他就会咯咯笑；到6个月大时，见到陌生的男人，他就会大哭；到9个月大时，见到陌生人，他会用怀疑的眼光盯着这个人的脸看，看过20秒后，再决定是哭还是笑。

三十多年前儿子小的时候，我没那么仔细地观察过，如今看到孙子的变化，我有点担心，是不是宝宝受了什么惊吓？是不是他不高兴了？为了逗他笑，我把他抛入空中，再接住，两次我的腰就抻了……

躺在床上翻书一看才得知，这是宝宝成长的必然规律：4个月的宝宝大脑皮层还没有完全连通，没有陌生感；6个月后，大脑皮层的机能逐渐完善了，可以辨别熟悉和陌生事物，感到危险时他就会哭，"认生"实际是长大的表现。到12个月大时，怯生的感觉才逐渐消失，认为眼前这个陌生人不会对自己有伤害，所以不再恐慌。果然，小孙子长到12个月时，见到生人就很少哭闹了，又咯咯笑了。

宝宝的变化，完全是大脑独特运转的方式，不是早教的结果，更不是有什么毛病。

做了三十来年的"知心姐姐"，我接触过无数焦虑的父母。我写这本书，就是想告诉父母朋友们："长大不容易，成长有规律。"我们不必焦虑，但是，我们需要学习。

正像法国启蒙思想家、教育家卢梭所言："教育儿童必须符合儿童身心发展的规律和年龄特征，否则会导致不良后果""在万物的秩序中，人类有他的地位，在人生的秩序中，童年有他的地位，即应把成人当成人，把孩子当孩子"。

一天，外出讲课互动，上来一个3岁的孩子，我蹲身问他："孩子，你有什么烦恼呀？"男孩儿想了想，天真地问："阿婆，什么叫烦恼呀？"我忽然意识到，他还是一个孩子，他还不懂什么叫烦恼。

生活中，我们常常会忽略不同年龄的成长特点，用成人的思维看待孩子，把孩子当作成人，所以，我们会做出一些违背孩子成长规律的事情。

在《长大不容易》这本书中，我总结了不同年龄段、不同成长期要特别关注的点滴问题，与大家做分享。

比如：在孕育生命期中，你想让宝宝健康漂亮吗？那就"不要生蜜月宝宝"，保持好心情。

在婴儿成长期，要抓住"大脑发育的各个关键期"；爷爷奶奶要把孩子的起名权交还给孩子的父母，并让他们明白"孩子要自己带"，付出了才会有感情，经历了才会有经验；2～3个月的宝宝爱吃手，这是一种心理需求，所以"该吃手时就吃手"，大人千万别打扰。

在幼儿成长期中，面对孩子第一个反抗期，一定要让他体验到"无理取闹不能赢"，否则你将很难对付他；早期教育应该学什么？千万记住"人生是马拉松不是短跑"，不能因为我们的短视，误把人生的长跑当短跑；不能因为我们的无知，错把孩子看成学习的机器；更不能因为我们的功利，剥夺孩子最宝贵的童年。我们既不能急功近利，也不能坐失良机。

在儿童成长期中，别忘了"替孩子等于害孩子""放手才能放心"；想让孩子快乐，最好的办法是培养孩子的爱心，因为"爱心决定快乐"；想让孩子有创新才能吗？一定"把问题留给孩子"；想让孩子学习好吗？"习惯影响一生"。

在少年成长期中，经历最重要，"小孩打架，大人别管"，孩子是在交往中学会交流的；想让孩子成为"重要人物"吗？一定让他拥有"小孩儿说话也管用"的成功体验；风华正茂的少年，一定要走出宅门，融入大自然，"眼光决定未来""梦想让你了不起"。

在青年成长期中，自尊、自立、自爱最重要，不要和别人攀比，"龙生九子，子子不同"嘛；面对留守与孤独，面对父母打工或离异，面对灾难与失败，永远不回避，经历就是财富，挺起腰杆做人，"理解了，就长大了"；记住，"舍得用，孩子才能成大器"，"用"了孩子，别忘了说："有儿子就是不一样！""有个女儿真好！"

步入成人期后，应把成人当成人，引导孩子不靠你我，"理想，给力"；把选择权交给孩子，选择职业，选择伴侣，选择人生，靠的是责任，"责任心让你成为自己的贵人"。

家的影响是巨大的，父母不要把财富留给孩子，要"把孩子培养成财富"。人与人之间，什么最重要？明白了，你就幸福了！快乐的秘诀是什么？做到了，一家子就快乐了！

"长大不容易，成长有规律。"走过了，才会明白，世界上没有后悔药，如果明白地走，会走得更明白。

卢勤

2011 年 2 月 17 日（元宵节）

于北京

Contents | 目 录

第三章　幼儿成长期

第四章　儿童成长期

第五章　少年成长期

第六章　青年成长期

第一章

孕育生命期

不要生"蜜月宝宝"

不要生"蜜月宝宝"。这是为什么呢?

因为人在度蜜月时最辛苦:喝酒、放纵、生活无规律,导致精子、卵子疲劳不堪,状态较差。

三十多年前,我在白城地区知青办担任副主任,白城地区辖下有11个县。我经常去乡下调查知青的生存状态,同时也了解了许多农村的生活情况。

有一次,我去一个蒙古族村,发现村里有好几个"傻"孩子。我问村干部这是怎么回事,村干部摇摇头说:"嗨!你到他们家去看看就知道了。"

我走访了三户"傻"孩子家,发现这些家都很贫穷,屋里没有什么家具,有的只是一堆堆的酒瓶子,连屋檐都是酒瓶子砌成的。原来,孩子的父亲和爷爷都是"酒鬼",饮酒无度。

我明白了,这些"傻"孩子,很可能是因为酒精中毒而变傻的。

同时,我也要对女青年说,结婚当天和度蜜月时千万不要怀孩子。因为结婚当天新娘是最累的。婚礼前要准备宴会上吃的用的,布置新房,还要精心打扮,好人也会累个半死。婚礼当天,新娘还要一桌桌敬酒,一个个嘉宾都要应酬,自己饭也吃不好,等人走席散时,你也筋疲力尽了。体力不佳不说,精神也十分疲惫,心情自然不是最佳了。如果你想生个健康快乐的宝宝,一定要等到自己健康快乐时再怀孩子。

这些年轻朋友听了我的劝告,生出了健康快乐的宝宝,都会来感谢我,让我给孩子起名字,我自然很有成就感。

我和我先生是结婚一年后要的孩子。值得庆幸的是,我先生和儿子都不喝酒,祖上又无遗传病史,自然不必担心孩子的"呆傻"。于是,怎样让宝宝健康快乐地成长,成了我最关心的事。

第一，要让精子"精力旺盛"，充满生命力。怀孕前，我鼓励我先生经常去帮邻居家挖菜窖。东北储存冬菜，家家都有菜窖。邻居家夫妇都是大学教授，年纪大了，挖不动。我家先生年轻力壮，正好帮上忙。他干劲冲天，一为老人二为孩子，积极性很高，每天下班回来都干得满头大汗，身体自然很健康。

第二，要让卵子"活力无限"，保持好心态。我呢，每天又唱又跳，快乐无比，从不生气。当时我被派到地区"五七"干校，怀着孕还下地干活。我的体质从小就好，又经过下乡插队锻炼，干点活不算什么，只是格外小心罢了，像年轻时登高、跳墙头这种冒险的事就不干了。

实践证明，多晒太阳、适量运动和负重，对准妈妈来说是十分有益的，可以靠自己的消化吸收去补充能量，起到补钙的作用。

本来我准备六月份在东北生孩子，那个季节东北瓜果梨桃都下来了，阳光灿烂，气候宜人，不冷不热，"坐月子"正适宜。谁知，我老公所在的吉林农大搬回长春，白城只剩下我一个人。我只好回北京生子了。

北京的六月热得我汗流浃背。可是毕竟是回到妈妈身边，我心里还是很开心的，放心了很多。

预产期马上要到了，可我没有一点异常反应，只觉得肚子里的小家伙在踢我，好像在说："我要出来！"

我带着他，每天跑来跑去，玩得很开心。分娩前一天下午，我竟独自跑到北京"蟾宫"电影院看了一部电影《列宁在十月》。

晚上七点半，开始见红。我年迈的父母把我送进北京妇产医院，第二天清晨，儿子就出生了，那第一声啼哭声音特大。

说来也巧，我儿媳分娩前一天，我和儿子全家去北京"蓝色港湾"看了一部现代大片《阿凡达》。

儿子幽默地对我说："我出生前看的是《列宁在十月》，我儿子看的是《阿凡达》。时隔31年，世界发生了多大变化！我俩隔了好几个时代了呀！"

好心情从哪儿来？

不久前中央电视台播放了一个专访，解读一位 106 岁的上海老人的长寿秘诀，这位老人一生做过 4 次大手术，其中有 3 次都是因为癌症。最后一次手术是在她 88 岁那年，当知道病情的时候，她只是微微一笑说："没事，开掉了就好了。"如此淡定地对待病魔，是需要多大的勇气呀。这是一种心境。她的子女说她从不生气，看待什么事都往好的方面想，时时拥有一份好心情，这个年龄的她思维依旧清晰，还能打麻将呢。"好心情"是她能够健康长寿的秘诀。

好心情，能让人快乐；好心情，对人的健康有益；好心情，能让人越长越漂亮。好心情对孕育孩子的母亲来说起着不可小视的作用。

既然"好心情"对孕妇是那么重要，你一定要问，好心情究竟从哪儿来呢？

在这里，向你提供 9 种拥有好情绪的方法：

心中充满幸福感

准妈妈的幸福感，会使身体产生极其有益的内分泌物质，带给胎儿最好的精神营养。

假如你怀孕了，一定要这样想："世界上没有什么比孕育生命更伟大，没有什么比看着一个孩子成长更让人着迷的了。我是世界上最幸福的女人，因为我有孩子了！"

当肚子越来越大时，你慢慢地走在路上，有人看你，你就想："看，我多棒，我有宝宝了！"你会发现，别人向你投来的都是羡慕的眼光。

只要你这样想，幸福感就会油然而生。

把快乐留住

延长快乐。快乐没到来，提前享受快乐；快乐来到，全身心投入快乐；快乐过去，不断回味快乐。同时，把快乐与别人分享。

缩短烦恼。烦恼没来，不提前去想；烦恼到来，一定不去想，扔到太平洋；烦恼走了，再也不想。不跟别人说烦恼，说一遍必是烦一遍。

筛选记忆。一生有酸甜苦辣，躺在床上不要打翻五味瓶，尽想心酸事和不顺心的往事。只把快乐留住，把烦恼变成收获。

记住，快乐不是你拥有得多，而是你计较得少。

想象一个美丽的娃娃头像

在你心中描画一个美丽的娃娃头像，天天想，想他（她）眼睛有多亮，多有神，头发有多黑，鼻子有多高，嘴型有多好看，皮肤多么白嫩……越想越美，简直就是一个"小天使"。

欣赏大自然的美景

大自然能陶冶人的情操，让人心旷神怡。你一边观赏大自然的美景，一边讲给胎儿听："宝宝，你看枫叶红了，红得醉人；宝宝，你听，小鸟在歌唱，唱得迷人……"你的心飞扬，孩子会手舞足蹈，和你一起欣赏景物。

观赏美术作品

高雅的美术作品能让人浮想联翩、心静如水。如果你能带着腹中的宝宝走进美术馆，那宝宝一定会感谢你，是你让他感受到什么是美。

聆听优美的音乐

音乐能治愈人心中的疾病。如果你心有不快，听一听优美、圆润、柔和的音乐，就会产生快感。而这种快感传达给胎儿，极利于胎儿智力的发展和活泼性格的养成。音乐胎教会传播下艺术的种子，聆听优美的音乐，还能够培养孩子的艺术气质。

阅读文字优美的书籍

最好阅读童话和科学育儿类的书籍，使自己精神食粮的仓库富足。这样准妈妈才不会因为孤独而感到寂寞，也会给胎儿带来第一笔"精神财富"。

多到户外运动

运动是发泄心中不快的最好渠道。每天出去散散步，实际是去散散心。通过深呼吸，把体内的浊气吐出去，把新鲜的空气吸进来，这叫吐故纳新。一呼一吸中，心中积压的郁气也随之排出体外。

和丈夫一起把家布置得整洁美观

一个赏心悦目的家，会使夫妇二人都拥有好心情。孩子没出生前，做好物质的准备，对准妈妈来说，才会放宽心，安心育子生子。

由一个年轻的女子转变成一位母亲，是一件非常美好的事情，也是人生的一次美好转变。母亲心情好坏，对胎儿的情绪、性格、健康、心理起着至关重要的作用。

快乐起来吧！准妈妈！把嘴角翘起来，像"⌣"一样。有人说这叫"宝船嘴"，你看船，翘得越高，装的宝贝就越多。

拥有好心情，做个幸福的女人，也让宝宝幸福。

爱子先爱妻

你知道我孙子会说的第一个词是什么吗？是"爸爸"。

这是为什么呢？因为小虎在妈妈肚子里时，听得最多的就是爸爸的"男低音"："我是你爸爸！"

英国科学家通过对胎儿的听觉功能试验得出了一个结论：胎儿最容易接受低频率的声音。他们给一组 8 个月大的胎儿听低音大管乐曲后，胎动大大加强。这组胎儿出生后只要一听到类似男子声音的乐曲，便停止哭闹，露出笑容。

儿子从中学开始喜欢吹大号，还是北京金帆交响乐团的首席大号。他平时说话也是低沉、浑厚，酷似男中音。妻子怀孕后，他常常摸着妻子的肚皮和孩子说话。每次妻子去做产前检查，他都陪着去，一起听胎音，有时他还在旁边"伴奏"。

美国优生学家认为，胎儿最喜欢爸爸的声音和爱抚。

当妻子怀孕后，丈夫可经常隔着肚皮轻轻抚摸胎儿，胎儿对爸爸手掌的移位能做出积极的反应。男性特有的低沉、宽厚、粗犷的声音更适合胎儿的听觉功能发育，也许是因为胎儿天生就爱听爸爸的声音，所以胎儿对这种声音都表现出积极的反应，这一点是妈妈无法取代的。

由于胎儿具有辨别各种声音并做出相应反应的能力，美国的科研人员建议，准爸爸应经常与胎儿对话，让孩子一出生，就能立刻识别出爸爸的声音。

据说有这样一个案例：一位美国准爸爸，从胎儿 7 个月开始，经常一边对胎儿说"小宝贝，我是你爸爸"，一边抚摸着妻子的腹部。每当这句话从这位准爸爸的嘴里说出来时，胎儿就会表现出兴奋的蠕动。当这个宝宝出生后，因环境的突变产生不安而哭闹时，这位爸爸只要说"小宝贝，我是你爸爸"，宝宝就像着了魔一样立即停止哭闹。以后，每当宝宝哭闹时，这位爸爸只要说"小宝贝，我是你爸爸"，宝宝也立刻会从哭闹中安静下来。

准爸爸参与到胎教中，在国外也被称为"父式胎教"。

日本育婴文化研究所的谷口裕先生，在妻子妊娠期间曾实验过"父式胎教"：每天晚上临睡前，这位准爸爸都会把手放在妻子的腹部，对宝宝说："你今天又长那么多，我是你爸爸呀！"丈夫抚摸妊娠中妻子的腹部，这种亲昵的动作，不仅会讨宝宝的欢喜，对准妈妈来说，也是件非常愉快的事情。而准妈妈的愉悦，对孩子的成长影响重大。

有的年轻人不懂事，在妻子怀孕时，还和妻子吵架、闹别扭。妻子心情不好，自然不利于宝宝健康生长。

"爱子先爱妻"。准爸爸在创造良好的胎教环境、调节妻子的胎教情绪等方面，有着别人代替不了的重要作用。准爸爸应倍加关心、爱护、体贴怀孕的妻子，让妻子时刻体会到家庭的温暖；主动承担家务，保证妻子有充足的休息和睡眠时间；尽量给妻子创造安静、舒适、整洁的环境；切忌惹妻子生气，更不要发生争吵，避免妻子受到不良情绪的刺激；不要吸烟，要节制性生活；与妻子同听悠扬的乐曲，共赏优美的图画；经常陪妻子散步，到公园或户外去欣赏自然美景。

怀孕期间，不仅准妈妈要微笑，准爸爸也要微笑。因为准爸爸的情绪，常常会影响妻子的情绪。孕妇快乐，这种良好的心态会传给腹中的宝宝，让宝宝也快乐。胎儿受到了这种良好的影响，会在生理、心理方面健康发育。因此，微笑也是准爸爸给予宝宝的胎教。

十月怀胎，是促进夫妻感情的最佳时期。

爱子先爱妻。

准妈妈的情绪有可能影响孩子智力

人与动物都有情感，人之所以是生灵之首，除了智慧和创造力之外，还因为人是情感最为丰富的生灵。

人是情感性的动物，准妈妈的情绪（情感）有可能影响胎教。情绪是情感更细致的表现。

胎儿在母体内并不只是恬然入梦，而是一开始就受到母亲的生理和心理变化的影响。

当得知就要有个孩子的时候，许多女性都会狂喜。于是，她们会在整个孕期快乐地畅想未来宝宝的一切。孩子降临之后，就会快乐而自然地一下子投入母亲的角色，爱的感觉会在瞬间迸发，而且强烈到难以与孩子分割。

但是，也有一些准爸爸准妈妈没有制订妊娠计划，而是偶然地怀孕了。这时，有些准妈妈带着惊慌的表情说："糟糕，我怀孕了！"这种情绪对胎儿影响很不好。

胎儿孕育在母体内，最早接触的声音就是妈妈的心跳和脉搏，从心跳的频率中，胎儿能直接感受到准妈妈的喜怒哀乐。因此控制情绪，保持心境平和，是准妈妈进行胎教的第一门功课，而且是极其重要的一门功课。

我国古代有记载："孕借母气以生，呼吸相通，喜怒相应，一有偏奇，即致子疾。"意思就是说母亲的情绪和呼吸与胎儿相应相通，一旦有了偏差，可能给胎儿带来不好的影响。

一对普通的美国夫妇，培养了四个十分优秀的孩子，妈妈的名字叫斯瑟蒂克，她创造的"斯瑟蒂克胎教法"风靡全球。

"斯瑟蒂克胎教法"曾被人们认为是世界上最精彩的胎教方法之一，主要原因是约瑟夫和斯瑟蒂克夫妇在情绪控制方面获得了很大的成功。

孩子的爸爸约瑟夫曾对妻子提到过，最理解母亲心情的是腹中的胎儿，如果母亲把注意力集中在胎儿身上，那么母亲说的话、想教的东西就一定会被他接受，但决不能对他持有毫不负责的或是抱怨的态度。另外，焦虑和不安的情绪也是不好的。为此，母亲要经常以一种安详、和蔼和稳定的情绪，保护这个小生命，直到他来到这个世界。只有这样，胎儿才能安心地倾听母亲的话，学到更多的东西。

斯瑟蒂克理解了丈夫的意思，她相信，母子之间是心心相印、彼此影响的。胎儿在母体内不仅能看到、听到、感觉到很多东西，而且他还能领会到母亲所感觉和思考的问题。

她在实践中总结出"斯瑟蒂克胎教法"，操作性很强，很值得中国的父母认真学习：

· 经常用悦耳、快乐的声音唱歌给胎儿听。

· 多播旋律优美、节奏明快的音乐或歌曲，将幸福与爱的感觉传递给胎儿。

· 随时与胎儿交谈。由早上到晚上就寝，一天里在做着什么，想着什么，都跟胎儿说。例如，早上起床，跟胎儿说早安，告诉他现在是上午，可以将当天的天气告诉给胎儿。

· 讲故事给胎儿听。自己必须先了解故事的内容，然后用丰富的想象力，把故事说给胎儿听，声音要富有感情，不要单调乏味。

· 多出外散步，培养见识。出外散步，不论是看到什么，如车辆、商品、行人、植物、动物，都可以将它们变成有趣的话题，带着感情细致地描绘给胎儿听。

· 利用形象语言，在白色的图画纸上，用各种色彩来描绘文字或数字，加强视觉效果。教文字时，除反复念之外，还要用手描绘字形，并牢牢记住文字的形状与颜色，而且要有形象化的解说。如告诉胎儿"1 加 1 等于 2"时，不妨说妈妈有一个苹果，如果爸爸给我一个苹果，那么，我们有两个苹果。

· 出世后跟进。等小孩出生以后，最好把胎教所用过的东西，放在婴儿面前，如此一来，婴儿会慢慢回忆起以前学过的东西。

日本著名早教专家、教育学博士七田真先生根据他多年的研究成果发现，如果在胎儿时期妈妈就和孩子进行心灵交流，用丰富的语言和他对话，向他传递信息，那么孩子在出生之后，会呈现六大特征：总是面带笑容，情绪稳定；晚上不会哭闹；说话早；理解力、学习能力强；喜欢与人相处，开朗；右脑发达。

　　胎教的真实目的，并不只是向胎儿传递知识，而是向胎儿传递父母对他"真切的爱"。如果没有父母对胎儿真切的爱，准妈妈就无法和胎儿产生心灵的交流，母子之间的纽带关系也无法建立起来，"母子连心"将成为一句空话。

准妈妈的生活要有规律

有位婴儿的母亲问我："为什么我的孩子白天睡觉，晚上不睡，又哭又闹？"我便问她怀孕的时候作息时间是怎么安排的。

她说："为了保胎，我怀孕以后一直在家，白天睡觉，晚上就睡不着了。"

"这就对了。"我说，"母子连心，胎儿在你腹中的时候，他的生活习惯和你是相似的。你违背了规律，孩子的生活自然就没规律了。"

曲黎敏在《从头到脚说健康》中，特别指出生活规律的重要性。她在解释《黄帝内经》这部经典医书时说："所谓'天道'，就是日升月落，也就是昼夜。居处应法天道，是说天亮了人就应该起床，人自身的阳气和天地的阳气一起生发，如果老睡懒觉的话，人就会没精神。天黑了人就应该睡觉，使阳气得以潜藏，用阴气来养阳气。这就是居处法天道，要求我们遵循着阴阳四季和昼夜寒暑来合理地安排个人的起居生活。"

胎教专家斯瑟蒂克认为，母亲在怀孕的时候，生活要有规律。她说："母亲的生活如果没有规律，胎儿当然不会有很自然的生活节奏。"从受孕到怀孕第4个月为前期，从怀孕第5个月到分娩为后期。她把10个月的孕期分为前期和后期两部分，并且分别制订了一日生活安排表。下面把她的经验介绍给大家，供准妈妈们参考：

斯瑟蒂克妊娠前期(妊娠前4个月)的一日安排表

时间		生活·行动	胎教内容
上午	6：00	起床 准备早餐、洗衣服	早上好 听音乐
	7：00	吃早餐 收拾饭桌	
	8：00	打扫房间	唱歌
	9：00		给胎儿讲自己创作的故事和读幼儿画册
	10：00	"子宫对话"	
	11：00	吃午餐	
下午	12：00	午休	
	13：00	织毛衣或做针线活	通过对话与胎儿进行交流
	14：00	熨毛衣、干杂事	
	15：00	散步	进行自然科学的学习
	16：00	买东西	
	17：00	休息、准备晚餐	听音乐
晚上	18：00	吃晚餐	
	19：00	收拾饭桌 洗澡	
	20：00	夫妇配合进行"子宫对话"	请丈夫讲社会、科学方面的知识
	21：00	读书	
	22：00	睡觉	

斯瑟蒂克的胎教之所以取得巨大成功，是她坚持了按照制订的孕期胎教课程生活，严格执行，让胎儿对母亲产生信赖。

从怀孕第5个月到分娩这段时期，是胎教的重点和关键所在。

第5个月，当母亲感觉到胎动以后，婴儿与母亲的关系就更加亲密了。斯瑟蒂克提到，当胎儿一会儿动动全身，一会儿像小鸟拍打翅膀一样活动手脚，仿佛用身体动作说话时，一定要对此做出反应。她认为随着这种母子纽带的日渐牢固，胎儿在智慧、情操方面的发育速度会呈几何级数增加。

斯瑟蒂克妊娠后期(妊娠第5个月到出生)的一日安排表

时间		生活·行动	胎教内容
上午	6:00	起床 准备早餐、洗衣服	早上好 听音乐
	7:00	吃早餐 收拾饭桌	讲在洗脸间、厨房的行动及早餐内容
	8:00	打扫房间	唱歌
	9:00		临摹单字拼读单词
	10:00	打扫房间、修剪花草、处理杂事	
	11:00		给胎儿讲创作故事、读幼儿画册
下午	12:00	吃午餐	
	13:00	午休	
	14:00		进行数字及加减法、图形的学习
	15:00	熨毛衣、杂事、记日记	
	16:00		进行自然科学的学习
	17:00	休息、准备晚餐	
晚上	18:00	吃晚餐	听音乐
	19:00	洗澡 收拾饭桌	
	20:00		与丈夫进行社会、科学方面的对话
	21:00	夫妻俩一起与胎儿进行"子宫对话"	
	22:00	睡觉	休息

　　斯瑟蒂克制订了妊娠后期一日安排表,那么她是不是每天都按照这个日程表做呢?

　　回答是否定的。当她心情焦躁、不愉快或者生气时,不会硬性地坚持对她的宝宝进行胎教。每当遇到情绪问题时,她会努力调节自己的心情,采取到院子内采摘花朵、放她喜欢听的歌,必要时还会给知心朋友打电话等方法,来冲淡心中的不快。直到斯瑟蒂克的心情恢复到她所形容的"如同黎明前的湖面一样平静"时，她才会开始对她的宝宝进行胎教。

她送给每位准妈妈的忠告就是："每时每刻把你深深的爱倾注到腹中的胎儿身上吧！"

母子连心，妈妈要给孩子好的影响、正面的信息。

有规律的生活，才会使准妈妈保持愉快、平静的心情。

天赋可以培育

活泼可爱是孩子的天性。可如今，能保持天性的孩子并不多见，"小大人"式的孩子却比比皆是。

2008 年，我在上海认识了一个天使般的女孩。她叫王馨艺，当年只有 7 岁，活泼可爱，口齿伶俐，钢琴弹得很棒，具有很好的语言和音乐天赋。

这样可爱的女孩是怎么培养的呢？我探访了她的妈妈——我的好朋友雷雅茹。

雅茹告诉我："怀馨艺时，孕期才到 45 天就开始出现先兆流产症状，一直见红。我去了数次医院，专家会诊说胎儿难保，即使保住估计质量也不高，劝我放弃这个孩子。"

"你没有想过放弃，对吧？"我紧张地问。

"是的。我当时只有一个想法，就是无论如何也要把这个孩子生下来，而且坚信她是健康聪慧的。"雅茹坚定地说。

"信念有时会产生奇迹。"我肯定地说。

"对呀，人的第六感觉有时是很奇怪的东西，只有彻底让自己相信一些事会发生，才会有奇迹出现。度过了孕期最难的前两个月，我开始专注在对孩子的胎教上。我阅读了大量关于胎教的文章，每天给孩子听世界名曲 3 次，每次 20 分钟。时间分别是早上 8 点，下午 3 点，晚上 8 点。

"我还买了好几套胎教有声读物，每天上午 10 点左右让孩子听 30 分钟。后来又觉得应该让孩子早些熟悉自己的声音，我就把自己喜欢的诗词、散文录下来，由自己朗读出来给孩子听。

"到了孩子 7 个月，我把她当作已出生的婴儿，每晚给她讲故事。我妈妈说我的语音、语调跟磁带放出来的很接近。别人说我在孩子身上花的心思太多，可我不这样认为，我坚信一个人在什么事上努力越多，付出越多，成就感就越多。"

雷雅茹创造的"雷氏胎教法"很有成效。她的女儿王馨艺出生后，在语言表达能力和音乐感受能力上都显示出优势来。

妈妈朗读故事、诗歌的悦耳声音反复出现，胎儿也会记住。同其他陌生人相比，宝宝来到这个世界上，最愿意聆听的当然是妈妈的声音了。妈妈的声音给予孩子的刺激，是培养胎儿天赋最好的营养之一。

馨艺3岁前，雅茹暂时放弃了所有的事业，安心在家陪女儿长大，这种选择也是明智的。

馨艺表现出对音乐的极大兴趣，雅茹把她送进了上海音乐学院的附属幼儿园。馨艺3岁零2个月开始学习钢琴，老师认为她的音乐艺术天分很高（后来馨艺告诉我，4岁以后再去学琴更好些，3岁学琴还是有点累）。幼儿园毕业时，她以优异的成绩通过钢琴六级考试。"5·12"汶川大地震发生后，7岁的小馨艺很想为灾区小朋友做些事，在许多善心人的帮助下，在上海成功举办了"七岁馨艺慈善钢琴独奏音乐会"，把募集到的善款捐给了四川绵竹遵道小学。

那天，我观看了她的表演，不仅为她能演奏出优美旋律感动，更为她脸上孩子的稚气和天使般的微笑感动。尽管她演奏得很成熟，但她没有失去孩子的天真！

后来，和馨艺有了更多的接触，我发现她的语言表达能力越来越强。

2010年，馨艺9岁了。我应江苏太仓市妇联邀请，去太仓做家教讲座。馨艺听说后，说她是我的"钢丝"，硬是让她妈妈带她一起来到太仓见我。

一见面，小馨艺有说不完的话，我从心里喜欢听她说话。

一天早晨，我们出去散步，小馨艺出神地看着池塘里的金鱼问："这两条大鱼是不是一对？……小金鱼是不是大金鱼的孩子？"

"老师给我们讲了两种修辞方法，一种是比喻法，一种是拟人法。"馨艺认真地对我说。

"好呀！能举个例子说明吗？"我颇有兴致地问。

"先说说比喻法吧。吹泡泡：有的泡泡像一个个胖娃娃，有的像一朵朵小花，还有的像一串串五彩缤纷的珍珠……

"再说个拟人法吧。清晨，我和妈妈一起到公园里赏花。我们来到公园门口，一阵清香扑鼻而来，我连忙跑了过去，远远就看见一朵朵菊花绽开了张张笑脸，送来了阵阵浓郁的清香。走近一看，那白菊花就像洁白无瑕的雪花，那红菊花就像一轮红日，那黄菊花就像金子一般。它们形态各异，有的像连衣裙，有的像绣球，有的像水母。我被眼前的一切给迷住了，我仿佛是一朵菊花，在风中翩翩起舞。菊花不仅外观美丽，而且还有预防感冒的功效呢！听妈妈说：'菊花茶喝了清凉解毒。'今天我喝了一杯，味道好极了！

"我们穿梭在花的海洋，一路赏花，一路闻着菊花的清香，我已把菊花的美深深地刻在了我的心里。"

一个三年级的孩子，把语言掌握得如此纯熟，我从心里佩服她！

她的语言和音乐天赋之所以能够得到很好的发展，是因为她的妈妈在用心培育她，用爱欣赏她！

先天的开发很重要，后天的培养更重要。我发现，雅茹每次听女儿说话时，神情都十分专注，听得十分认真。每次和女儿说话，雅茹都会流露出幸福、陶醉的神情。专注会升华爱。雅茹常常搂着女儿说话，时不时说："宝贝，我爱你！"对于一个小女孩来说，有什么比妈妈的抚爱更让她感到幸福和快乐呢？

雷雅茹本人有着很好的文化修养。她能背诵出许多诗歌和美文，而且声音也像诗一样美。

雅茹常常对女儿馨艺说："理想如星辰，也许我们永远不能触摸到它。但在陷入人生的风浪之时，我们可以抬头看着那些星光，借星光的位置走出风浪。没有大到不能完成的梦想，也没有小到不值得设立的目标，只有朝着确立的目标前进，不怕险阻，坚韧不拔，才能有成功的希望。"

如果你想要看到花朵的话，你就得重视那些能够培育出花朵的泥土。

父母是孩子成长的"泥土"的一部分。面对一些有天赋的孩子，泥土是他们最重要的营养，是情感，是美好的精神世界，这样孩子才能绽放出充满爱的力量的笑脸。

胎教音乐三阶段

孕育与哺育是不同的：孕育是孩子还没出生，在妈妈肚子里的过程；哺育则是孩子出生之后的过程。

孕育也需要营养，宝宝不仅需要妈妈的好心情，也需要音乐和语言。妈妈怀孕时，听到的音乐、看的书、和孩子说的话，对孩子的影响都很大。

我孙子出生后，最爱的曲子是《婚礼进行曲》。一听到这个曲子，就高兴得手舞足蹈，嘴里叫着，手上拍着。他妈妈说，她怀孕时曾带着腹中的孩子参加过两次别人的婚礼。

原来，宝宝的音乐学习从出生前就已经开始了。要是某种悦耳的声音——比如你唱歌的声音、朗读诗歌的声音——反复出现，胎儿很可能会记住。如果这一段时间你十分喜欢的音乐在孕期的后几个月里反复播放，那么无论出生前后，你的宝宝都会喜欢它。

同陌生人的声音相比，出生后的宝宝更愿意聆听妈妈的声音。妈妈的声音和身体的节奏，对于胎儿发育非常有"营养"。

通过音乐体验来达到母体与胎儿的和谐与平衡，人们叫它"音乐胎教"。

音乐胎教，是母亲和胎儿共同完成的，这种方法目前在全世界使用的范围最为广泛。澳大利亚堪培拉的产科大夫曾做过一个实验：他让35名孕妇每天按时来医院欣赏音乐。10年后有27名儿童获音乐奖，4名儿童当上舞蹈演员，其他人成绩表现均为良好，无一人有不良行为。

胎教音乐有三个阶段：

早期

准妈妈应听一些轻松、愉快、诙谐有趣、优美、动听的音乐，使准妈妈感到舒心。

中期

中期的胎儿生长发育快，需要丰富的营养，胎儿的听觉能力有了明显的提高，胎教音乐的内容也更为丰富。如大提琴独奏曲或低音人声歌曲之类。父母低声唱歌或哼一些曲调，胎儿会更容易接受。

后期

孕妇面临分娩，难免会有忧虑紧张的感觉。由于体重的增加，孕妇会感觉身体笨重、劳累。为此，这时期播放的音乐，音色上要柔和一些、欢快一些，这样对孕妇是一种安慰，可以增强孕妇战胜困难的信心，由衷地产生一种即将做母亲的幸福感和胜利感，并把这种愉快的感觉传给胎儿。音乐胎教中应该注意的是，音乐的音量不宜过大，也不宜将录音机、收音机直接放在孕妇的肚皮上，以免损坏胎儿的耳膜，造成胎儿失聪。

一般而言，在选择音乐教材时，我们应选择符合下面几种条件的：

·音质柔和的、优美的、带磁性的

如抒情歌曲、摇篮曲，及男低音哼唱的歌曲等，比如《大海啊故乡》《草原之夜》《睡吧宝贝》《美丽的哈瓦那》《春江花月夜》《雨打芭蕉》《江南丝竹》《克拉玛依之歌》等。

·节奏明快或舒缓的

如听起来很舒畅的小步舞曲、进行曲、儿歌和儿童舞曲，以及表现美丽风光的田园曲等，比如施特劳斯的《春之声圆舞曲》《蓝色多瑙河》等。

·频率适中的

一般不超过 70 分贝，或 C 调的曲子比较合适。

有关专家认为，孕妇在保证充足营养与休息的条件下，对胎儿实施定期定时的音乐刺激，可促进婴儿的感觉神经和大脑皮层中枢更快发育。一些名曲中舒缓、轻柔、欢快的部分适合胎教，但悲壮、激烈、亢奋的乐段会影响胎儿的正常发育，严重的会造成婴儿畸形或心理闭锁。

在音乐的选择上，胎教音乐必须是经过专业选择和设计的，孕妇应该听一些节奏柔和舒缓的轻音乐，像一些节奏起伏比较大的交响乐，尤其是摇滚乐、迪斯科舞曲等刺激性较强的音乐，一般都不适合孕妇听。胎教音乐应该在频率、节奏、力度和混响分贝范围等方面，尽可能与孕妇子宫内的胎音合拍、共振。

医学研究指出，音乐确实能刺激胎儿的脑部成长，但并不是所有的音乐都适合作为胎教之用，胎教音乐应具备下列条件：

·**音乐的节奏不能太快，音量不宜太大。**太快的节奏会使胎儿紧张，太大的音量会令胎儿不舒服。因此，节奏太强烈、音量太大的摇滚乐就不适合作为胎教音乐。

·**音乐的音域不宜过高。**因为胎儿的脑部发育尚未完整，其脑神经之间的分隔不完全。因此，过高的音域会造成神经之间的刺激串联，使胎儿无法负荷，造成脑神经的损伤。

·**音乐不要有突然的巨响。**因为这样会让胎儿受到惊吓。所以，胎教音乐的戏剧性不要太过强烈。

·**胎教音乐不宜过长。**5 至 10 分钟的长度是较适合的，而且要让胎儿反复地聆听，才能造成适当的刺激。等到胎儿出生之后听到这些音乐就有熟悉的感觉，能够令初生婴儿有待在母体内的安全感，对于安抚婴儿情绪有相当好的功能。

·**胎教音乐应该具有明朗的情绪，和谐的和声。**准妈妈们可以自行寻找一些专门的胎教音乐。

第二章

婴儿成长期

宝宝出生那一天

世界上没有什么比生孩子更让人刻骨铭心的了。

1978 年 6 月 22 日 19 点，我走进坐落在北京骑河楼街的北京妇产医院，陪同我的是近 70 岁的父母亲。老公因在长春工作，未能赶回来。

"马上住院，都开两指了。"医生果断地说。

我住院了。"你们回去吧！别惦记，我挺好的。"我大声说。父母搀扶着走了，留下三块鸡蛋糕。望着他们年迈的背影，我的泪水不知不觉地流了出来。忽然觉得，他们把我养大，多不容易，况且他们养育了六个子女，我排行老五。

肚子里的宝宝很乖，静静地等着。他很有耐性，知道"不到火候不揭锅"。

平静地坐在产房候诊室里，看着眼前新奇的一切，我惊呆了：产床上躺着一个个挺着大肚子的妈妈，每个人的脸上都痛苦无比，一个个大声喊叫着："妈呀！疼死啦！"我才知道，人疼痛时为什么要喊"妈"，因为是妈妈将你领到这个世界上来的，你认识的第一个人是妈妈，你信任的第一个人是妈妈，你想要依靠的第一个人也是妈妈。

突然，我的肚子强烈地疼起来，一阵紧似一阵，医生立刻把我推进产房。我忍着剧痛，尽量不喊"妈"，因为我不想让年迈的妈妈替我担心。

可是，实在是太疼了，我紧紧地咬住床单。

"使劲！使劲！"医生在一旁加油。

我一次一次使劲，终于筋疲力尽了。夜里 11 点多上的产床，到第二天凌晨，孩子还是没有出来。我已经痛得快昏过去了。

换班的医生来了。

"产妇，30 岁，血压低，心率快，血小板少，马上手术。"只听见一个似乎是领导的医生在指挥。

"孩子头太大，你需要侧切。"医生对我说。

"行行！"我连忙点头。我想，怎么切都行，只要让孩子快出来，别憋死就行。

"电吸！"又一声命令。

只听"轰轰轰"，一个机器推过来。

"哇！"孩子终于出来了！

"男孩！7斤8两，很漂亮！"医生兴奋地把孩子抱过来先让我看看他的小鸡鸡，确认是男孩；又看看他的头，头发黑黑的、密密的，像他爸爸，可脸上有许多皱纹，有点像小老头。人家说，刚出生的孩子都这样。

1978年6月23日早晨7点35分，儿子出生了，那一刻，泪水从我眼眶里流出来，那是幸福的泪。"我做妈妈了！"我真想大声喊，可是喊不出来，只是小声地说："谢谢大夫了。"只见大夫一个个喜笑颜开，很有成就感。

回到病房时，已是清晨。

第二天下午，我妈来看我和孩子。我妈可高兴了，说那么多孩子，我儿子哭声最洪亮，将来一定能吃能喝。话都让她说对了，儿子长大后特能吃，肺活量特大，能唱出男高音。

产后最大的痛苦是伤口不愈合，痔疮长得很大，像三个大葡萄，疼痛难忍，如坐针毡。每次坐着喂奶，我都会疼得满头大汗。别人住三四天就出院了，我却住了十天。人家是先苦后甜，我是先甜后苦，看来"痛苦"的过程谁也逃不脱。

住院那十天，我想了很多。

我想，我妈生了六个孩子，是多么多么不容易，我要好好孝敬我妈。

我想，我儿子将来一定要孝敬我，最好不要等到30岁才明白，最好从小就明白。

我想我儿媳将来生孩子，我一定要陪她去医院，让她住一个单间，不让她受风，我要看着她把孩子生出来。

32年后，儿子的儿子就要出生了。我让儿媳住条件很好的医院，医生、护士满脸微笑，如同家人一般。

儿媳因为生理问题，不能顺产，只能剖腹产。院长破例让我和我儿子进了产房，目睹了剖腹产那激动人心的时刻。

2010年3月7日，下午2点35分，儿媳被推进产房。

我和儿子穿上消毒衣。儿子举着摄像机，我拿着照相机，等候在手术室。

手术室里静悄悄的。

14点38分，手术开始。主刀医生绰号"北京特快"，是个著名的老妇产科医生。

只见她熟练地拿起手术刀，在儿媳肚皮上切开一个口。她和另一位医生分别用力把肚皮口子扒开，孩子的头出来了，很卖力很卖力地往外拉，小脑袋终于挤出来了。

14点48分，小宝宝整个身体都出来了，这才哭出声，我听到他来到这个世界的第一声不是"哇"而是"妈"！

护士迅速接过孩子，放在盘秤上："男孩，身高52厘米，体重4000克，8斤重！全让他占了！"护士兴奋地对我说。

此时，泪水已经模糊了我的双眼，我一边拍照，一边仔细看这孩子：身上、脸上白白嫩嫩的，像个小天使！高鼻梁、大眼睛、双眼皮、小嘴巴、尖下巴，头发又黑又长又软，脸上无皱纹，身上黄油油，干干净净的，我惊呆了。

"好漂亮的孩子呀！"医生、护士一起欢呼。正是这些白衣天使，把一个个小天使迎接到这个世界。

"快让妈妈看看！"护士把孩子抱到妈妈面前。此时懂事的儿子正陪护在妻子身边，看医生如何处理她的伤口。

孩子妈妈是局麻，头脑十分清醒。听到儿子啼哭，她的眼里盛满泪水。看到儿子的时候，泪水已经止不住地流淌下来。几乎每一位母亲，都是用喜悦、幸福的泪水来迎接孩子的。那一刻，她会忘记一切疼痛。

宝宝出生那一天，是父母的节日，也是母亲最痛苦的日子，父亲最着急的日子。

中国古代史书上早就把生日称为"父忧母难之日也"。《西游记》里，黑熊怪过生日请客，跟妖怪朋友说起时也把生日说成"母难之日"。

"养儿方知父母恩。"做了母亲的人，才会更深切理解这句话。

作为"知心姐姐"，我曾多次给孩子们讲"生日"的含义，告诉他们"生日，父忧母难日"。每一个孩子都要懂得回报养育之恩。我想，懂得感恩的孩子，才会有幸福感。

妈妈的微笑是最好的礼物

妈妈在喂奶时，如果一直微笑着看孩子，就会得到孩子甜蜜的微笑，这种对视可以促进孩子心理健康发育。

妈妈的微笑是送给孩子最好的礼物。

这份礼物我最初是从我妈妈那里获得的。在我的记忆中，妈妈留给我最深的印象就是她的微笑，所以，从小我就有安全感，胆子很大，很少有恐惧感。

我儿子刚刚出生不久，我妈把他抱起来，笑得眼睛眯成一条缝，嘴里还不停地跟小外孙说这说那。儿子乖极了，乐得手舞足蹈，也在咿咿呀呀地"说"着什么。每每见到这种温馨至极的场面，我都非常感动，真想把这一老一少用微笑组成的画面永久地珍藏起来。妈妈总是对我说，孩子是懂感情的，你对他好不好，他心里会明白。

儿子小时候，我对他很好。一见到他我就笑，而且"笑得很灿烂"，这是别人说的。给他喂奶时，我会微笑地看着他的眼睛，用手摸着他的头，他很知足，一会儿闭眼大口大口地吃，一会儿会睁开眼看我。儿子的眼睛亮晶晶的，一眨一眨的，好像在和我对话。他很能吃，不一会儿，两个奶就让他吸空了，我只能给他喝配方奶粉了。后来，干脆喝鲜牛奶了。我在吉林白城工作时住吉林农大宿舍，农大有只大奶牛，天天产鲜奶供给农大家属的孩子喝。我先生原先在农大工作，每天一大早，他就去排队取奶，每天都排第一，所以儿子长得很壮实。

由于我们家人都爱笑，儿子从小就有好心情，也有幽默感。上幼儿园就开始说相声，从小学、中学，直到大学，一直被同学称为"笑星"。他的幽默给我们一家人带来很多快乐。

姥姥说，就爱听他外孙"白话"。儿子更来劲了，每天都要找个"笑话"逗姥姥笑。他说"笑一笑，十年少"，还经常去看姥姥的白发，不时地说："姥姥,您的白发又少了几根,看来我的功劳不少呀!"

一天,姥姥在擀面条,儿子凑过去说:"姥姥,我给您讲个笑话吧。"

"面条借了擀面杖好多钱不还,擀面杖到处找面条要钱。一天,擀面杖在街上碰见面条,大喊:'你还我钱!'面条吓跑了,跑到一面墙后面。一会儿,从墙后头走出一个方便面。擀面杖马上迎上抓住方便面说:'别以为你烫了头发,我就不认识你!'"

全家人哈哈大笑。每次吃方便面时,大家都会说:"你以为你烫了头发,我就不认识你啦?"

"笑"成为我家重要的精神大餐。

研究证明,"笑"是孩子与他人交往的第一步。学会"笑"不但在孩子精神发育方面是一个飞跃,对孩子大脑发育也是一种良性刺激,是智慧的第一缕曙光。

父母爱孩子,就要经常冲孩子笑,用欢乐的表情、语言和玩具来刺激孩子的天真快乐,这是促进孩子早笑、多笑及中期智商与情商开发的一大妙招。

儿媳怀孕时,我和她一起去医院办的"孕妈妈讲堂"上课。据医生说,陪同孕妇来的多数是姥姥,奶奶极少。可我很爱去,我很想学习新的育儿知识。

一次,老师在讲母乳喂养时,特别强调,妈妈在哺育孩子时,要心静,怀着愉快的心情去喂奶,微笑着看着孩子吃奶。这样,孩子的心情会好,性格也会好,这样你会哺育一个爱笑的宝宝。如果妈妈过早地上班,急忙忙回到家,夹着孩子就喂奶,还嫌孩子吃得慢,急匆匆地冲着孩子嚷:"你倒是快点儿吃呀!急死我了!我还要上班呢!"孩子吃了这样的奶,往往会变得性情急躁,对生活很缺乏安全感。

宝宝出生之后,我们不仅要关心宝宝,还要关心妈妈。妈妈心情好了,宝宝身心也会健康。在有安全感环境中成长的孩子,不仅身体健康,而且情商更高,做事更专注。

妈妈给孩子喂奶时,要心静,不能有急躁的情绪。这是因为,专注产生爱,或者说,爱需要专注。就连妈妈专注地给孩子喂奶时,会让孩子愉悦,这也是爱的力量造就的神奇。我们的心安静了,专注了,妈妈的爱自然能够无阻碍地传递给孩子。妈妈微笑地看着孩子的眼睛,孩子就能立刻感受到妈妈的爱。感受到爱，体会过爱的孩子，更容易学会去爱。这个连新生婴儿也能做到，他们会睁着纯净无邪的眼睛，微笑地看着妈妈，看着对他们微笑的人。

这就是"爱的教育"和"爱的哺育"。

儿媳生了孩子之后，我们全家人一直怀着一份对生活感恩之心，一直都保持着良好心态。儿媳喂奶时十分耐心，每次都用她漂亮的大眼睛，温柔、深情地看着宝宝，细声细语地和宝宝说话。宝宝一个多月就会笑，而且笑得很甜蜜。

我和我先生每次去看小虎，先是对他笑，接着就用各种办法逗他笑。小虎习惯了，见到我们就笑，笑得让我们心醉。

家里来了生人后，小虎会先观察一番，从眼到脸，从头到脚看个遍，然后再决定是笑还是哭。一般他觉得有危险时才哭呢。

如果你希望孩子喜欢你，就朝孩子"笑"吧！

孩子要尽可能自己带

有一次，我去合肥讲课，一下飞机，两个年轻人来接我。路上，其中一位女青年问："卢老师，您说孩子生下来该由谁带？"

"当然是自己带了，至少要待在自己身边。"我不假思索地说。

"那我没时间呀！"

"有时间生，就要有时间陪伴。你既然选择了做母亲，就一定要舍得花时间去陪伴孩子，那是一个美好的生命，你不自己从小带他，长大后他就和你不亲。"

"卢老师，您说得太对了，我非常赞成！"开车的司机情不自禁地加入了讨论。

"看来，师傅有切身体会？"我好奇地问。

"那当然。我有两个孩子，老大是女儿，出生后就交给奶奶了，每天住在奶奶家，我俩得去挣钱呀！结果呢，这孩子跟我们俩一点都不亲，管奶奶家叫'咱们家'，管我家叫'他们家'，从我的家往奶奶家拿东西她乐意，从奶奶家往我们家拿东西她很不乐意，还说'好东西不给他们家'。有时我们去奶奶家，她还跟奶奶说：'别给他们开门！我不想见他们！'我们愁死了，钱没挣多少，孩子没了。"司机边说边叹气，心中充满了懊悔。他接着说："第二个孩子，再苦再累，我们也自己带了，现在这孩子和我们可亲了！"

"你还算幸运！如果只有一个孩子，你就一无所有了。现在重蹈你覆辙的人多着呢！"我说。

"您不是老给家长做报告吗，您一定要和那些年轻父母说，孩子一定要自己带。"司机语重心长地说。

"孩子一定要自己带"，我十分同意这种说法。

在现实生活中，已经出现了许多不可逆转的悲剧。

前不久，一位事业有成的妈妈十分焦虑地找到我，说她的小女儿出生不久就送给她姐姐了，因为她姐姐没孩子。现在小女儿长到15岁了，把她当仇人，学也不上，整天闹，闹得她姐姐家日夜不得安宁。

女儿质问她："你生了我为什么不管我？"

女儿的质问不是没有道理，尽管妈妈把孩子给别人的理由很充分。

那么，为什么孩子要在自己身边呢？

因为，母亲的工作不能由旁人代替，孩子的教育必经由母亲承担。

小动物出生后都有一个"铭印"，会本能地追随母亲，如果母亲不在时，就会追随别的动物或玩具，从此不认自己的母亲。

这个规律，是奥地利动物行为学家康拉德·劳伦兹——1973年诺贝尔生理医学奖获得者发现的。

康拉德在观察小雁鹅的孵化时，发现了一种奇怪的现象：小雁鹅破壳之后，第一眼看见什么动物就把什么动物当妈妈。如果出生时，老雁鹅在眼前，它就认定老雁鹅是它妈妈；如果是母鸡孵它出壳，它就跟着母鸡走；假如出生时只有康拉德在看它，那么小雁鹅就把康拉德当妈妈了，不论他走到哪里，身后总跟着一群摇摇晃晃的小雁鹅。康拉德去游泳，小雁鹅也跳进水里。

康拉德将这种现象称为"铭印"。

"铭印"过程只可能发生在出生后几个小时内，错过这个时期，小动物就再也不能形成"铭印"，以后也不可弥补。

所以说，孩子的教育从出生那一瞬间即已开始。

我的孙子出生前，我和儿媳一起去听课。老师反复强调，孩子出生第一时刻，要让孩子趴在妈妈胸前，抚摸妈妈的乳房，倾听妈妈的心跳声，这是他在妈妈肚子里听过的最熟悉的声音，认准了妈妈，以后他会和妈妈最亲。

最重要的是，孩子跟妈妈在一起，会有安全感。"有妈的孩子是个'宝'"，这句话的根本意思是，孩子来到这个陌生的世界，他最熟悉、信任的，没有别人，只有妈妈。只要有妈妈在身边，孩子就有依靠，胆子大。这种对妈妈的信任感，会发展为幸福感。反之，妈妈不在身边的孩子，见生人爱哭，他只认和他在一起的奶奶、姥姥或保姆，离开就很紧张。这种不安全感，会发展为信任危机。

一次，我和日本教育专家在一起研讨"青少年犯罪防范"的问题。一位日本专家讲"青少年犯罪的最初年龄是 0～3 岁"。我很惊讶,问他为什么,他回答说:"孩子出生后看到的世界,如果是熟悉的面孔、微笑的嘴、充满爱的目光,他就有安全感,心里就充满平和;如果他看到的是陌生的面孔、凶巴巴的目光,他就很紧张,失去安全感,心里就充满恐惧。这样的孩子总有防备心理,到青春期时极易激发犯罪。"

孩子是情感丰富的高级动物。他不光需要食物喂养,更需要心灵的哺育。母亲可以雇人来帮助照料孩子,帮助分担家务,但对孩子的教育和平时的管教,母亲自己一定要承担起责任。陪伴孩子,哺育孩子,教育孩子,是母亲的天职。

尤其是在出生后,有不断被父母照顾的体验,会使孩子建立起对他人基本的信任感,还会形成他对世界的乐观态度。

现在有些老人把孙子、孙女看成是自己的"命根子",不肯让给孩子的父母。父母想把孩子接走,老人又哭又闹,弄得父母十分为难。有位妈妈说:"我妈抱着我的孩子不放,干脆我再生一个,把这孩子送给她得了。"

在这里,我想对爷爷奶奶们说:"放开手,把孙儿还给你的孩子!不要剥夺他们的幸福!孩子需要父母的陪伴。"

抓住大脑发育各个关键期

前不久，我参加了青年创新人才发展论坛。面对场上的大学生，我说，真正的创新人才是你们的孩子！大学生哄堂大笑，因为他们都还没有结婚生子。而我表达的意思是，如果早期抓住了孩子潜能开发的关键期，就为创新人才的培养奠定了基础。

一旦过了幼儿期，人的大脑功能就不可逆转了。

脑科学和生命科学的最新研究表明，儿童出生后的最初几年是大脑发育的关键时期，这个时期儿童的大脑具有天才般的学习和吸收能力。0～3岁是人的一生中大脑发育最快的时期，在这个阶段应该完成脑的基本功能发育，错过了就可能终生难以弥补。

所以，早期教育应该从孩子出生后就开始，父母应该抓住孩子大脑发育最关键的时期，给孩子储存一生享用不尽的财富。

"关键期"在儿童教育中，主要指儿童在语言使用、感知能力、心理特征、行为举动等方面发展的关键时期，最有代表性的案例是"印度狼孩"。

1929年，辛格牧师在他的《狼孩和野人》一书中，记载了两个狼孩被教化为人的经过，轰动了全世界。事情的经过是这样的：

> 1920年9月19日，在印度加尔各答西部约1000千米的丛林中，人们发现了两个被狼哺育的女孩。年长的估计8岁，年幼的约2岁。大概都是在出生后半年被狼衔去的。
>
> 两人回到人类世界后，由美国传教士同时是孤儿院院长的辛格牧师抚养，他给8岁女孩取名为卡玛拉，2岁女孩取名为阿玛拉。她们的言语、动作姿势、情绪反应、心理特征等方面都有很明显的狼的生活痕迹。她们一是不肯穿衣服，强迫给穿上也不会脱，就用"爪子"把衣服撕碎。她们没有人的羞耻感。

二是不肯吃熟食，也不吃五谷杂粮，专门吃生肉，腐烂的肉也吃。她们喜欢喝牛奶，但要人把奶泼在地上，她们在地上舔食。

三是不肯睡床，也不愿盖被子，喜欢趴在地上睡觉，不怕冷；并且是白天睡觉，晚上活动，半夜里还爬到户外嗥叫。

卡玛拉和阿玛拉不会说话，发音独特，不是人的声音。她们不会用手，也不会直立行走，只能依靠两手、两脚或两手和两膝爬行。她们惧怕人，对于狗、猫似乎特别有亲近感，其次是小孩。白天她们一动也不动，一到夜间，到处乱窜，像狼那样嗥叫，人的行为和习惯几乎没有，而具有不完全的狼的习性。

这两个狼孩回到人类社会以后，辛格牧师夫妇俩为使两个狼孩能转变为人，做出了各种各样的尝试。印度狼孩由于错过了智能发展的最佳期，对她们的教育和挽救就变得十分困难。阿玛拉稍好一点，因为她才 2 岁，尚处于大脑的生长期。阿玛拉到第 2 个月，可以发出"波、波"的音，诉说饥饿和口渴了。遗憾的是，回到孤儿院的第 11 个月，阿玛拉就死去了。

卡玛拉进行了 1 年 4 个月的学习，这时她只会使用两膝步行。1 年 7 个月后，可以靠支撑两脚站起来。两年后，她才会发两个单词（"波、波"和叫牧师夫人"妈"）。教育两年后，卡玛拉才开始会笑，只有每天清晨当辛格夫人亲热地拥抱她时，她才露出一丝微笑。3 年后，卡玛拉才学会晚上睡觉，白天活动。经过 4 年的教育训练和生活，才学会说 6 个单词，这时她已经 12 岁了。训练 5 年她才学会用手握勺子喝汤，直到这时，卡玛拉才能照料孤儿院的幼小儿童了。她会为跑腿受到赞扬而高兴，为自己想做的事情（例如解纽扣）做不好而哭泣。

这些行为表明，卡玛拉正在改变野狼孩的习性，显示出获得了人的感情和需要进步的样子。她 6 年会说 35 个短句，第七年也只会说 45 句常用的话。卡玛拉一直活到 17 岁，因尿毒症死去时，她的智力水平也只相当于 3 岁半的孩子。

对印度狼孩卡玛拉的教化过程为什么会失败呢？我认为有两个重要原因：

第一，狼孩生下来后就失去与母亲建立依恋的亲子关系的时机。

依恋，是指婴儿与母亲之间的一种特殊的持久的感情联系。它的形成与母亲经常满足婴儿的需要、给予婴儿愉快的强化刺激有关，也是婴儿认识人的开始。

婴儿与他所依恋的人接近时，会感到安慰、舒适和安全。只有当安全感建立时，婴儿才会愿意尝试与别人交往，主动去适应社会。

而狼孩失去了这个机会，她从小与狼生活在一起，对狼建立了安全感，对人有的是陌生感、恐惧感，所以很难教化成为真正的人。

所以，母婴之间建立的"安全依恋"，对孩子认知发展和社会适应都具有极其重要的作用。

父母爱一个孩子，不仅仅是喂养他们，给予他们富足的物质生活，更重要的是，注意母子、父子间的情感交流，与孩子之间建立起"安全依恋"的亲子关系。没有建立起"安全依恋"的亲子关系的婴儿，长大以后，常常不善于与人交往，也不善于妥善地处理人际关系。那些少年犯中，多数孩子从小没有与父母之间建立这种安全依恋的情感关系，最终在矛盾冲突中，走向激情犯罪之路。由于教育不当，我们会把人变成"狼"，变成没有人性的野兽。

第二，狼孩已经错过了大脑感官发育的关键期。

"三岁看大，七岁看老。"根据儿童保健专家研究，0～3岁是人生存能力训练的重要时期，此时，婴儿心理、智力的发展对一生都具有决定性作用。如果错过了，之后很难弥补。

大脑的发育是通过人的视觉、听觉、味觉、嗅觉、触觉的刺激来进行的，所以，抓住大脑感官发育的关键期是极其重要的。

关于这方面的辅助材料，现在有许多，你去新华书店看看，可以说是"琳琅满目"。你选择一些有用的书籍，对于协助你开发孩子大脑是极有好处的。

因为我自己的孙子正好才几个月大，我买了许多书，发现有不少专家写了相关方面的好书。许多婴幼儿专家总结出了孩子成长的几个敏感期，包括：感官发育敏感期、动作发育敏感期、语言发育敏感期等等。

我现在的感受是，孙子出生了，自己当了奶奶，反而一切都要从头学习了。学习中，我发现，早期教育是多么重要，而我们自己知道得太少，等我们弄明白了，孩子已经长大了，真是"只争朝夕"呀！

世上没有笨孩子

我们知道，早教中"音乐教育"是开发孩子右脑潜能重要的方法之一。据统计，音乐才能出现在学前阶段的概率，比出现在以后年龄阶段的概率更高。因此，在儿童成长的关键期给予孩子最有价值的教育，会奠定他们终身发展的基调。

0～3岁的孩子是通过感觉器官来感知世界，其中包括视觉、听觉、触觉、嗅觉、味觉五个方面。尤其以视觉和听觉发展最为迅速，其中听觉又优先于视觉。

相关专家表示，音乐是天籁之音，孩子们通过听优美、舒缓、动听的古典音乐，可以延续他们在母体羊水内的柔和、温暖的感觉，缓解初到人世的恐惧，让生命进入和谐状态。

因此，有人把音乐教育称作幼儿的"智力牛奶或流质营养食物"。

在孩提时代，爱因斯坦的语言能力虽然同大多孩子相比偏低，但幸运的是，母亲玻琳却在无意中抓住了小爱因斯坦音乐学习方面的"关键期"。

父母们应该深信，世上没有笨孩子。只要方法得当，教子科学，任何一个孩子都会成长为德才兼备的人才。我们要深信，孩子们都是上天精挑细选后送给我们的神奇礼物。

爱的教育，会让每一个孩子都是一个成长的奇迹。

0～3岁：大脑开发黄金期

所有的孩子都拥有非凡的生命力，而这种生命力远远超乎我们的想象。每一个婴儿都拥有惊人的"脑空间"，等待着我们开发，而0～3岁是大脑开发的黄金时期，千万不能错过。

150年前，在英国有一位年轻的妈妈抱着她的孩子，向伟大的进化论的奠基人达尔文请教说："先生，我的孩子应从何时开始教育合适呢？"

达尔文看看孩子，大约已经知道了他的年龄，但达尔文还是问道："您的孩子多大了？"

"才两岁半！"年轻妈妈很得意地回答。

达尔文耸了耸肩，惋惜地说："夫人，对于家教，您已经迟了两年半了。"

如果说，我们一不小心已经错过胎教这一个重要环节，就不要再错过3岁前这段黄金时期了。

儿童在婴幼儿时期最容易学习某种知识、技能，最容易形成某种心理特征。只要错过这个时期，发展的障碍就难以弥补，人们称这个时期为"教育的最佳期"。这个最佳期的理论，在教育心理学上发展为"儿童潜在能力的逆减法则"——孩子年龄越小，智力发展的可能性越大；随着年龄的增长，智力发展的可能性就随之递减。教育开始得越晚，儿童潜在能力的实现就越少。

其实能否成才并不在于孩子的天赋如何，而是取决于对孩子早期家庭教育的方法是否科学。如果教育得法，智力低下的孩子，也能成为杰出人物。

卡尔·威特的父亲老卡尔·威特是18世纪德国一个名叫洛赫的小村庄的牧师。他第一个孩子出生几天就夭折了，52岁时才得到第二个孩子。老卡尔·威特以自己的名字给儿子命名，以表达喜悦之情。可是由于早产，小卡尔·威特在婴儿时期反应有些迟钝，显得有些痴呆。

许多人认为这是个痴呆儿，对老卡尔·威特表示同情。

这时的老卡尔·威特开始与人讨论"孩子的聪明与愚蠢是否是天生"的问题，所有的人都认为，聪明与愚蠢是天生的，只有他抱持"孩子是可以教育的"的观点。于是，老卡尔·威特就下决心一定要把自己痴呆的孩子教育好。

老卡尔·威特认为，对于孩子的成长来说，最重要的是教育而不是天赋；孩子最终成为天才还是庸才，不取决于天赋的大小，关键在于他从生下来到五六岁的教育。诚然，孩子的天赋是有差异的，但这种差异毕竟有限。在他看来，别说那些生下来就具备非凡禀赋的孩子，即使仅具备一般禀赋的孩子，只要教育得法，也能成为非凡的人。

最终，老卡尔·威特真的把自己天生痴呆的儿子变成了天才。那么，他的教育方式有什么过人之处呢？

我认为，老卡尔教育法中，最值得学习的是，他从未动摇过他的信念。老卡尔坚信，他的儿子虽然没有别的孩子聪明，但是如果得到合理的教育，他的潜力一定会充分发挥出来，最终超过其他的孩子。

正是这种坚定不移的信念，使老卡尔始终用充满希望的眼光看儿子，从欣赏的角度去发现儿子的潜能。在他眼中，儿子不是痴呆，而是天才。他始终坚信，只要教育得法，他的儿子和大多数孩子一样，都会成为非凡的人才。

功夫不负有心人，当卡尔长到四五岁时，他在各方面的能力已大大超过了同龄的孩子。于是，老卡尔的教育学说开始被人接受。

后来，老卡尔的儿子真的成为杰出的人才。

人们开始研究老卡尔的教育，但也有人一味谴责其他教育家无能，甚至责怪他，老师为什么不能把自己的孩子教育成像卡尔那样的人。这使老卡尔很焦急，于是他在儿子11岁时写了一本轰动世界的书《卡尔·威特的教育》。他只想说明一个观点：对于孩子来说，倘若家庭教育不好，即便由那些最优秀的教育家进行最认真的教育，也不会有良好的效果。

小卡尔·威特一生都在德国的著名大学里授课，得到了人们广泛的称赞。在一片赞扬声中，一直讲到1883年逝世为止，终年83岁。

两个世纪过去了，我们才开始真正重视早期教育。

今天的父母大多"望子成龙"，为了孩子可以不惜血本，但是面对自己的孩子又都十分茫然：要么"恨铁不成钢"，埋怨孩子为什么那么笨；要么不断给孩子施压，恨不能让孩子一夜成名，理由是"不能让孩子输在起跑线上"。于是，一些本来天赋不错的孩子被扼杀了，全部输在终点线上。

"早期教育"究竟应该给予孩子什么？

孩子的天才潜质究竟应该如何开发？

孩子的人性、美德和健美的体魄该如何培养呢？

我们不仅要想明白，而且要马上行动了，不然，孩子就长大了。

黑夜一过，太阳就要出来了。

该 "吃手" 时就 "吃手"

小虎在 2 ~ 3 个月时，最喜欢做的一个动作，就是吃手。一开始，他吸吮整个手，后来灵巧地吸吮每个手指。你看他吃手时满足陶醉的样子，好像是在自我安慰。如果你把他的手拿出来，他会很不高兴。趁你不留神，他马上又会把手指伸进嘴里，尽情地吸吮起来。后来开始吸吮脚趾，"吃"得津津有味。

每当他吃手的时候，我们从来不打搅他，而是帮他把手洗干净让他吃。我和他妈妈会在一旁说："真香！"

有的妈妈觉得，婴儿吃手很脏，吃了会拉肚子，还会养成坏习惯，会让牙齿不整齐，该立刻制止。其实这种做法是不科学的，对婴儿的发育是有害的，因为这样做，就是违背了宝宝的成长规律。

"该吃手就吃手！"这是我对年轻父母的忠告。

为什么这么说呢？

因为"吃手"是婴儿期获得满足的最佳、最主要的途径。著名心理学家弗洛伊德把婴儿出生后第一年称为"口唇期"，是人格发展的第一个基础阶段。医学专家认为，2 ~ 3 个月时宝宝正处于口唇快感期，如果吸吮的需要得不到满足，就会影响他的身心发展，长大以后，很容易出现咬指甲、吸烟等不良习惯，甚至容易脾气暴躁、心理焦虑，对人产生信任危机，有的还会产生早恋倾向。

仔细观察小虎，我发现，吃手能够让他的情绪镇定下来。当小虎烦躁不安时，只要他把自己的手指放入嘴中，就会立刻安静下来，专心地吸吮手指了。他好像获得一种安全感，找到一种不依赖母亲安慰自己的好方法。看得出，吃手是宝宝成长过程中的一种心理需求，是宝宝一种健康的自我安慰的方法。做父母的不必担忧，也不必打扰。

再说了，婴儿长乳牙时，手指还是很安全的"磨牙棒"呢！

那么，孩子吃手到底应该吃到几岁呀？

你也没必要多虑，1岁之后，孩子吮吸的欲望会逐渐消失。许多婴儿只是偶尔吮吸手指。3岁前，大多数孩子会自然而然地放弃这种习惯，但是如果孩子还要反复地吸吮手指，父母就需要告诉孩子：你已经长大了，不应该再吃手了。

在这个过程中，如果父母对孩子施加压力，往往会适得其反。因为婴儿身心发育程度是不一样的，父母不应该强迫他们做他们做不到的事。对于吃手的孩子，不能采取强硬措施。

任何形式的打骂或惩罚都无效，孩子还可能因此和你怄气，更加坚持自己的习惯。很多孩子只是暂时不想长大，他们希望父母能够允许他们吮吸拇指。如果通过严厉的方法剥夺他们这种要求，可能会给孩子带来精神上的创伤。

所以，你不必把孩子吃手这个问题看得太重。大人长时间对孩子的吃手习惯神经过敏，会使你的家庭气氛变得紧张。简单粗暴的方法和单纯地给孩子施加压力，一定会给孩子造成恐惧，这种后果往往比吮吸手指造成几颗乳牙易位更严重。

如果你的孩子到了三四岁还吃手，你倒要注意了。这说明你的孩子有焦虑、紧张的情绪，他倒回到婴儿时期，用吃手来满足口腔的欲望，减少内心的忧虑。

怎么办呢？这里给你介绍几种方法：

一是看心理医生。有的孩子心理不够健康，表现为压抑、焦虑、强制、逆反等，请心理医生帮助调适解压大有必要。

二是当他吃手时，及时提醒他。对他说："大孩子是不吃手的，你都是男子汉了，怎么还做小孩子的游戏？"

三是及时鼓励他。当他把手放下，你一定鼓励他："你真棒！你是男子汉了！你是大孩子了！"

四是培养他多种兴趣。如画画、写字、下棋、玩球、玩过家家、做游戏，转移他的注意力。

五是忽视他吃手的行为。注意，越描越黑！如果你整天在冲他喊："别吃手了，你都这么大了，怎么还吃呀！烦死了！"孩子会认为，你要从他嘴里抢他最爱吃的东西，更强化了他的保护意识，于是会拼命地吃起手来，拽都拽不出来。

最重要的是，父母多陪陪孩子，别让他因为无聊而一个人独自"吃手"。

重复是孩子学习的必要手段

有一位爸爸问我："为什么我的孩子那么喜欢儿童电视节目'天线宝宝'？"

我说，因为小孩喜欢重复。"天线宝宝"里有许多简单、重复的语言和画面，很适合这个年龄孩子的特点。

婴幼儿期的孩子尤其喜欢重复，比如刚出生的宝宝喜欢反复吮吸自己的手指，3～8个月的孩子喜欢反复和家人"藏猫猫"，1～2岁的孩子会缠着你讲同一个故事，学唱同一首儿歌，做同一个游戏。做父母的有时候都已经被孩子的重复弄得不耐烦甚至很麻木了，但孩子还是不厌其烦、乐此不疲。

孩子喜欢重复是他们成长期中一个很重要的过程，正确引导好这个过程对孩子的成长非常有利，当然这也在考验父母的耐心。

已经上大三的晗晗是我朋友凌青的儿子，他很优秀，逻辑思维和记忆力非常好。我采访凌青后知道，这些得益于凌青在晗晗1～2岁婴幼儿期时的引导。

晗晗刚出生，凌青就让音乐陪伴着孩子，家里播放着轻缓的背景音乐，让孩子能安心吃奶，安心睡觉。这些音乐都是她在怀孕的时候给孩子听的胎教音乐，让孩子出生后继续重复听，加强孩子的音乐感知能力，唤醒他的记忆。每每晗晗哭闹的时候，一听到这些音乐就会慢慢静下来。

3个月后，凌青增加了一些欢快的儿童歌曲，让孩子感知人声和语言。渐渐地，晗晗对儿童歌曲产生了兴趣，并且在一段时间里喜欢重复听同一盘磁带，会跟着音乐节奏手舞足蹈。

6个月过后，还只会发单音的晗晗，会跟着妈妈的歌曲提问接唱下面一个字了。如：妈妈唱"世上只有妈妈……"，晗晗会接"好"；妈妈唱"有妈的孩子像块……"，晗晗会接"宝"；再过一月，妈妈唱"世上只有……"，晗晗会接唱"妈妈好"；妈妈唱"有妈的孩子……"，晗晗会接唱"像块宝……"14个月左右，孩子自己就会完整唱这首歌了。

一盘磁带十几首歌，凌青只重点引导几首，时间久了又试着给他重复同一盘磁带中的其他歌曲，这时候孩子的记忆力已经明显增强，很快就能重复很多首。渐渐地，晗晗两周岁的时候已经能唱近100首简短的儿童歌曲了。当年听说有个两岁的孩子因为能唱一百首歌曲就能创下吉尼斯世界纪录，凌青高兴地对家人说："晗晗也能做到。"

歌曲重复有旋律感，不仅增加了孩子活泼的性格，对美的感知和记忆力的加强也有帮助。同样，故事的重复有情节感，对拓展孩子的想象力、语言表达能力同样具有帮助。

凌青在晗晗6个月时就同步交叉给他听故事和乐曲了，为了让孩子初次接触到的故事有一定的艺术质量，她选择了《中外经典童话》，用这些名著作为孩子语言启蒙的起点。这点很重要，因为好的故事会让孩子受益。随着孩子一点点长大，对语言感悟能力的加强，晗晗对这些故事越听越起劲，有时候磁带到头了，他就开始哭，凌青赶紧去重新放。只要有空，凌青自己也会将这些故事反复讲给孩子听。

就这样，晗晗近18个月大的时候已经能将《哪吒闹海》《青蛙王子》等几个千字的童话进行完整的复述，不仅发音正确，连语气都是相同的。这样重复的模仿，不仅增强了孩子的表达能力，也锻炼了晗晗的表演能力。

这样的重复是由孩子的心理特点决定的。孩子真正能不断重复讲述的故事、歌曲等是非常有限的，只有他特别喜欢的，才会去重复模仿。当然，这种重复对孩子的发展至关重要，从"你讲他听"这样的享受方式，再到"你讲他想"，到最后的"他讲你听"，孩子是很有成就感的。

孩子的重复不仅体现在讲故事、听歌曲，还体现在玩玩具、看动画片、做游戏上。只要他喜欢，就可以不断重复，这些重复对孩子的智力发展都有着不可低估的作用。所以，父母的不厌其烦和心平气和，对孩子来说是最好的爱和教育。

晗晗5个月的时候，特别喜欢看一本《小兔子采蘑菇》的书，因为画面色彩非常美，每每看到都会笑。每次看这本书的时候，凌青都会极其耐心地和孩子一个页面一个页面去讲，边讲边用手指点当中相应的景物让孩子辨认。时间长了，凌青每说到一个景物时，晗晗的眼睛就会自动找到相应的东西，比如妈妈说"小兔"，晗晗的眼睛就会去看兔子的画面；妈妈说"提篮子"，晗晗的眼睛就会盯着篮子看；妈妈又说"采蘑菇"，晗晗眼睛就会转移到蘑菇画面上去。当晗晗会发出单音后，凌青会有意带领孩子就这句话中的重点字词反复说，如兔子、篮子、蘑菇等。近 13 个月时，一次，晗晗靠在沙发上翻这本小童书，他就一字一句慢慢吐，竟然自己将"小兔提篮采蘑菇"一句话完整地说了出来，一旁的凌青听到后抱着晗晗拼命亲，说："晗晗真棒！"晗晗为自己的"成就"兴奋，不断重复这句话逗妈妈开心。

当然，还要说说做游戏。两岁时的晗晗最喜欢"狼外婆"的游戏，他一边唱着"小兔子乖乖，把门开开，快点开开，我要进来"，一边和妈妈互换角色，反复扮演游戏中的不同角色。只要看见妈妈在休息，孩子就会说"妈妈我要做小白兔"，凌青就会故意拉长脸说"我是大灰狼"，母子俩会心一笑，进入重复的童话游戏中。渐渐地，晗晗还能发挥想象，将小白兔和大灰狼的对话进行创新，如："把你的尾巴伸进来，我看看是不是妈妈？"

有趣的是，凌青告诉我，晗晗的外婆在晗晗一出生时就在孩子的摇篮边唱摇篮曲："弟弟疲倦了，眼睛小，眼睛小要睡觉……"后来，外婆因为工作原因来她家的次数不多，但只要她来，就会在孩子睡觉时唱起这首摇篮曲，这种重复的歌唱一直留在晗晗的记忆里。在他 15 个月的时候，凌青偶尔唱这首摇篮曲，发现晗晗在和她一起哼唱。凌青停了下来，晗晗竟然自己一人将歌曲的后面部分唱完了。

大哥的女儿蓉蓉从美国打来电话告诉我，1996 年美国儿童电视节目频道上有一档很火的动画节目叫《蓝狗线索》。蓝狗是一只计算机生成的狗，节目让孩子跟着这只蓝色的狗去漫游世界，寻找喜欢的东西。每周播放五遍内容相同的一期，动画设计得非常好看，节目收视率非常高，孩子们很喜欢。该节目当时被称作"一个最成功、广受好评，学龄前儿童最好的电视系列节目"。该节目的创作者就是充分运用了儿童的生理心理特征，为儿童量身打造节目，鼓励孩子重复去看，从而在同样的内容里产生不同的感受。

孩子看第一遍时，了解了故事的内容；看第二遍时，熟悉了故事里的人物；看第三遍时，那只蓝色的狗说上一句台词，他们可以跟着说出下一句台词；看第四遍时，蓝色的狗在问问题时，他们能跟着大喊；看第五遍时，他们已经会独自讲这个故事了。

《纽约时报》登载的报道评价这个节目的形式让孩子拥有重复的喜悦。

在美国,《蓝狗线索》一直是商业电视台收视率最高的学前节目。

我曾问凌青,晗晗在这样重复地听、说、做后有什么好的表现呢?凌青得意地告诉我,晗晗两岁半要上幼儿园,幼儿园老师考虑到他年龄小,但又听说这孩子很聪明,就来家里现场考察晗晗。老师给他重复读一首古诗,4遍后,晗晗就能顺利地背诵,同时顺利地通过了其他测试。

在后来的学习和生活当中,因为有过这样重复式的训练,晗晗的记忆力一直非常好。晗晗上高一的时候,家里要来一位交流学习的德国学生,为了和对方有更好的沟通,晗晗那段时间重点学习英语口语,运用的就是重复记忆的方法。后来他和那个德国孩子的交流非常流畅。多年来晗晗的文化课成绩一直不错,前两年顺利地考上了重点大学。

由此可见,孩子的重复有时候是在通过自己的方式理解世界。因此,请多给孩子一些耐心。在不厌其烦地满足孩子重复要求的同时,父母也应因势利导,引导孩子运用不同方式重复,让孩子在"重复"中长大。

"嘘"——小孩玩时别打扰

一个阳光灿烂的中午，小区的草地静悄悄的，偶尔跑过一只猫，飞过一只鸟，还能听到"扑簌扑簌"的声音。17个月大的墨墨在草地的石板路上摆弄起一辆小不点儿大的玩具车。

墨墨沿着长椅上的缝隙来来回回地"开车"，不知道是不是把它当成了火车轨道。过了一会儿，他又把小车放在大人健身用的"扭扭器"上，用小手推动放脚的旋转盘，看到它带动着小车一起转圈，嘴里兴奋地嚷嚷"嘀嘀——吧吧——呜——"。偶然间启动了玩具车的回力功能，小车忽然飞驰出去，他总是会吃惊一下。

妈妈一直站在他的身后，没有出声。就连儿子最喜爱的小野猫经过他身边，妈妈也没舍得让他看一眼，生怕打断他玩耍的这份专注。晒在懒洋洋的太阳光里，吹着初春的风，这种静静等待的时光，让妈妈觉得很享受。

就在这时候，邻家一位阿婆带着小姐姐来玩了。

阿婆看见墨墨，"弟弟，弟弟"地叫着，马上走过去要拍拍、摸摸。妈妈赶紧拉住阿婆："嘘——别打扰我们的小墨墨呀，他正在研究东西呢。"

阿婆觉得妈妈的用词很特别，有些吃惊，不过马上善意地笑了。她放轻脚步凑上前去，悄悄看着："弟弟研究什么呀？"

"他在研究一辆小车。"

那时候，墨墨正把额头抵在小车上，俯在长椅子跟前一副发呆的样子呢。

过了一会儿，墨墨又开始东奔西跑"嘀——吧——呜——"了。

阿婆笑着对小姐姐说："看，人家小弟弟这么小就开始研究东西，你小时候可没研究过什么东西。"

墨墨这次"研究"持续了20分钟。

那位小姐姐一定也研究过许多东西，只是大人没留意。

墨墨的妈妈叫张琳，是我的"忘年交"，与我儿子同岁。

张琳是个超棒的女孩，从小学到中学都很出色。我认识她时，她12岁。

1990年，我带京、津、沪、汉四大城市的小记者赴湖北大别山罗田县采访，来自上海的张琳是重要成员。

2008年，张琳在上海结婚，我特意从北京飞到上海，参加她温馨独特的婚礼。后来，她远赴美国攻读博士学位。

2010年，我意外地接到张琳的电话，她告诉我，她生宝宝了！她决心在孩子小的时候，做全职妈妈，和孩子一起长大！

对于她的选择，我十分赞成。0～3岁是孩子一生中最关键的时期，有妈妈陪伴的孩子是幸福的。这让我想起张琳12岁时自勉的格言："不要为远方的玫瑰园而错过窗前开放的玫瑰。"

而今，她眼前开放的玫瑰就是她的儿子——墨墨，她用自己独特的眼光，发现着孩子成长的秘密，摸索着孩子成长的规律。

张琳发现，孩子才是真正的游戏高手。他们不用刻意地创造游戏，因为他们每时每刻都生活在游戏里。每一次观察，每一个动作，孩子们都在体验着它本身的乐趣，而非大人那样必须要达到既定的目的。大人会觉得孩子总是无所事事，其实这正是孩子做游戏的天赋所在。这种"无所事事"的天赋，却经常因为大人太多的打扰而渐渐消磨掉。

无所事事，是种天真，这种力量往往很大。孩子们在他们的童年体会过这种力量，因而获得纯正的快乐。

假如一个成年人，他的发育正常，如果这时他还保有天真，他定将不是一般的人，他定会创出一份美好的事业。

欲有为，先学无为。想成为跟小孩子玩游戏的高手，第一步并不是学会多少形式，而是要学会屏住呼吸，不去打扰孩子天然的游戏状态。

大人们似乎很少考虑到打扰孩子的问题，尤其是在孩子还小的时候。不论是要宝宝吃饭、睡觉、换尿布，还是回家，只要想到了，立刻高声呼唤，甚至直接行动起来，把孩子抱出去"执行任务"。

记得有一位从国外探亲回来的妈妈跟我说，她亲眼看到中外两个妈妈分别带两个很小的孩子在沙坑里玩沙土。孩子们用小手捧着沙子，运到离沙坑两米的空饮料瓶里。小孩手小，沙子一路洒，装到瓶子里的沙子自然很少。

一个小时过去了，瓶子里的沙子还没有多少，孩子的头上冒汗了。

这时中国妈妈不耐烦了："来！妈妈帮你！"

只见她把大脚丫伸进沙坑，拿起空瓶放在沙坑边上，大喊一声："这还不容易！"用双手捧起一捧沙，倒进空瓶。

顿时，空瓶装满了沙。

中国小孩子看了看，无精打采地说："不好玩，我不玩了，我要回家！"说着，他爬出了沙坑。

再看那位外国妈妈，一直目不转睛、一声不吭地看孩子玩沙。每次孩子往瓶里装沙子，她都会屏住呼吸，生怕沙子流失。

就这样，两个小时过去了，瓶子里终于装满了沙子，孩子高兴得手舞足蹈。妈妈带着孩子，孩子抱着沙瓶，高高兴兴回家了。

中国妈妈不明白，沙子装满瓶不是目的吗？目的达到了，孩子怎么不高兴呢？

其实，孩子真正的乐趣，不在于瓶子是否装满，而在于装沙子的过程，是用手能摸沙子的感觉。就和小孩喜欢把小手摊在水龙头下呆呆地接水一样，他是在接受一种触觉和听觉的体验训练。在专注于自己喜欢的游戏时，孩子会体验到快乐，一种忘我的快乐。这种体验越多，孩子长大以后越能感受到工作本身所带来的幸福感，也越能淡泊外物。

张琳对儿子墨墨始终奉行"不打扰"原则。每一次呼唤孩子名字之前，都先停下来看一看孩子在干什么。只要墨墨在很专心地做一件事情，她就在墨墨身后静悄悄地观察一段时间再做打算。最佳时间是等孩子从自己沉浸的状态里走出来，开始东看西看、东走西走找事情做时，再召唤他。

现在"注意力缺陷"变成一个很流行的概念，许多孩子上了幼儿园甚至小学之后，很难专注于任何一件事情。正是因为孩子习惯于被打断，而消磨了自己天然的专注能力。有研究显示，哪怕是妈妈经常阻止孩子吃手，也会削减孩子的注意力。

返璞归真的玩具最有益

玩具是小孩重要的玩伴，但是玩具太多了，可不一定是好事。

据我观察，小虎四五个月时，妈妈给他看书讲故事时，他特别关注，有时还会发出"咯咯"的笑声。

妈妈天天读《巴布工程师》给小虎听。他学会说的第一个词是"爸爸"，可能是"巴布"和"爸爸"发音相近的缘故吧。

小虎渐渐长大了。我和他的父母常常给他买玩具，到八九个月时，他竟然有两箱玩具了。

我发现，小虎看书不再那么专注了，看两页就开始关注别的事；玩玩具也是摸摸这个，又摸摸那个。原来，给小孩过多的玩具，只会使他养成散漫的性格，容易注意力不集中，见异思迁，兴趣爱好也会变幻无常。

我建议他的妈妈收起一部分玩具，一天只让他玩几个。

有一天，他的妈妈给他拿了3个空饮料瓶，小虎玩得很开心，翻来覆去地看，又是咬，又是敲。

在小孩看来，一个瓶盖、空瓶，一块小木头，也可能比买来的高档玩具更好玩。

让孩子最着迷的玩具，往往来自大自然。

来源于自然的玩具，如沙子（类似的有米、豆子、面粉），泥巴（类似的有面团、橡皮泥、水、冰、雪、石头），小动物，地上的小虫、羽毛、花瓣、树叶，甚至灰尘，它们的千变万化和丰饶质感是人工玩具难以企及的。另一类玩具则是大人们日常使用的东西。过家家玩具只是孩子无奈的选择，他们最向往的是和大人一样玩真的物品。一把扫帚，一把洒水壶，一个扳手，一个计算器，就能让孩子兴奋地鼓捣半天。

我的"忘年交"张琳的这些发现，是从她的儿子墨墨身上得到的。她曾给墨墨买过一些昂贵的大牌玩具，颜色光鲜，声光俱全，按钮和机关设计精巧。可是渐渐地，它们大都被墨墨冷落在一边，偶尔想起来才去玩两下。当墨墨 20 个月时，他每天必玩的是大米、石头、各种各样的笔、书、橡皮泥、水、大大小小的球和一辆四个轮子加上一块板的小车。

张琳告诉我，墨墨涂鸦时的如痴如醉、撒大米时的安静、踩水时的疯狂，是在玩那些高档玩具时她从未见过的。

我不知道这些返璞归真的玩具对智力有多少裨益，但它们对孩子情感和人格的滋润，一定是远胜于人造玩具的。

天下的父母只要用心去观察，都会有同样的发现。让孩子被各种各样的人造玩具包围，要什么就能得到什么，对孩子来说并不是幸福。有这样一个故事：

一位父亲有两个儿子。大儿子一天到晚不高兴，整天哭丧着脸，父亲还以为他是因为缺少玩具。为了让他不缺少快乐和幸福，父亲就买了许多高档的玩具，放在他的房间里。

小儿子整天说说笑笑，父亲认为他不缺少快乐和幸福，不需要玩具，就拉来一车马粪，放在汽车房里，让小儿子去玩。

两个小时后，这位父亲走进两个儿子玩的地方，大吃一惊。

大儿子正在玩具堆里哭呢！爸爸问他："儿子，你有这么多好玩具，难道还不快乐吗？"

大儿子哭着说："爸爸，我一点儿也不快乐，我怕把玩具弄坏了！"

这位父亲又走进小儿子玩耍的汽车房，发现小儿子满头大汗，正用一个小铲子在马粪堆上使劲地刨。

"儿子，你在做什么？"父亲惊讶地问。

"爸爸，你给我拉来了马粪，我想这里一定藏着一匹金色的小马！"小儿子兴奋地说。

这位父亲恍然大悟。

原来，孩子眼中最好玩的玩具，并不一定是最高档、最贵重的东西，而是可以动手创造的东西。

我记得我小时候，最爱玩的是一个不大的洋娃娃。我爱给洋娃娃做衣服，今天一身，明天又一身；还爱给洋娃娃梳小辫，今天一个样，明天又一个样，其乐无穷。

玩具是有性别差异的。男孩女孩喜欢的玩具往往不相同。

我儿子小时候，我没有给他买洋娃娃，买的最多的也都是组装玩具，像拼图、飞机、航模等等。有一次，他组装一艘军舰，总装不上，一边"吧嗒吧嗒"流着泪，一边还继续装。装不起来的时候，也不让我们帮忙。反正他知道，不装就不能玩，所以想尽办法装起来。

后来，他的动手能力很强。什么电器坏了他一会儿就能修好。上六年级时，儿子自己装了一个能收听五个电台的收音机，在区里获了奖。长大了，他成了动手能力比较强的人。

玩具会说话。无论是婴儿还是幼儿，对孩子来说，只能看或只会动的玩具，孩子玩一会儿就置之不理了，因为这些玩具和他们自己没关系。邻居家小朋友有一个会发声的电动螃蟹，会发出青蛙、小猫、小狗的叫声，还能发出电话等声音，而且打开开关，它还会在地上转圈爬。我觉得很好玩，就给孙子小虎买了一个。

小虎开始很喜欢，追着电动螃蟹在地上爬。过了几天，他最感兴趣的是螃蟹肚子上的滑轮了。他反复摇、拽……想弄明白，这螃蟹为什么会转。可能在他心中认为，这比电动玩具本身要好玩。

培养孩子肯钻研、有创意的精神才是我们给予孩子玩具的目的，一颗纽扣、一个瓶盖，往往胜过一个电动玩具。

玩具不在多，在于让孩子专心地玩；

玩具不在贵，在于让孩子动手去做；

玩具不在耀眼，在于让孩子找到他和这个世界的连接关系。

第三章

幼儿成长期

妈妈，我从哪里来？

"妈妈，我是从哪里来的？"

3～5岁的孩子最爱问这个问题，父母该怎样回答呢？

许多父母为了省事，先编一个故事，煞有介事地告诉孩子："你是马路边捡来的""你是从石头缝里蹦出来的""你是别人送到咱家门口的……"

孩子稍大一点，想问得详细点："我是从哪个马路边捡来的？""我是从哪块石头里蹦出来的？是不是孙悟空出世那块大石头？""是谁把我送来的……"

面对这样的问题，父母常常瞠目结舌，不能自圆其说，后悔当初不该编出这样离奇的故事。

更为难的是，每个孩子会提出许多不同的问题，而这些问题的出现常常出乎你的意料。

事实上，这样的回答从妈妈口中说出，更是草率的。准妈妈在为胎儿进行胎教时，目的便是为了早日形成母子间的纽带关系。

想想看，当孩子知道他不是父母所亲生，而是从马路边捡来的，血浓于水的亲子关系从何而来呢？母子连心就会受到质疑了。听到这样的回答，孩子的潜意识里会产生失落感，内心的安全感也会减弱。

这些都不利于孩子快乐成长。

我儿子3岁时，曾提过一个"深奥"的问题。

那天，我正在厨房做饭，儿子跑进来问："妈妈，什么叫剖腹产？"

我一愣，孩子怎么会问这么"复杂"的问题？可我还是装着漫不经心的样子问："你是怎么知道有剖腹产的呀？"

"刚才电视里说的。"儿子明确回答。

"哦！"我放心了，"剖腹产就是医生用刀在妈妈的大肚子上切一个口子，把孩子取出来。"说着，我还用手中的铲子比画了一下。

"剖腹产疼吗？"儿子又问。

我犹豫了一下，说不疼吧，那是假的；说疼呢，还能让孩子心疼妈妈。于是我说："当然疼了，肉皮割破了会出血，可疼了！"

没想到，这个答案让儿子忧心忡忡。第二周从幼儿园回到家，他一直闷闷不乐。

"悦悦，看上去你不高兴，发生什么事情了？"我关切地问。

"妈妈，我不想生孩子，生孩子要剖腹产，太疼了！"儿子满脸的痛苦。

我笑得前仰后合："傻儿子，男人不生孩子，女人才生呢！"

儿子一听高兴了，脸上阴转晴。

再一周从幼儿园回来，儿子兴奋地告诉我："妈妈，我们班 23 个生的，24 个不生的！"

原来，儿子去幼儿园"调查研究"了。

过了数日，儿子又来问："妈妈，我是剖腹产吗？"

我想，如果说不是，那接下来的问题不好回答，于是随口说："你是剖腹产。"

"我看电视了，剖腹产还要用线缝上，肚子上会有一道疤，你让我看看你肚子上的疤。"

儿子的问题让我犯了难，我上哪儿去找那道疤？还是实话实说吧！

"儿子，妈妈刚才在和你开玩笑，现在告诉你，你不是剖腹产！"

"那我是从哪儿出来的？"最让人难为情的问题还是被儿子提出来了。我决定实话实说：

"宝宝在妈妈肚子里长到足够大的时候，就会从一个专门的通道钻出来，这个通道叫阴道。这个通道既不是拉屎的肛门，也不是尿尿的尿道。"

儿子知足地走了，他终于听到几个大人的新名词。

一个多月后，他又有了新问题："妈妈，是不是男的和女的要结婚才会有孩子？"

"对！你怎么知道？"我惊讶地问。

"我姐家（表姐）的邻居是个老奶奶，因为没结婚，所以一辈子没孩子。"

4 岁时，儿子又问出了更"专业"的问题："妈妈，我知道了，男的要射精，才会有孩子！"

我快晕过去了："儿子，谁告诉你的？"我想他是不是接触了什么不良分子。

"我从电视里看到的，试管婴儿就是男的射的精。"儿子坦然地说。

我恢复了"正常"："是呀，男人有上亿个精子，跑得最快的、最勇敢的精子才会和卵子结合，才能有宝宝。所以，生出来的宝宝都是最棒的！"

儿子听后美滋滋的，我想这回他真是"成熟"，什么都知道了。可谁知，儿子又出笑话了。

那年儿子5岁。周日早上，楼外"噼噼啪啪"放起鞭炮。儿子好奇地问："今天他们为什么放鞭炮？"

"可能有人家办喜事结婚了，也可能是生宝宝了。"我回答。

这时，儿子从床上站起来，严肃地对爸爸说："爸爸，我说你真够笨的，连生孩子都不会！"

哇！原来他对"生孩子"仍是一窍不通。

在一个5岁孩子的心中，生宝宝是妈妈的功劳，和爸爸没有关系。以前提出的问题，也是道听途说，并不理解。

儿子长成爸爸，亲眼看见自己妻子剖腹产的过程，可能才真正地了解什么叫"剖腹产"。

所以，对孩子进行性教育的时候，一定要适合孩子的年龄特点，简明扼要，以实相告，而且要循序渐进。

回答"我是从哪来的"之类的问题，对不同年龄的孩子应有不同的答案。

有个3岁的男孩问妈妈这个问题，妈妈讲了很长的一个故事，中心思想是告诉孩子："爸爸肚子里有许多种子，种在妈妈肚子里了，种子长大了就变成宝宝了。"

第二天，儿子郑重其事地对妈妈讲："妈妈，你说的不对，爸爸肚子里根本没有种子，全是饭！我看着他吃进去的！"

这位妈妈就操之过急了，一次给孩子讲这么多东西，他就会觉得糊涂。其实回答3岁小孩提出的问题，像孩子提问时简单明了就行。没有必要把具体过程准确地告诉三四岁的孩子，孩子提问时根本没想那么多，他很容易满足于简单的答案。

你可以说："宝宝长在妈妈身体里一个特殊的地方，这个地方叫子宫。"

你暂时告诉他这些就足够。

孩子大一点，如果问："宝宝是怎么进入妈妈身体的？他又怎么出来的？"

你再说："宝宝是由一颗种子长大的，而这颗种子一直待在妈妈的肚子里。"

孩子长到四五岁，你再告诉他："宝宝在妈妈的肚子里长到足够大的时候，就会从一个专门的通道钻出来，这个通道叫阴道。"一定要让孩子明白，这个通道既不是肛门也不是尿道。

回答有关生活真相的问题要尽量自然，满足他的好奇心就行。

孩子有着对生活的观察力和丰富的想象力，他们一般相信自己听到、看到的东西。

对于男女性别之差，幼儿园的孩子是从男孩站着尿尿、女孩蹲着尿尿来判断，低年级小学生看到的是：男生上男厕所，女生上女厕所。

有的孩子是通过养小动物来观察，发现不同性别有不同特点。

有一个小男孩，以前很爱打架，把女同学、小同学打哭了他就特别高兴和得意，觉得自己很有能耐。一年暑假去农村，他看到表弟和小伙伴在斗蛐蛐儿。表弟捉的蛐蛐儿个头虽小，却斗劲很凶。于是，他也捉来两只，想要斗一番。

不承想，他的那两只蛐蛐儿蔫答答地根本不斗。

表弟笑着告诉他："你那两只蛐蛐儿，都是母的，当然不斗啦！"

于是他扔出一只大的，换了一只小的，可它们还是不斗。

表弟又说："一公一母也斗不起来。"

当他把两只都换成公的时，两只蛐蛐儿劲头十足地斗了起来。

他感触很深，回家后写了一篇日记，总结了一句话："公蛐蛐儿都不斗母蛐蛐儿，我老欺负女同学，我还不如蛐蛐儿。"

老师把他的日记在全班读了，大家哄堂大笑。老师问同学们："你们想想，在动物世界里，还有没有同样的现象？"

大家七嘴八舌地举出了大象、狮子、老虎等最凶猛的动物保护异性的例子。男生们大受启发，自觉地把以前专门欺负女同学的"敢死队"转变成专门保护女生和弱小同学的组织，又在班里发起了"爱在我们中间"的活动。同学们明白了一个道理：保护弱者、尊重女性，才是男子汉力量的表现。

对孩子进行性、性别教育，不能只从解剖学和生理学的角度去解释，要把性、性别与理想和精神结合起来。

特别是对进入青春期的少男少女，要给他们开设生理、心理课程，同时介绍一些有关性教育的健康书籍给他们看，让他们消除性的神秘感。

像中国大百科出版社出版的《中国儿童百科全书》中，有几页彩页，图文并茂地告诉小读者人是从哪里来的，男孩与女孩有什么样的不同，生动活泼，孩子看了很受益，让他们学会抵制性诱惑。

有一位"苦恼的秋秋"给《中国少年报》"知心姐姐"写来一封信问："有一天，一个男生拉了我的手，还亲了我一下，我会不会怀孕啊？"

"知心"专版"女生悄悄话"栏目中，我的朋友徐国静做了回答。我觉得她讲得很美，很清晰，适应小学中高年级学生阅读。回信是这样写的：

亲爱的秋秋：

你真是太可爱了，有着丰富的想象力。男生亲你一下，不会变出小孩。真的，别担心！

每个小孩都是父母爱的结晶，是由两个细胞共同创造的生命奇迹。这两个细胞一个叫精子，住在爸爸体内；一个叫卵子，住在妈妈体内。

当爸爸妈妈相爱很深，特别想生一个小宝宝时，爸爸的精子和妈妈的卵子开始约会，然后手牵手来到妈妈子宫里安营扎寨，一住就是280天。在子宫里，精子和卵子结合，变成一个肉眼看不到的单细胞，然后快速裂变长大，直到裂变成一个可爱的宝宝。宝宝叩敲妈妈的宫门，大声啼哭着离开母体，最后变成一个独立的人。

子宫是什么地方？为什么在那里住280天后，一个细胞就能变成一个宝宝呢？中国文化真是博大精深，你看"子宫"这个词有多美妙：顾名思义，子宫就是孩子的宫殿！这是一个精美绝伦的宫殿，比大地上任何一个宫殿都美：它有一个神奇的营养传送带——脐带，紧紧地将妈妈与孩子连在一起，就像一个24小时昼夜开放的餐厅；有天鹅绒一样舒适的睡床——胎盘，周围漂浮涌动着羊水，就像海上的波浪。不仅如此，宝宝住在子宫里，还可以日夜倾听妈妈心脏鼓点般的节奏，以及宫墙竖琴一样的血管里涓涓流淌的音韵……

每个人都是在子宫这个"音乐宫殿"里面孕育，并从这里诞生的！

用这种方法向孩子传递性知识，是一种美的享受，既不会让孩子产生恐惧，又不会产生邪念，有的是对生命的崇拜，对生命的向往。这样，孩子会知道"生命是美好的"。敬重生命，是我们每个人的道德底线。

上幼儿园的孩子哭给谁看

初上幼儿园的孩子，有个共同的爱好：哭。

孩子一哭，父母担心，老人伤心，家里乱成一团。"是送，还是不送？"成了各家最大的困惑。

"孩子一上幼儿园就哭怎么办？"许多年轻的父母常常向我提出这类问题。

"很正常！"我对他们说，"我的儿子上幼儿园也有过哭的历史，开始我也很焦虑，自从我知道了孩子'哭的秘密'后，就不担心了。"

哭，还有秘密吗？

对！听我慢慢道来。

我儿子1岁零8个月就送幼儿园全托了。那时我们住在他姥姥家。每到周一早上，我会在姥姥家附近一个车站，等候幼儿园接送孩子的班车。车没来时，孩子们都有说有笑，只要一上了班车，孩子就开始大哭，好像要奔赴刑场。

"妈妈，我不想上幼儿园！""姥姥早点儿接我！"

儿子一哭，姥姥就开始抹眼泪。第三天，姥姥就想外孙，自己乘公共汽车到官园，去幼儿园看孩子了。回到家，还要难过好几天。

以后，送孩子，我尽量不让姥姥去。接孩子，再让姥姥去，我心疼姥姥。

家长们碰到一起，交流最多的，就是孩子一上幼儿园就哭，哭坏了怎么办？

终于有一天，我知道了孩子哭的"秘密"。

那是一个周一的早晨，天气十分炎热。我因要去幼儿园办事，一大早就带儿子去大楼门前等幼儿园的班车。

等车的小孩、家长很多，黑压压地站了一群。大家互相打着招呼，唠着家常，一派和平景象。

大客车来了，车门打开了。

孩子们开始哭了，声音由小变大，不一会儿就哭声一片："妈妈，我不上幼儿园！""妈妈早点接我！"

妈妈也开始流眼泪，母子、母女难舍难分，场面十分"悲壮"。

我也随孩子们上了车，目睹了眼前这"悲壮"的场面，心里酸酸的。

车开动了。只听孩子们的哭声达到最高分贝。车下送行的妈妈们和老人们一边抹眼泪，一边挥手告别，好像孩子一去将不再回来。

我仔细观察车上的孩子，发现他们的小眼睛泪汪汪地看着自己的家人，哭着喊着，感觉好像在比赛看谁的声音最响！

当车子掉头，转弯，直奔前门北大街驶去时，奇怪的事情发生了，哭声忽然停止了。只见孩子们安安静静地坐在车座位上，开始吃起了书包里的零食，有的孩子还互相交换，好一派祥和的景象！

我往车外一看，已经看不见父母家人的身影。

这时，我忽然明白，原来，孩子是哭给父母看的，哭给奶奶、姥姥看的！

我联想到一个小故事：一个爱哭的小女孩，每次摔倒了，都要大哭着等妈妈抱她起来。有一天，她和一个大姐姐出去玩，不小心摔倒了，不但没有哭，还自己爬了起来，大姐姐问她："今天你怎么没哭呢？"

小女孩说："今天妈妈不在身边。"

小孩的眼泪，天生就是为父母和老人准备的！这是因为，眼泪能换来父母和老人的关注和同情。

这天，宝宝要上幼儿园了。一大早，他就情绪低落："妈妈，我不想上幼儿园！"

你千万不要满脸同情地说："宝宝，听话，妈妈一定早早去接你！"

你的同情马上会换来孩子的眼泪，而且孩子会从你口气中得到这样的信息：幼儿园肯定不是什么好地方，要不妈妈为什么要早早去接呢？这样，他就掉进了悲伤的世界，难以自拔。这样做，只会给你和孩子平添双份不愉快。

如果，我们换一种心情送孩子上幼儿园，那情况将会大有好转。

一大早，你就兴高采烈，好像今天是个节日。

"妈妈，我不想上幼儿园。"孩子跟在你身后喃喃地说，样子好可怜。

"听说你们幼儿园养了几只小兔子，是白色的，还是黑色的？"你转换话题，把他引入你描述的快乐世界，那个场景令他怦然心动。

"两只白兔，一只黑兔。"儿子很茫然。

"白兔和黑兔都是红眼睛吧？"

"不一样。小白兔是红眼睛，小黑兔是黑眼睛。"儿子在纠正妈妈的错误。

"哦！哪天妈妈一定仔细看看。星期天，小朋友都不在，小兔子一定很孤单，你说它们会不会想你？"妈妈进入了情境。

"我想，会的。"儿子担心地说。

"你今天要去看它，如果能给它带个礼物，它们一定很高兴！"

"带什么礼物呢？"儿子开始思考。

"小白兔,白又白,爱吃什么来的？"妈妈说起一段孩子熟悉的儿歌。

"爱吃萝卜爱吃菜！"儿子接得很快。

"就带一小根胡萝卜吧！"妈妈提议。

"好！好！"儿子高兴起来。

妈妈洗了一根很小的胡萝卜，放进一个袋子里。儿子小心翼翼放进小书包，他恨不能马上到幼儿园，把礼物送给小兔子。

又到周六。宝宝从幼儿园回来。妈妈见儿子问的第一句："小兔子好吗？它爱吃胡萝卜吗？"

"小兔子可爱吃了！"儿子高兴地告诉妈妈。

看看吧，令宝宝和妈妈都愉快的新故事，就这样开始了。

妈妈的眼泪，带给孩子的信息是担心，是离别的悲伤；

妈妈的笑容，带给孩子的信息是放心，是进入新集体的快乐。

孩子到了3岁，一定要上幼儿园。那是一个儿童的天地，让他们在那里感受到和伙伴在一起的快乐，才会更好地融入集体；让他们在那里学会有规律的生活，才会让他们懂得规矩；让他们在那里施展自己的才华，才会让他们看到自己有多棒！

怎样让哭闹的孩子安静下来

一位年轻的妈妈向我倾诉她的苦闷，她的孩子十分淘气，爱哭闹，爱和其他小朋友争抢东西，并对玩具等小东西有破坏欲望，谁的话也不听，怎么管教都没有什么效果。

看着这位一筹莫展的年轻妈妈，我给她讲了一个故事：

一名从学校毕业，踏入某幼儿园工作不久的幼儿教师，遇到了一件令她很头疼的事情。在这名老师接手那个班不到半个月的时候，就从外地转学来一名小朋友。每天清晨，妈妈送他来上学。这名小朋友因为对新环境充满陌生感，总是抓着妈妈的手不肯放开，哭闹着不愿上幼儿园。哄的、吓唬的办法，能想的全想到了，可这名小朋友还是哭闹不止。

连续几个星期，幼儿园的清晨都是在这名小朋友的哭闹声中开始的。一天夜晚，手足无措的"新手"老师，突然想起来她曾读过的一篇文章，脸上立马浮现出了笑容。她怀着喜悦之情等待新的黎明到来。要是以往，那段时光的确令她害怕。

第二天清晨，这名老师把那个已习惯哭闹的小朋友从他妈妈身边拉开，没有像以往那样哄他或吓唬他，而是紧紧地抱住他。开始，小朋友还像以往那样拼命挣扎，老师什么也没说，只是紧紧抱着他，并用手轻拍他的背。1秒钟，2秒钟，3秒钟，4秒钟……也不知几秒钟过去，奇迹出现了，这名小朋友停止哭闹，并安静了下来。接着，老师抚摸着小朋友的头发，轻声劝说他和其他小朋友一起玩。没想到这名小朋友竟然同意了，在幼儿园里度过了愉快的一天。

让一个哭闹的孩子安静下来，我们才能够让孩子安心地生活在这个世界上。

只有安静下来，孩子才能和其他小朋友一起玩耍、交朋友，才能从游戏中获得乐趣和知识，远离以前的不安和"恐惧"，这有利于孩子的情商的发展。哄和吓唬，都是非常不好的教育办法，它不能够消除孩子们的恐惧。哄，增加了孩子以个人为中心的情绪；吓唬，则增加了孩子们的恐惧，既不利于他们情商的成长，也不利于他们真实自我的发展。唯独用爱，用爱传达父母的情感，才能够非常有效地消除孩子在生活中的"恐惧"心理。

对孩子的教育，关键点在于一个"爱"字。事实上，它并不像许多人理解的那样，要教孩子领会多少知识，让孩子学会多少技能，要把他们培养成怎样的天才，等等。

听到这个故事后，年轻的妈妈说知道如何教育她淘气的孩子了。

几个月后，这位妈妈又找到我，向我诉说她儿子的近况。

她说，孩子依旧淘气，爱哭闹的毛病比以前好了一些，但仍会为他所要的东西不能及时到手而哭闹不止，对玩具依然有破坏欲望。

我知道问题出在什么地方了。孩子的这些行为，还是影响了这位妈妈的情绪，有时会让她失去耐心，会对孩子大声讲道理，甚至是训斥。

对这个年龄段的孩子进行训斥，不仅不能起到教育孩子的作用，反而会影响孩子的情商，会让他们在未来生活中难以处理好家庭关系，以及与同事和朋友之间的关系。很明显，这位妈妈在拥抱孩子的方法上出现了一些问题。我又向她讲述了如何去拥抱宝宝的方法。

首先，我们不能将生活工作中不当的情绪，和孩子的一些行为给家长造成的负面情绪，带到教子之中。这样的情绪，对于家教来说是一剂毒药。

我们一直强调的是"爱的教育"，因为爱是神奇的。爱是我们的生活和世界的希望所在，也是这个世界上的光。正如《智慧国：双岸黄源如是说》一书中说，光会给予我们自由。爱和光是一体的，有了爱，我们的人生才会有光，才能发光，我们成为有光的人，教育也是一样。

其次，有了"真挚之爱"这个前提，接着就是操作方法的问题。

怀着真诚之心，紧紧抱着你正在哭闹的孩子，叫着孩子的名字（昵称），或者直接说："宝贝，妈妈爱你！"一般情况下，哭闹的孩子很快都会安静下来。

充满疼爱地抱在怀里，这是拥抱正在哭泣中的婴儿的关键，也应是拥抱我们孩子时的心境。

对于这位爱和其他小朋友争抢东西，对玩具有"破坏"欲望的孩子，妈妈如果采取的是像给我们成人做思想工作那样的说教，这种方法，对于有这样行为和只有几岁左右年龄的孩子来说，不会有什么效果。

此时，年轻的妈妈可以进一步采取措施，将母爱进一步呈现给孩子，用充满爱心的双手紧紧抱着你的孩子，待哭闹的孩子安静下来后，用手轻轻拍着孩子的背，如有机会让孩子在自己的怀抱里睡着的话，这时妈妈可以对刚入睡的孩子进行心理暗示，将孩子的心理导向一个正确的方向，从而让孩子迈向健康的成长道路。心理暗示的关键是将正面信息输入给孩子，首先，妈妈可以这样柔和地说："宝贝（说昵称更好），妈妈好喜欢你！""宝贝，妈妈很爱你！"这样的话反复说几遍。

接着，妈妈要针对孩子的问题将正面的信息传递给他，对孩子进行暗示："宝贝，妈妈相信你会和其他小朋友一起友好地玩的。妈妈知道宝贝是在研究玩具，是想把玩具拆散，看看它的结构，宝贝是想搞发明创造，成为发明家是不是？宝贝想当发明家，是在研究玩具而不是破坏玩具是不是？宝贝要当发明家，就会是一个令人尊敬的人，懂礼貌，不哭闹是不是？宝贝要当发明家，宝贝会好好学习知识，当个有理想的孩子，爸爸和妈妈都相信你，我们家的宝贝会做得很棒的！"

你紧紧地拥抱孩子，说宝贝我爱你！某一天，孩子也会拥抱你，说爱你的。用爱和热情拥抱你的孩子，对开发孩子的右脑很重要，对孩子人性的教育也很重要，因为，父母肢体语言在拥抱中所传导的爱，会让孩子的世界拥有安全感，拥有依恋的力量，孩子对这个世界不再有恐惧感。我们想想看，对世界不再有恐惧感的孩子，他还会在家和幼儿园哭闹吗？他还会不友好地对待其他小朋友吗？体会到父母之爱的孩子，会在游戏中和其他小朋友分享其中的快乐，会快乐地学习、成长。

对孩子说"宝贝，我爱你"，然后紧紧拥抱你的孩子，这是一个美好的举动。这样的举动，会让孩子对爱有所体会，进而对爱有所了解，这样的举动也会对孩子右脑开发有很大帮助。有了这些，孩子就会有良好的转变，就会走出以个人为中心的过去的生活方式，学会和他人分享身边的事物：游戏、玩具、友谊。

你表达了对孩子的爱，某一天，孩子也必然学会爱的表达，对你说"爸爸，我爱你""妈妈，我爱你"。对世界充满爱，对生活充满热情，这是一件很自然的事情。

爱的表达越早越好，这样更加自然。不然，某一天你意识到对孩子的爱的表达很重要时，却发现孩子已经大了，开口说出来很困难。现实生活中，有不少父母和孩子，以及夫妻之间，一句"我爱你"都没说过，因为他们不好意思说出口，这和他们童年所受的教育有很大关系。

许多家庭生活中，并不是爱出了问题，而是表达有问题。

爱的教育，会让孩子的人性得到长足发展，智慧和情商得到协调发展，孩子会成长为平和、理智的人，开心、快乐的人。

人生是马拉松不是短跑

现在流行一种说法："不能让孩子输在起跑线上。"

于是乎，幼儿园要学习小学的知识，家长忙着为孩子找各种兴趣班、辅导班报名。一场对孩子童年的掠夺战正在进行。结果，忙坏了家长，累坏了孩子。

一天，我去拜访柳斌同志得知了这样一件事：

一次，柳斌主任去某地考察教育。当地一个人非要见他，说自己能让 3 岁的孩子学会 3000 个字。柳主任不想见他。在一次考察结束时，这个人竟带了一群 3 岁的孩子和一群记者在门口等他，说："柳主任，你随便考，看这些孩子是不是能认识 3000 字。"

柳主任说："你让孩子和记者都回去，我单独跟你谈。"

柳主任对这个人说："我相信，你的每个孩子都能认识 3000 字，这无非是训练的结果，小狗训练多次还会算算术呢！可这对孩子有什么意义？《毛泽东选集》每篇也只有 2700 多个字，你让一个 3 岁的孩子学会 3000 字，他干什么用？他会思维吗？而你为此付出的代价是孩子一去不复返的童年！"

柳主任痛心地说："这种以孩子童年为代价的'起跑'是误人子弟的。人生不是短跑，人生是马拉松，起跑快出几秒对漫长的长跑来说是不起作用的。"

"且看今天的教育现状，"柳主任说，"分数承载了太多的期望，学习承受了太重的压力，童年背负了沉重的包袱。在不少地方，学习活动常常远离了学习者的现实生活；整齐划一的学习任务，忽略了学习者的兴趣、爱好、自主性以及承受能力的差异，学习活动的要求常常违背学习者身心发展的规律。这种现象能说是符合教育合理性、科学性的要求吗？能说是适合每个学生发展的需要吗？"

柳主任越说越激动，他的目光中闪烁着焦虑和沉甸甸的责任。

作为一个在教育部工作了几十年的老干部，柳副主任在位时曾极力地推行素质教育，在中国许多大、中、小学的校园里，都留下过他的身影，他对中国的教育事业做出过重大贡献。如今，他退休了，可他的心还在教育上，还在孩子的成长上。他奋笔疾书，写下《求解"钱学森之问"》。柳主任认为，杰出人才的培养，必须遵从青少年身体、心理的发展规律，遵从教育规律、人才成长的规律，遵从人的品德、智力、体质、情操整体性的原则。人才人才，有人有才，无人即无才，人是本源，才是枝叶。所以若重才，先重人；若成才，先育人。

从人才成长规律看，人有德，才为用；人无德，才为祸；人品善，才利民；人品劣，才害民。这是古往今来从实践中总结出来的育人经验，杰出人才的培养也不例外。

柳主任希望家长们从急功近利的泥潭中跳出来，从"不能让孩子输在起跑线上"这种错误理论的误导下走出来，不对孩子提出不切实际的要求，不对孩子施加过大的心理压力。每个家庭都要努力建立和谐的家庭关系，创造有利于孩子愉快成长的家庭文化环境。

听柳斌同志一席话，真有振聋发聩之感。

早期教育是孩子成长阶段的关键，会影响孩子的一生。但如果加入急功近利、拔苗助长的色彩，那将祸害无穷。

仔细想一想，你一生的学习生涯，究竟给你留下的是什么？什么东西让你记得住，忘不了，用得上？

想一想，今天的父母最看重孩子什么？不是如何做人做事，不是德、智、体、美全面发展，而仅仅是智力。

婴幼儿时期主要任务是玩，在玩耍中让他的天性得到充分的发展。而我们却逼他们学，学写字，学拼音，学外语。为了出"神童"，用大量的练习占据孩子玩的时间。

一位幼儿园老师去另一家幼儿园见习，看小朋友做拼音练习。别的小朋友都写完了，只有一个3岁女孩还有两页没写完。只听她说："这个幼儿园，可把我折磨死了！为什么要一遍又一遍地写拼音呢？有的小朋友不写拼音也能考上大学呀！"

3岁小孩，还没玩够呢，就开始为考大学受"折磨"了，这不是在摧残孩子吗？她还没等上学呢，就已经对学习失去了兴趣，这不是得不偿失吗？

法国启蒙思想家、教育家卢梭，在《爱弥儿》一书中曾经强调，教育儿童必须符合儿童身心发展的规律和年龄特征，否则就会导致不良后果。因为"在成人以前大自然希望儿童的就像儿童的样子。我们假如把这个次序颠倒了……我们将造就一批年纪轻轻的博士与老态龙钟的儿童"。

今天，这样"年纪轻轻的博士和老态龙钟的儿童"般的早熟的果子已经出现在我们生活中。

一次，一个"神童"的父母来找我，神情中带着忧伤和焦虑，他俩都是大学教授。

"我们的儿子4岁半上小学，19岁拿到博士学位。可现在他毕业在家，天天吃爆米花之类的膨化食品，什么事都不干，整天闷闷不乐。我们愁死了，知心姐姐你说这是怎么回事？"

我对他们说："你儿子该吃爆米花之类的膨化食品时，你们没让他吃，而是让他学习；想做事时，你们不让他做，也是让他学习。如今他学位是拿到了，可童年的缺憾，让他现在的心理有所迷失，他已无法找回童年，但他想去找，所以现在他只想吃，只想玩，不想做事了。"

当时，我就把卢梭的教育观点介绍给他们："在万物的秩序中，人类有它的位置；在人生的秩序中，童年有它的位置；即应把成人当作成人，把孩子当作孩子。"

卢梭还说过："为什么要让那些转眼即逝的岁月充满悲伤与痛苦呢？……你们绝不要剥夺大自然给予他们的短暂的时间，否则你们会后悔不及的。一到他们能感受人生的快乐，就让他们去享受；不管上帝何时召唤他们，你们都不要让他们没有尝到生命的乐趣便死去了。"

"一个人没有快乐的童年是很不幸的，而用金钱买不回童年。"我对"神童"的父母说。

"那现在我们应该怎么办？"

"把成人当作成人。你们的儿子已经过了18岁，是成人了，你们就要把他当成成人看待，放开手，让他自由，让他自己去面对生活，自己去做力所能及的事。他的快乐不是你们能给他的，而是他自己在实践中产生的。别为他担忧，把他看成一个普通的孩子，看重他的能力。"

在一次青年人才培养的论坛中，一位长期从事"杰出儿童"培养的专家介绍一个事实：她去美国跟踪了几十名"少年班"的"神童"，绝大部分人发展一般般，有个别还患了严重的心理疾病。她认为，这种急功近利的人才培养方式是违背人的成长规律的。

中国家庭教育学会副会长、《人民教育》杂志社总编辑傅国亮讲了这样一件事：印度一个叫辛格的4岁孩子，参加马拉松比赛，跑完了42公里。5岁时，他的家人准备让他跑50公里，超过马拉松的长度。正当人们在兴奋地迎接"马拉松神童"诞生时，印度政府出面干预了。政府派人封锁了50公里长跑的道路。他们说："我们宁愿要个普通的孩子，也不要神童。"印度政府这种对孩子负责任的态度实在令人钦佩。

这个故事使我想起几年前，媒体热炒一个中国小女孩从海南跑步来北京的消息。小女孩的父亲骑车"督战"，声称要培养孩子抗挫折的能力。媒体的报道引起哗然，许多人认为，这简直是对孩子童年的摧残！

如果我们对孩子的童年怀有太多的功利性，往往让他们成年后找不到人生的幸福。虽有声名，但活得很累。

卢梭说："我们同情儿童的命运，然而应该同情的却是我们的命运。我们更大的灾祸全是我们自己造成的。"

不能因为我们的短视，误把人生的长跑视为短跑；不能因为我们的无知，错把孩子看成学习的机器；更不能因为我们的功利心，剥夺孩子最宝贵的童年。

如果我们不尽快觉醒，那些没有输在"起跑线"上的孩子，最终将输在"终点线"上。

我们不想看到那一天。

在人生的路上，只要有完整的人格，任何时候出发都不晚。

幼儿园给我留下了什么？

说来也怪，我也是年过六旬的人，但幼儿园给我的印象是刻骨铭心、终生难忘的。

我极力提倡，孩子要有上幼儿园的经历，那么，幼儿园的生活究竟给我留下了什么宝贵的财富？

我是 5 岁上的家门口的北京博士幼儿园中班，虽只上了两年，可幼儿园给我人生中留下的财富却极其珍贵，仔细想想，最主要的——我想有三点：

第一是想象力。

记得上幼儿园第一天，老师给每个小朋友发了六支彩色铅笔，让大家随便画。

拿着这些彩笔，我爱不释手。我从两岁开始学画画，一直是在沙地上画，或在小黑板上画，从来没有使用过这么像模像样的彩笔。我拿出每一支笔，在纸上画了一条像弹簧一样螺旋形的彩条，六种彩色，六条彩条。刚画好就下课了。

老师让我们把画交上去。老师看了看我的画，问道："你画的是什么呀？"

我一下子被问住了。我刚才是在试验每支笔都能画出什么颜色，根本没想画的是什么。

老师微笑地看着我，耐心地等着我回答。

"是烟！"我忽然想出一个词儿，眼前出现了妈妈做饭时，烟筒里冒出一条一条的烟。

"是吗？你再去观察一下，烟是什么颜色的，明天告诉我。"老师笑眯眯地说。

放学了，我在回家的路上就开始观察，各家烟筒里冒的烟是什么颜色的。很令我失望，所有的烟都是灰灰的，只是有的深些，有的浅些，太难看了！

回家后我异想天开：假如每根烟筒里冒出的烟都不一样，像礼花一样五颜六色，那天空该多美呀！

我越想越兴奋。第二天幼儿园上课时，我对老师说："我看明白了，现在的烟都是灰色的。我画的是明天的烟，六彩的烟！"

"你很有想象力！"

老师的肯定，使我的"想象力"一下子展开了翅膀。以后，我真的成了想象力丰富的人。

谁能想到，5岁的一张画，激发了我的想象力，变成一生的爱好。

第二是创造力。

在幼儿园里，我最爱玩的玩具是搭积木。幼儿园里的积木巨大，有正方形的，长方形的，三角形的，每一块都和我个头差不多，一次只能搬一块。我很喜欢搭房子，每次搭得都不一样，使我从小对建筑产生很深厚的兴趣。可惜现在这样的大积木很难买到了。

从中班开始，我们就有泥工课了。每个小朋友有一块小木板，上面有一块胶泥和一把木头刀子。上课时，老师会教小朋友捏各种小动物。课前，老师交给我一个任务：把胶泥揉成两头尖、中间圆的泥蛋蛋。我可爱干这个活儿了，揉得又快又好。练了这手艺，妈妈包饺子时，我就帮她揉面剂子，很专业。每一次做泥工，我都会捏出形态各异的小动物，经常被拿出来展览。

这些游戏，让我品尝到了"变化"的神奇，还有创造的欢乐！

长大后，我养成一种创新的思维习惯，做什么东西，不喜欢墨守成规，总爱改变它、创造它，让它更新鲜、更时尚、更实用。

第三是领导力。

不要以为"领导力"是职场的专有名词，对一个现代人来说，领导力实际上是一种生存能力，一种激发、影响他人的能力。

我觉得，在幼儿园里就能培养这种能力。

可能是因为我点子多、胆子大，五六岁我就成了"孩子王"。我会组织幼儿园小朋友做游戏，带着女生过家家，领着男生在沙坑里挖地道。我有点像"假小子"，男生很爱跟我玩。不管谁找我的麻烦，我也决不会与人吵架。有的时候，别的小朋友从我手中抢走了球，我也不生气。我会坐在树荫下，看他们玩，他们开心，我也开心。等他们玩厌了，我再玩。

因为我经常摸爬滚打，和男生一样，手指甲总是黑黑的。老师一来检查卫生，我立马会发出命令："卧倒！"所有男生立刻全钻到大桌子下面，等老师走了再钻出来，然后哈哈大笑。

我清楚地记得，从幼儿园毕业时，朱园长在粉纸上用十分漂亮的字，给我写了一份评语："卢勤小朋友活泼可爱，勇敢胆大，好帮助人，多才多艺，有很强的组织能力……今后要注意个人卫生……"

真让朱园长说对了，当然，我的"个人卫生"一直是不大好。我从小学开始一直当干部，当了五十多年。当领导需要的不是个人的才华，而是包容性、忍耐心，能够替对方着想，这样才能聚集众多的能人，形成一股庞大的力量。

现在人们把这种能力称为 NQ，也就是共存指数。共存指数越高，在社会中与他人相处就越容易。有了这项能力，成功的概率也会相对较高。

正处在成长期的孩子，最需要的一种能力，就是这种新概念的共存指数。

儿子在幼儿园里待了 4 年半，我发现，他也拥有了这三种财富，很快成了一个独立的人。

如果你老把孩子圈在家里，不让他去见世面，即使他拥有出众的个人才华，但由于他不合群，不具备与他人和谐相处的能力，也缺少自信心，那他未来可能是个平庸的人，是一个缺少幸福感的人。

发现的乐趣

金色的秋天里，金黄色的落叶洒满树林。

在法国，老师带着一群幼儿园的孩子走进小树林。孩子们一个个都光着小脚丫，踏在厚厚的落叶上。

他们东张西望，用一双双好奇的眼睛搜索这个金色的世界。

走到一片厚叶上，老师让孩子们跪在树叶上。

"孩子们，你们发现什么了？"老师说。

"落叶！"孩子们抓起一把落叶尖叫着。

"把干落叶拿开，又发现了什么？"老师又问。

"烂树叶！"看着那些腐烂的树叶，孩子们张着小手不敢摸了。

"孩子们，抓起一把，这叫腐烂！"老师鼓励着孩子。

孩子们纷纷抓起腐烂的叶子，惊叫着"腐烂"。

"再挖一下，腐烂的树叶下有什么？"老师一步步引导。

"泥土！"孩子们哈哈笑着。

在欢笑声中，"发现"这一课结束了。

复活节到了，在美国购物区，五颜六色的彩车里装满了节日礼物。只见学龄前的孩子们，个个提着小篮子，走东走西，到处找东西。找到彩蛋后，他们会兴奋地放进小篮子里。

"发现"是小孩最爱的游戏。如果你把他想要的东西放在他手中，他的兴趣会转瞬即逝。如果你把他爱吃的东西塞在他嘴里，他可能会吐出来，或者不屑一顾。

记得我妈妈不是这样的。我小时候，妈妈买了好吃的东西，从不声张，而是悄悄放在桌子边或者其他我们能看见的地方。

我和哥哥姐姐从外面玩回来，忽然"发现"桌上有好吃的东西，那兴奋劲就别提有多大了。我发现，自己"找"出来的东西，比妈妈给的东西要好吃得多。

这就是"发现"的乐趣，因为这里有自己的劳动成果。

小虎 10 个月大的时候喜欢"藏猫猫"。你用一块布遮住脸，忽隐忽显，他会高兴得咯咯笑！他很奇怪，奶奶的脸怎么一会儿有一会儿又没啦，藏到哪儿去啦？一旦让他发现了你，他便很有成就感。

几岁的孩子喜欢"猜猜看""找不同"，猜对了，找到了，便会兴奋不已。

再大一点儿的孩子喜欢"走迷宫""猜谜语"，发现了出口，猜中了谜底，是孩子最大的乐趣。

"发现"能让孩子感到惊奇，而人的大脑正是在不断摆脱"惊奇"中得到开发。

"发现"的过程，是孩子认识事物的过程，如果孩子自己有了新的发现，他的心里将获得满足感和成就感。这也会促成孩子一种思维模式的形成，让他们在以后的生活、工作中，不断有"灵感"呈现。

轻而易举得来的东西，来得容易，失去得也快。

无理取闹不能赢

三四岁，是孩子的第一个反抗期。

许多父母很奇怪，为什么很听话、很乖的宝宝到了 3 岁就不"乖"了，开始和父母对着干。

我告诉他们，孩子的第一反抗期来到了。他开始与父母"较量"，看看谁厉害。这时，父母要学会与孩子"斗智斗勇"，既不能简单粗暴，又不能纵容他"无理取闹"。因为纵容只会使一个很好的孩子变成一块不可雕琢的朽木。

一次，我去商场买东西，看到一个三四岁的女孩要买一个很贵的玩具，妈妈没有给她买。这女孩大哭大闹，先是对妈妈拳打脚踢，后来索性坐在地上撒泼，搞得这位妈妈十分难堪，怎么劝怎么哄也不行。妈妈叹了口气，拿出钱包，准备"屈服"了。

我制止了她："不能惯着她！不能让无理取闹的孩子得到任何好处，不然你一辈子要受苦。"我劝她马上"离开"，不再理这个孩子。孩子哭得更厉害了。

我对这个孩子说："你就坐在地上哭吧。你看，妈妈已经走了，她才不会给一个不懂礼貌的孩子买玩具呢！大家也不会理你的！"说完，我摆摆手，让围观的人全都走开。

孩子把抹眼泪的手指分开一道缝，看了看，大家都走了，妈妈也"走"了。她立刻停住了哭声，爬起来去追妈妈。看到妈妈，她又大哭起来。妈妈有点犹豫了，我冲她妈妈喊："往前走，别回头！"看到妈妈头也不回地往前走，孩子急了，喊着："妈妈，等等我！我不闹了！等等我！"

妈妈赢了，"无理取闹"的孩子输了！

如果妈妈心一软，买了那个玩具，孩子也就"没治了"。从此，妈妈将成为孩子感情讹诈的受害者。要知道，多少"小霸王"就是在纵容中学坏的！

　　想想看，如果让无理取闹的孩子赢了，孩子成人进入社会后，别人还会像父母的态度那样对待他的无理取闹吗？显然不会。现在的"赢"就是未来的"输"。要让孩子尽早懂得，无规矩不成方圆。

　　这一招，是跟我的母亲学来的。她很爱孩子，从不打骂孩子，也从来不纵容孩子的毛病。她对我们是这样，对我们的孩子也是这样。

　　记得我儿子5岁时，一天，全家人在我的母亲家团聚。马上要吃饭了，儿子却哭着闹着非要去买玩具枪不可，谁说也不听。

　　孩子姥姥过来了，对他说："你就哭吧，哭不够就对不起我们。我们可要吃饭了。"

　　我们真的开饭了，谁也不再理他。孩子姥姥一边吃，一边对我们说："我不怕孩子无理取闹，我不会给这样的孩子一点儿好处。即使想买的东西，这样一哭就不会买了。你们不能惯孩子，饭，咱们都吃了，不给他留。"

　　儿子听了这话，停住了哭声。他最爱吃姥姥家的饭了，这回可要吃不上了，怎么办？

　　这时大姨趁机逗他："悦悦，好汉不吃眼前亏。知道不对还不赶快来吃，东西买不成，好吃的再吃不着，你是不是太亏了？"

　　听大姨这么一说，儿子马上坐到大姨身旁："买不成我也不要了，还是先吃吧！"

　　全家人都笑了，都说他会找台阶下。从那以后，儿子学聪明了，再也不"无理取闹"，而是用智慧取胜，好说好商量。

　　有人说，"三岁看大，七岁看老"，不是没有道理，有些坏习惯往往是从小养成的。所以，我们做父母的要有一个信念：孩子每一次无理取闹，绝不能让他得到好处，尤其是第一次。

　　前不久，新浪网邀请我做客"微博"，上万名网友提问。其中一个称"艾希儿"的网友问："卢老师您好！我的女儿刚满一岁，最近这段时间总是动不动尖叫，很大声音那种，只要不如意就发出那种尖叫声，好像很生气的样子。弄得我不知道怎么办才好，总是向她妥协也不是办法呀！"

　　我是这样回答的："尖叫是发声的一种表现，不必太在意。当她尖叫的时候，你们不要有什么特殊的反应，这样让她知道，尖叫没有招来什么人；当她声音比较平和的时候，你们就对她亲热一点，让她觉得这种声音比较吸引人。"

小孩子都是在体验中长大的。他们在与父母的较量中，会摸索出许多经验："父母是吃硬不吃软，还是吃软不吃硬？"你害怕什么招数，他就会使用什么招数，所以，你千万不要"上当"。

但是，最重要的，是让孩子明白：一个人要对自己行为的后果负责任。

有的孩子会用"绝食"与父母对着干，他们知道：大人最怕小孩不吃饭。

一次，一位年轻妈妈向我诉苦："我那个臭儿子每天晚上叫他吃饭，他都不吭气，也不过来吃。等饭都凉了，他才慢吞吞地过来吃，我只好再为他热。有时半夜起来说：'妈，我饿了！'我还得给他重做。就为吃饭这事，我都愁死了！"

"都是你惯的！"我毫不留情地批评她，"你这是纵容他不尊重你的劳动！"

我为她支了一招："和儿子商量好开饭时间并告诉他，到点就开饭，过时不候！你做好饭，叫他吃晚饭，他不吭气，你们一家就开吃。吃完，把剩的菜饭都倒掉，冰箱食品也清空，饿他一顿保证有效。"

这位妈妈真照我说的做了。一次，她做好晚饭，看看开饭时间已到，就召唤儿子："吃饭了！"儿子坐在电脑前，一动不动。妈妈又喊了一声，儿子装没听见。妈妈招呼家里其他人来吃，吃完，把剩下的饭菜都倒掉，冰箱也清空。晚上儿子饿了，过来说："我要吃饭。"妈妈平静地说："过时不候！"儿子打开冰箱，想取点能吃的，一看什么都没有，只好饿了一晚上。第二天，家里一开饭他就乖乖来吃了。

如果我们一味纵容他的不守时，那么他长大之后养成"目无他人""目无法纪"的坏毛病，就会直接影响他做人的信誉，影响他的工作与生活。

好习惯是"养"出来的，坏习惯是"惯"出来的。

习惯的力量是巨大的。人一旦养成一个习惯，就会不自觉地继续遵循这个方式生活。

有人曾说过："播下你的良好行为，你就能取得良好的习惯；播下你的良好习惯，你就能拥有良好的性格；播下你的良好性格，你就能拥有良好的命运。"

眼光可养人也可杀人

有的父母会有这样的疑问："许多人都说我的孩子不行，我该怎么办？"

不管别人怎么说你的孩子不行，你都应该始终坚信自己的孩子一定能行！

上台演讲的人之所以那么有激情，是因为下面听众那一双双赞许的眼光，就是一份份营养大餐，让人心情舒畅，精神愉悦。这一点，我自己感受颇深。有时患腰疼，竟能站在台上一连讲两三个小时不觉得累，为什么？就是因为会场里气氛很好，很滋养人。如果你每天生活在嫉妒的、挑剔的、不友好的甚至是恶毒的眼光中，你就会觉得浑身不舒服，甚至还会生病，因为这样气氛不好，负面信息太多。

所以，培养孩子的环境，不仅是指居室是大还是小，物质是丰厚还是匮乏，而是看孩子周围的大人，给予孩子的是什么样的目光。在赞许的目光中长大的孩子，一定会乐观活泼；在信任的目光中长大的孩子，一定会充满自信。反之，在挑剔的目光中长大的孩子，特别容易嫉妒；在怀疑的目光中长大的孩子，心理就比较阴暗。

所以，赞许、欣赏、信任的目光，是父母给予孩子最宝贵的财富。

孩子从母亲的腹中来到这个世界，从父母的眼光中看到的是希望，而不是绝望；是赞赏，而不是不满；是鼓励，而不是指责。这样，他的大脑细胞就会迅速增长，接受外界信息就会快。

我认为，早期教育正是从成人的目光开始的。而目光的背后则是父母对孩子的认识与期望。

大家都十分熟悉苏东坡和苏小妹的故事：

> 苏东坡喜欢跟佛印斗嘴。一天他对佛印说："和尚，我看你一身黄袈裟，越看越像一泡屎！"说完以后，哈哈大笑。

佛印听了，不但不生气，反而乐呵呵地回答："施主，我看你倒是越看越像一尊佛呀！"苏东坡乐坏了，以为斗嘴赢了，回家后告诉妹妹。苏小妹一听，肚子都笑疼了："哥呀，你上当了，人家佛印心中有佛，所以满目是佛，看什么都是佛；而你呢，是心中有屎，满目是屎，所以看什么都是屎。"

苏小妹说得太精彩了！你心里有什么，就把别人看成什么。为人父母，如果心中把孩子看成是痴呆，每天看到的都是他痴呆的表现，那孩子就是白痴、傻蛋；如果心中把孩子看成是天才，那么每天看到的都是他与众不同的长处，那天赋再差的孩子也会变成天才。请记住罗曼·罗兰的话："我们在最丑的孩子身上，也能看到新鲜的事物、无穷的希望。"

父母心中不灭的希望，对于孩子来说就是生命的力量。

你希望孩子成为什么人，你就把他想象成什么样的人，并且用你的言语描绘出来。只要发现孩子身上显露出一点苗头，你就吹风助燃，这小小的火苗定能"星火燎原"。

有的父母看孩子的房间很乱，就大声吼叫："瞧你的屋像个猪窝，袜子放在桌子上，衣服扔在地上。"第二天，你去看，袜子一定在桌上，衣服一定扔在地上，这种坏的形象是被你塑造出来的。

如果你换一种眼光，去发现孩子的长处，描绘出来情况就大大不同了。假如你发现，孩子的被子叠得比较整齐（他刚刚从幼儿园学会叠被），你惊讶地说："这是你叠的吗？这么整齐，妈妈都叠不了这么漂亮！"第二天，你去看，被子会比头一天更整齐，这种好的形象也是你塑造出来的。

记得我儿子三四岁时，家里来了客人，他就从屋里搬出个小凳子让人家坐。我一下班，我妈就夸奖说："你儿子真懂事，来了人还知道给人家搬凳子！"儿子积极性更高了。

第二次，又来了客人，儿子又去给客人端来一杯茶。第三次，邻居家的老爷爷来了，儿子又是搬凳子又是倒茶。他看老爷爷热得直擦汗，又拿来一个大芭蕉扇。老爷爷高兴地说："你家孙子真有眼力见儿！"等老爷爷告辞出门时，儿子也跟了出去。爷爷说："瞧，这孩子年龄不大还真懂礼貌，还知道送客人。"儿子连忙说："爷爷，我给您的扇子您还没留下呢！"

我妈给我讲完这个故事，我们笑得前仰后合，都说儿子幽默，儿子后来真的成为一个很懂事又很幽默的人。

所以，对父母来说，千万不要对孩子失望，要信任孩子拥有的潜在能量，只要我们改变眼光，就能充分发挥这一力量，孩子就会成为了不起的孩子。

认同中长大的孩子，将会获得自信；

认同中长大的孩子，将会掌握目标。

从"口吃"到"口才"

儿子出生时，我从下乡插队、工作的吉林白城地委调回北京，跨入了我从小向往的《中国少年报》报社的大门。我非常珍惜这个工作的机会，因为不是所有的知青都能实现自己童年的梦想。

为了全身心地工作，我把20个月大的儿子送进幼儿园全托，每周只接回来一次。

每次孩子回家后，总是兴致勃勃地给我讲幼儿园里的事，不管我爱听不爱听。儿子需要的是一个忠实的听众，而妈妈是最合适的人选。遗憾的是，开始我没有意识到孩子的这一需求，总觉得听孩子说话浪费了我写稿子或思考的时间。所以，每次孩子和我说话，我总是做出很忙的样子，眼睛左顾右盼，手里还不停地翻动着书报。

没想到，我的"忙碌"给孩子的语言表达带来了障碍。由于他是个思维能力很强的孩子，为了在有限的时间里把话说完，他就讲得很快，但慢慢变得结结巴巴的。

我对他说："你别结巴！"他结巴得更厉害了。我又说："你慢点说！"他就说不出来了。

我着急了，跟我妈商量："要不咱们带孩子去医院看看？"

我妈说："别去，医院里患口吃的人很多，你儿子模仿力那么强，回来还不都学会了？你儿子跟你说话，你别跟他说'别结巴'，这是提醒他要结巴，结巴都是提醒出来的！你儿子和你说话，你好好听着就行。"

我大姐是学医的，她告诉我："'口吃'是智慧的表现，为什么男孩爱'口吃'？因为男孩脑子快、嘴慢，一着急就容易结巴。"

这引起了我的注意。我开始注意改变自己，尽量抽出空来，认真倾听他讲话。我发现儿子很有语言天赋，说话说得很精彩。渐渐地，儿子竟成了我学习儿童语言的老师。是他把我领入了奇妙的儿童世界，使我后来对儿童教育工作达到入迷的程度,也使我学会怎样用心去读"孩子"这本"书"。这本"书",竟然还成了我当"知心姐姐"的教科书。

可以说,我爱孩子,正是从倾听孩子说话开始的。

儿子5岁时,我第一次坐飞机。从云南采访回来,儿子已经睡觉了。

清晨,儿子发现我睡在他身边,一下子扑过来,紧紧搂住我的脖颈。

"妈妈,你走了,我可想你了。星期一晚上睡觉时我都哭了。刘维也哭了,他爸爸出差住旅馆去了。"

我抚摸着他的头。他甜蜜地笑了。

"妈妈昨天是坐飞机回来的?"本以为儿子会对飞机感兴趣,没想到儿子竟问我:"妈妈,你坐飞机看见太阳了吗?"

"看见了。"

儿子接着问:"他好吗?"

"挺好的呀!太阳红着脸,在一朵朵白云中间跑,把云都照红了。"

"我也看见太阳了。老师带我们幼儿园小朋友去西山,我看见远远的有一条河,太阳落下去时,我怕太阳掉到河里淹死,踮起脚尖看,自己差点摔下山去。回来的时候,汽车从那里过,我看清了,那不是一条河,是路,我才放了心。"

儿子一口气说出来的话让我大吃一惊,哇!多好的儿童文学呀!只有5岁的孩子才会担心"太阳会掉到河里淹死",大人是想不出来的。多么善良的孩子呀!

我觉得儿子的叙述很美,就开始记录儿子讲的话。

有一天,儿子从幼儿园回来问:"妈妈,你知道唾沫是什么味儿吗?"

"不知道。"我实话实说。

"唾沫是臭味的!"儿子肯定地告诉我。

"你是怎么知道的?"

"我把唾沫舔在手心上,一闻,鸡屎味!"说着,又做了示范。

我当时也试了试,果然是"鸡屎味"。怎么在嘴里时不知道呢?真是"久闻不知其臭"呀!

我曾把儿子的话写成《悦悦日记》拿给儿童文学作家辛勤看。辛勤告诉我:"你要向悦悦学习。一个人,说话少一点机关气儿,多一点真心和真情,会更接近'善'与'美'。《悦悦日记》一定要坚持记下去。"

他的话很对。可惜，这十几年来，我的工作很忙，没能坚持记下去。但是，儿子的话，却随时会出现在我的文章和讲话里。写完一篇文章，我也经常用儿子的眼光、读者的眼光来挑毛病。

一次，北京电视台《中国之窗》栏目来家里采访我和我的母亲及已经上高中的儿子。

主持人问我儿子："你妈妈是'知心姐姐'，那你和你妈妈是什么关系？"

儿子幽默地说："别人家的家长和孩子中间，总有什么沟呀、坎呀，我们俩之间没有。我和我妈是朋友关系。"

"你既然是你妈妈的朋友，你都帮你妈妈做过些什么呀？"

"那干的事可就多了。我妈写了文章就让我先看，只要我认为好的文章登出去，肯定能轰动。"

主持人逗他说："那你不成了'知心哥哥'吗？"

"'知心哥哥'嘛，还谈不上。不过，也快了！"

儿子幽默的话，把大家全逗笑了。

这个"知心哥哥"从小就爱帮"知心姐姐"的忙。

他上四五年级时，就很爱帮我出主意。有一天晚上，我正给小朋友们复信，他从睡梦中醒来，问："妈妈，你怎么还不睡？"

"有100个小朋友给'知心姐姐'写来100封要求解烦恼的信，我正在想怎么回答呢！"我边翻信边说。

"我帮你回答！"

儿子干脆的回答引起了我的注意，我半信半疑地问："你行吗？"

"行！"儿子充满自信，"你找你不会回答的问我，会答的你就不用问我了！"

儿子俨然像个"大家"！我倒想知道他这个"知心哥哥"有多大能耐。

我终于找到两封不会回答的问题，开始"请教"他：

"一个一年级小男生问：'我位子后面坐了一个小女孩，每次我入座时，就会碰她的桌子，小女孩每次都不高兴地瞪着我说："切！"我很苦恼，你说我该怎么对付她？'请问，这问题该怎么回答呀？"

儿子不假思索地说："你告诉那个男孩，笑着对那个女孩说：'你气（切）我不气！'"

"真是男人的胸怀！"我心中暗自佩服他。

"接着问！"儿子更来劲了。

"一个四年级男生来问：'我和我妈吵架了，一礼拜没说话了，我很烦恼，你说我该怎么办？'请回答！"

"你告诉他：好男不和女斗！"儿子脱口而出。

我忍不住哈哈大笑，太绝了！儿子的幽默真让我喜欢。

我发现，塑造有幽默感的男人，必须首先培养一批忠实的听众。而男人的第一个听众，就是自己的母亲。母亲要善于倾听，有倾听的耐心，有倾听的激情，更懂得倾听的艺术。

幽默是一种习惯性思维，当孩子有了这种表现欲，试图把某事物说得有趣味时，父母一定要用欢乐来烘托气氛。这个过程可能需要较长一段时间，但之后你的孩子便有一种叫作"幽默"的智慧。

如果你发现自己的儿子不爱说话，或者说话紧张，甚至听你讲话时漫不经心，你就应该意识到，你是否犯了"不耐心倾听孩子说话"的毛病。你必须马上改变自己，不然，就会耽误了孩子语言发展的关键期，到那时你会后悔终生。

由于我们一家人都很爱听儿子说话，儿子没有了心理障碍，语言表达能力越来越强。

幼儿园毕业时，6岁的儿子和一个小男孩在毕业典礼上说相声，说了十来分钟，没打一句磕巴。我坐在后面听，一直和大家一起捧腹大笑。当掌声响起时，我禁不住泪流满面。我跑上去紧紧抱住他，亲吻着他："儿子，你真棒！你简直是个天才相声演员！"

没想到，我这一句话，加上演出的成功，让他喜欢上说相声，平常说话，也常常涌出许多相声中的幽默语言，让人不笑不行。

上小学时，儿子成了我的校友——上了北京史家胡同小学。著名校长卓立，在我上学时是电教老师，后来成了我儿子的教导主任。他是个多才多艺的人，办了北京市第一个校园红领巾电视台。儿子去竞争主持人，竟被选中主持"开心一刻"节目，每周给同学说段相声，同学们可喜欢他了，选他当了副台长。有一次，我陪《中国少年报》的摄影记者张志刚去北京史家胡同小学拍照，本来是拍几个女孩子的，但校长让我儿子一起去，她说我儿子是"笑星"，有他在那些女孩一定会开心地笑。果然，有"笑星"在，每张照片，孩子们都笑得十分灿烂。

消除儿子语言的障碍，我还用了一个好办法，带他去演讲。他上幼儿园时，每到暑假，各地请我去讲座，我尽量带他去。

记得一个炎热的夏天，河北秦皇岛团市委辅导员培训班请我去讲课，儿子幼儿园放假没地方去，我就把他带上，我讲课时他就在教室后面玩。我讲课从来不拿稿，一般属于激情演讲，儿子边玩边听。到中午了，他肚子饿了，问后面的工作人员："我妈怎么还讲呀？我都饿了！"

工作人员笑笑说："瞧你妈妈讲得多精彩呀，大家多爱听呀！"

儿子不在乎地说："我也会讲，可我得吃饱了才能讲。"

会后，工作人员和我讲了儿子说的话，我们都笑得不行。仔细想想，这种讲话的场面，对儿子影响是很大的。他看到我讲话时那么自如，那么流畅，和说话一样，在他心中，讲话成了一件很容易的事，而且讲到幽默的地方，大家那么开心，他也觉得很开心，体验到幽默语言的魅力。

小学毕业后，儿子就上了北京东城区 166 中学，成了全校新年联欢会的主持人。

我听说他真的成了班里同学们的"知心哥哥"，经常热心地帮助别人解除烦恼。真没想到，这个小时候有点"口吃"的小男孩，竟然变成伶俐幽默的"笑星"。之后他成了班上第一批共青团员，还被评为北京市东城区的"特优生"。

上大学时，他写小品、演小品、导演小品，各系请他当"导演"，成了小有名气的"李导"。他编导的小品还在大学自创大赛中荣获了"特别奖"。

儿子毕业后去上海一家大的网络集团工作，几千人的大公司，谁会认识他呀。第二年，赶上公司 5 周年庆典，他自编、自导、自演了一出小品，一下子轰动了。总裁说："咱们这里是'藏龙卧虎'呀！"晚上，儿子很兴奋地给我打电话："谁是龙？谁是虎？不是在说我吗？"

由于儿子崭露头角，被总裁看中，让他当了一个部门负责人，他干得挺出色。两年半后，被派到北京一个新收购的公司当副总裁 COO（首席运营官）。他一进家，我就逗他："李总！"他让我反过来念，我一念："总理（李）！"

大家又是一阵开心。

我觉得，倾听真是一种神奇的力量！它可以让人获得智慧和尊重，赢得真情和信任，也可以让一个"口吃"的孩子，变成语言的天才！

　　30 年过去，儿子已经长大成人。当他像山一样站在我面前时，我需要仰视他。他会习惯地俯下身来，像小时候我对他那样，听你说话，跟你谈心。有时他还会拍着我的肩膀，"语重心长"地说："小卢同志，要保重呀！"

　　每当这时，我会开心地笑，从内心感到做母亲的欣慰和满足。

　　语言表达能力，是人步入社会的一种十分重要的能力。

　　如今许多父母焦急的是，孩子都好几岁了，还是不爱说话，有的都大学毕业了，还不会说话。

　　我对他们说："父母会听，孩子才会说。好说、会说的孩子身后，一定会有爱听、会听的倾听者。"

　　说话也是一种习惯，要从小练习。聪明的父母与其做一个高明的说者，不如做一个高明的听者。

想象力比知识重要

一天晚上，一位妈妈和 22 个月大的女儿一起眺望夜空。这时，云彩把月亮挡住了。

"为什么看不见了呢？"女儿问。

"月亮被云遮挡起来了。"妈妈回答。

这时，女儿忽然指着自己的嘴说："月亮被吃掉了。"

妈妈觉得很有趣，就随声附和道："真的吗？"

"我把月亮摘下来，揉得圆圆的，吃掉了，很好吃。"女儿舔舔嘴，好像尝到了月亮甜甜的味道。

这就是 22 个月大孩子的想象力。这个年龄的孩子善于用右脑思维，她会把月亮当一种食物"吃掉"，而且会觉得"很好吃"。经过右脑训练的孩子，会通过右脑优势，"五感之间可互相转化"，将视觉上的月亮，转化成"揉得圆圆的"触觉上的月亮，又转化成"吃掉了"，很好吃的"味觉上的月亮"。这位妈妈做得非常恰当，她将女儿说的"这个月亮的内容"画在一张纸上，女儿没想到妈妈会把她说的月亮画下来，一看十分惊喜，自然又提升了给妈妈讲故事的兴趣。

又是一个美丽的夜晚，一个四五岁的小男孩站在院子里出神地看着夜空上美丽的月亮和满天的星斗。妈妈喊他吃晚饭，男孩说："妈妈，我想上月亮上去玩！"

妈妈说："去吧，别忘了回家吃晚饭！"

后来，这个小男孩真的上了天空，他就是世界上第一个宇航员，苏联的加加林。几年前，我去莫斯科参加国际书展，看到加加林的巨幅雕塑屹立在街头广场上，那是俄罗斯人民的骄傲！

一个美丽的梦想，最终成为现实。

农业功臣、水稻之父袁隆平就曾梦见这样的景象：水稻像高粱那么高，穗穗像扫把那么大,稻粒像花生米那么大……后来,袁隆平老先生终于"梦想成真",培育出高产水稻。

"**想象力比知识更重要。**"这是伟大的科学家爱因斯坦的著名论断。他还说:"因为知识是有限的,**而想象力概括着世界的一切,推动着世界的进步,并且是知识进化的源泉。**"黑格尔在其著作《美学》中指出:"**最杰出的艺术本领就是想象。**"

想象力正是从婴幼时期右脑潜能开发中获得的。有些事情,只有小孩子能想得出来,因为他们的想象力最丰富。

　　我的朋友黄小波是个优秀的儿童文学作家。她记录了她5岁儿子创造的童话:

　　·为寻找地下小人儿,走路时不放过任何一个井盖。

　　·报名参加轮滑班,坚持要买两双轮滑鞋——"手穿一双,脚穿一双,爬着滑不会摔。"

　　·过生日吹蜡烛,许愿第二天幼儿园倒闭。

　　·抢接家里的电话并警告所有人"我家没有这个电话号码",断绝父母的一切社交,以便死心塌地陪他玩儿。

　　·读《司马光砸缸》后支着儿:"干吗要砸缸?一起喊'加油',那小孩儿不就爬上来了?"

　　·读《静夜思》后灵机一动,只要把月亮的开关关上,就不会想家了。

　　·在公开场合大声宣布"屈原是长尾巴的",并跟左右陌生人解释:"我妈妈说远古的人有尾巴,我老师说屈原是远古的人。"

　　·儿子玩得很疯狂,掉进了花园里的小池塘。妈妈睡前问儿子:"掉进水里是什么感觉?"儿子诚恳地建议:"你自己掉一次就知道了。"

　　············

　　有一次,小波的儿子扁桃腺发炎去医院看医生。医生拿出一个压舌板,让孩子张开嘴。儿子很紧张,吓得要哭。

　　妈妈笑着说:"巴迪,张开大嘴,让医生看看你的扁桃腺'开花'了没有。"

　　巴迪觉得很好玩,立马把嘴张得大大的。

医生看了看"惊奇"地说："哇！你的扁桃腺真的开花了！"

第二天，儿子从幼儿园回来惊讶地对妈妈说："妈妈，告诉你一个好消息，幼儿园满院子的'扁桃腺'全开花了！"

世界上，只有幼儿会把"扁桃腺"想象成盛开的花朵。因为，进入幼儿右脑的文字信息，可以迅速转化为图像或者是声音、音乐。这是人类的脑干、脑皮层经过了上亿年进化而产生的神奇的五感之间的和谐功能。

大脑五感是指视觉、听觉、嗅觉、味觉、触觉这五种感觉。人的左右脑都有五感，但只有右脑能够将这五感相互转化。通常，我们所说的艺术上和科学创造上的灵感，就是右脑五感通畅转化时的高峰体验。

五感的相互转化，决定着人的创造力。

科学家证明，右脑是人类的"祖先脑"，它具有神奇的功能，因此，右脑潜能开发显得尤为重要。而幼儿时期，正是开发想象力最为重要的时期。

爱因斯坦在回顾自己的童年时，多次谈起他所体验的惊奇感。他说："思维世界的发展过程就是不断摆脱'惊讶'的过程。"

爱因斯坦认为，学生最可贵的动力是想象力、好奇心、求知欲，是学习中的乐趣以及对学习结果的社会价值的认识，而学校最重要的任务是努力引导学生形成这种具有创造性的心理能力。

想象力的训练，是送给孩子一种宝贵的礼物。比如"变化"的思维：在一个东西上，加点什么，能变成什么？

我曾去一所城市小学和一所农村小学，让孩子们做同一个游戏：我在黑板上画了5个圆，让孩子们加点什么，看看变成什么。每次有5个孩子上来画，结果很不一样。

城里的孩子画得很复杂：太阳、小花、小孩、钟表、向日葵等。而农村孩子画得较为简洁：有的孩子在圆上加一竖——鸭梨；圆下加一竖——气球；有的孩子上来就在圆下圆一横——太阳从地平线上升起；有的在圆中画一个正方形——奶奶的铜钱；有个男孩在圆上点了很多小点点儿，他告诉我——芝麻烧饼！

在物质不断丰富的今天，千万不要忽视对孩子想象力的开发。

想象，是科学发明的翅膀。丢掉了它，便丢掉了创新的源泉。

　　如果詹姆斯·卡梅隆没有想象力，孩子们哪有《阿凡达》可看？如果罗琳没有想象力，孩子们到何处去看《哈利·波特》呢？

　　想象也是一种生活的情趣。如果一个孩子连一点情趣都没有，想想看，他们的生活品位从何而来呢？

冒险和闯祸是一步之遥

冒险，是小孩子的天性。

冒险，有时会给人带来惊喜，有时也会给人带来灾难，但这是人长大必然要经历的体验。如果害怕这种体验，孩子长不大。

我5岁那年，冒过一次险，做了件傻事，差点毁容。

有一天，我从一部电影中看到，朝鲜族人把罐子顶在头上，走来走去。我觉得很好玩，总想试一试。

"机会"终于来了。

有一天，妈妈在厨房炒了许多菜，让我端进屋，我乐得屁颠屁颠的。我就爱干这种事——把这个东西，移动到那个地方，觉得很有成就感。

我端着一盘热腾腾的炒青椒从厨房出来，往北屋去，走到院子当中时，忽然想起朝鲜人用头顶东西的样子，立刻把菜顶在头上，用两只手扶住，小心翼翼往前走，一切都还顺利。

没想到，转眼间意外发生了。

我左脚刚迈进门槛，忽然看见我二哥正坐在屋里，我立刻大声问："你猜猜什么菜？"

"烧茄子！"二哥不假思索地回答。

"不对！是……"我的话还没说完，只听咣当一声响，盘子打翻在地，整整一盘刚炒的热腾腾的青椒就全倒在了我的脸上！

我疼得吱哇乱叫，妈妈听见了，赶紧从厨房跑进来，只说了句："快去用凉水冲！"

凉水冲过，疼痛稍好一点，不一会儿就起了泡。我去医院涂了一层药，在家里足足待了半个月，不敢出门。白白嫩嫩的一层脸皮，烫掉了三分之二，变成了粗粗的"猪皮"！我真是追悔莫及！

我一直很纳闷，朝鲜人顶东西为什么就掉不下来呢？后来我终于发现：

朝鲜人顶东西时，是先放上一个草编的圈，东西放在圈上就稳当了。

以后，我干活时可小心了，不再莽撞。

上中学时，学校让我们利用暑假去"勤工俭学"，我专门选了一家饭店端盘子。练了一个月，我的一双手和两只胳膊能同时端六盘菜，而且稳稳当当。

我从心里感谢我的妈妈，她没因为我闯了祸就阻止我进厨房，让我变成胆小鬼，而是让我成为胆大心细的人，这正是宽容的力量。

这件事让我慢慢懂得一个道理，父母给予我的生命，我要好好爱惜，好好保护。这辈子我听妈妈说的最多的一句话是：身体比什么都重要！

直到我自己做了母亲，才更深地理解了妈妈的话，知道了孩子的身体健康在父母心中占据多么重要的位置。尽管天天希望孩子平安，但是，孩子毕竟是孩子，免不了要出事。

儿子5岁时也闯了祸。一天，幼儿园老师打来电话，紧张地说："你儿子送医院了！"

"啊！"我脑袋里嗡的一声，"发生什么事情了？"

"他和好几个小孩吃了蓖麻子，中毒腹泻，现在没什么事了。"

我的心平静了许多，赶往了幼儿园。

听幼儿园金大夫说，我儿子带着一群小朋友去后院玩，看见一片绿绿的植物上，长了许多花花的小豆豆，他带头去吃，别的小朋友也都跟着吃，结果孩子们一个个晕倒在地，又拉又吐。幸亏老师及时发现，送进医院，才脱离危险。

我想起来了，我曾跟他说过，小时候，我一便秘，姥姥就给我吃蓖麻油。我可不爱吃了，天天追着我妈说："我不吃蓖麻油，蓖麻油不好吃！"我从不给儿子吃蓖麻油，儿子很好奇，一直问我蓖麻油什么样。我告诉他，蓖麻油和香油颜色差不多，是由黑白花的小豆豆磨成的。可能这段话引发了他对"黑白花小豆豆"的兴趣，才去冒险的。

金大夫对我说："你儿子真有爱心，我去医院接他们回幼儿园，路上他竟对我说：'老师你别着急，我没事！你累了吧，快歇歇吧！'"

听得我眼睛热热的。

见到儿子，我搂着他，只说了一句："蓖麻油可以吃，蓖麻子不能吃！"

吃一堑，长一智。以后，儿子吃东西很小心。长大后，他去购物，从来都是先看生产日期，再购买；过期的，从不买。

长大，是个学习的过程。不仅要从书本上学习，最重要的是在体验中学习。怕孩子出事，什么都不让孩子干，很难培养出处事能力强的人。

运动专家赵之心曾和我说："从小没摔过跤的孩子，长大了第一次摔跤会把脸摔破。因为，身体是有记忆的，磕磕碰碰后，它就记住了，自我保护系统会调动起来。再摔跤时，它会自动用肢体来保护，如果没有这种体验，肢体就不会自动来保护脸。"

当然，安全教育是十分重要的。鼓励孩子有冒险精神的前提，是对孩子进行安全训练。知道怎样避免伤害，以及真正受到伤害时该怎么办。

家有婴幼儿，桌子上千万不要铺长长的桌布，小孩好奇，想看桌上放了什么东西，会去拽桌布，那样很危险。曾有一个小孩去拽桌布，没想到桌上放的是火锅，结果孩子被烫成重伤。

家有幼子，安全第一，切记，切记。

培养同情心从养小动物开始

动物天生是儿童的挚友，小孩对动物的喜爱似乎是与生俱来的。

小孩天生对动物就有着特殊的感情，在他们心中，动物是自己的朋友，有时他们还会把小动物看成是他们自己。

记得我儿子4岁那年，我带儿子出去买菜，在菜市场门口看到有人卖小雏鸡。

小雏鸡是金灿灿、毛茸茸的，在阳光下它们挤成一团，十分可爱。

儿子蹲在地上，摸着小鸡毛茸茸的身体，爱不释手。

"妈妈，我很喜欢小鸡，你看它们多冷呀，我想把它抱回家。"儿子望望我，又望望小鸡，满脸的同情和悲悯。

"如果我们把它们带回家，你会照顾它们吗？"我问。

"我想，我会的。"儿子肯定地说。

"我也很喜欢，可它们每天要吃要喝，还会拉臭屎，妈妈爸爸上班都很忙，可没时间照顾它们。"我做出为难的样子。我不想儿子仅仅是玩小鸡，而是要学会照顾小鸡。

"我有时间照顾它们。"儿子恳切的眼光让我掏钱买了两只小鸡，因为一只太孤单。回到家后小鸡被放在一个纸箱里，箱子顶上还打了好多气眼。

儿子每天按时给小鸡喂食、喂水，换垫在下面的纸，十分认真。我有空的时候，会和他一起观察、照顾小鸡。

小鸡慢慢长大了。一天，其中一只小鸡因为吃得太多，撑死了。

儿子很伤心，把小鸡埋葬在院子的大树下，还用纸片立了一块碑。

一年后，另一只小鸡也长大了。一次，我们全家要去东北的奶奶家过年，小鸡没人照顾了怎么办？

"我们要走十几天呢，干脆今天把鸡杀了吃掉吧！"一大早，我和儿子的爸爸在卧室悄悄商量。

没想到这话让儿子听见了，他冲进屋，大声说："不许你们杀小鸡！它是我的朋友！"我们只好作罢。

出门时，只见儿子抱起小鸡，迅速从五楼往下跑，跑到大门口，把小鸡放在地上，急切地对小鸡喊："小鸡！小鸡快跑呀！快跑呀！跑到没人吃你的家里去吧！"

见儿子天真无邪的样子，我心里很不是滋味。我想，在他幼小的心灵中，我和他爸爸一定是可憎的刽子手。每当我吃鸡肉的时候，都会想：这不会是儿子放跑的那只鸡吧？

打那以后，儿子年年都会养小动物。他养过小鸭子、小乌龟、小金鱼、小兔子和小狗，还认真地做了记录。

记得儿子刚上中学时的一天晚上，他放学回来抱着一只刚出生的小白狗对我说："妈，它是一个孤儿，很可怜。"儿子继续动情地说，"它妈妈生下4只小狗就去世了，我们怕它们冻死，4个同学每人抱回1只，养活了我们再送人，行不？"

我从不养狗，可听儿子说得可怜兮兮的，只好同意养几天。

"你自己养，我可没空。"

"行！"儿子把小狗抱到他的卧室。

有一天，儿子有事外出，求我帮他喂两天小狗。我一进他的卧室，一个白滚滚的小肉球滚到我脚下，把我吓了一大跳，再仔细一看，就是那只小狗。我这才明白，难怪近日冰箱里的牛奶和肉少得那么快，原来都让儿子拿去喂小狗了。

我坐在床上，小狗趴在床上看我，那眼睛亮亮的，充满深情。我一下子被感动了，难怪养狗的人离不开狗，真是狗通人性呀！从此，我常去看它，一年后小狗送给了别人。

儿子当了爸爸后才告诉我，其实小狗的妈妈没死，只是它生的孩子太多，狗主人家养不起，才送他和同学每人一只。怕我不让养，他便杜撰了这个充满童话色彩的"悲剧"。我连呼"上当"！其实，我早知道，只是没戳穿。因为，我珍惜的是他对小动物的悲悯与一份善良的感情，我看重的是他养小动物过程中所培养的耐心和细心。我想，如果我大包大揽帮他养，他也就没有这样的收获了。

我老公刚退休，儿子立刻送给爸爸一个大礼——一个精致的鱼缸，还买了十几条五颜六色的小鱼。

"爸，没事养养鱼，既可以修身养性，还能给您解闷。"

知父莫如子。老公是个很有爱心的人，这些活泼可爱的小鱼真成了他的牵挂，每日精心照料，乐此不疲。

养小动物必须孩子自己养，这才能达到激发孩子爱心和社会责任心的效果。父母的责任是教会孩子怎样喂养小动物，以及如何注意安全。

动物给予孩子的不仅仅是爱心，还有灵性，而灵性激发人的创造性。

更为神奇的是，一只小老鼠竟然会成为全世界儿童都喜爱的动画形象。

100年前，迪斯尼出生于美国芝加哥。5岁，全家搬迁到仙鹤农场。正是仙鹤农场给予了迪斯尼快乐的童年，那里的鸡、鸭、猪、狗都成为小迪士尼的伙伴，小迪斯尼经常拿起笔在纸上为它们画像。

有一天，妈妈发现迪斯尼把鸡、鸭、猪、狗画得有模有样，十分高兴，就买了一本儿童画册送给迪斯尼。迪斯尼得到妈妈的奖励，如获至宝，每日临摹。当他快速翻阅画册时，那些连续的画面，仿佛有一种动感，这是迪斯尼最早对动画的感知。

迪斯尼的画越画越好，渐渐在周围有了小名气。一天，海伍德医生听说迪斯尼有绘画的天赋，就来看他画的画，结果被打动了，于是花了5角钱买了迪斯尼一幅画。这件事情，让迪斯尼兴奋得好几天都睡不好觉，从此更加酷爱画画。

迪斯尼在仙鹤农场的快乐生活没能持续下去。在他15岁那年，父亲卖掉农场，搬到堪萨斯城居住，为报社搞发行。小迪斯尼自然成了小报童。

一天，他送完报纸后，想去冷饮店和朋友轻松一下，不幸的是，在半路上他的脚被一枚铁钉扎伤，被迫在床上躺了两个星期。

这段时间，迪斯尼开始思考将来干什么工作。他学习成绩不好，因此无法当医生和律师（虽然这两个职业很挣钱），而且家中也拿不出钱供养迪斯尼上大学。最后他决定把主要精力用在绘画上，立志当一名画家。这个决定，成全了他的人生，让他成为"米老鼠之父"。

　　21 岁那年，迪斯尼怀揣仅有的 40 元，带着画箱，离开家独自闯荡。此次，迪斯尼历尽艰辛，处处碰壁，到了一无所有的地步。最后，迪斯尼因无钱交房租，只好借用一家废弃的车库作为画室，陪伴迪斯尼的只有一只"吱吱"作响的老鼠。

　　一天夜里，当迪斯尼无法入眠抬起头时，他看见幽暗的灯光之下有一双小眼睛在眨动。苦难的生活让迪斯尼有了悲悯之心，他没有捕杀这只小精灵。此后的日子里，迪斯尼与这只小老鼠朝夕相处，黑暗的夜里，小老鼠用亮晶晶的眼睛看着迪斯尼，迪斯尼也和善地看着这只小老鼠。这段特殊的日子，一位艺术家和一只小老鼠之间仿佛建立了一种默契和友谊。

　　最终，迪斯尼去好莱坞制作一部卡通片，可他设计的卡通形象一再被否定，失败的阴云再次笼罩着迪士尼的人生。迪士尼已经穷得无饭可吃，无法入眠。黑暗中，迪士尼开始怀疑自己是否有天赋。

　　突然，一双亮晶晶的小眼睛浮现在迪士尼眼前，迪士尼惊叫了起来："天啊，亲爱的小老鼠！"

　　一道美妙的灵感，在迪斯尼的脑海里闪现：小老鼠！就画那只可爱的小老鼠吧！

　　全世界儿童的最爱——米老鼠就这样诞生了。从此以后，迪士尼凭借着他的才华和勤奋，一步一步筑起了迪士尼的大厦。

　　迪斯尼生于一个贫困家庭，父母脾气很坏，童年又充当报童，上苍给迪斯尼的不多，只给他一只小老鼠，然而，迪斯尼却用他艺术家的悲悯"抓"住了它。在这只小老鼠亮晶晶的小眼睛里，他发现了美和生活的希望。对于迪士尼来说，这只小老鼠的价值超过一亿美元；对于全世界的儿童来说，这只小老鼠是无价之宝，是它给了无数儿童美妙的童年。

　　我去过日本的迪士尼，也走进过中国香港的迪斯尼乐园，迎接我的，都是那只可爱无比的米老鼠。

　　如果你希望自己的孩子成为一个心地善良、富于感情的人，就鼓励他在童年时去养小动物、画小动物、爱小动物。

　　对于 3 岁左右的孩子，不适合自己养动物，可用玩具代替。

　　有个网友问我："我儿子现在 34 个月，我发现他越来越小气、自私，给他新买的玩具，特别不愿意让别人动。还有吃的，要是拿了他的，就哭，认为给他买的就是他自己的了，任何人不能动，不能吃。甚至我和老公跟他要都不给。这种情况，我该怎么办？"

我通过新浪微博告诉她："孩子在这个时候有这个特点，特别自我。你可以给他做这样的游戏：拿一些矿泉水瓶子，中间剪一个口，头上贴上一个动物的头像，然后挂在栏杆上，告诉儿子，它们都是你的孩子，每天要把你最喜欢的小豆豆分给它们吃，不吃它们会饿死的，让他感受到分享和照顾小动物的快乐。"

另外，在孩子很小的时候，时常带孩子去动物园游玩，到郊外去观鸟，去看河流，去静赏山林。让他们了解大自然的美，知道自己是大自然的孩子。

童年离不开童话

> 妈妈，你可看到天使在我身旁？
> 你可听到那乐声是多么婉转？
> 瞧，他的一双翅膀多么洁白，多么漂亮，
> 这翅膀上空是上帝恩赐的光芒；
> 绿、黄、红，多少色彩在我眼前闪现，
> 那是天使把鲜花抛散！
> 我是不是活着就能长出翅膀，
> 还是，妈妈，得等到我死后才能如愿以偿？

这是我童年最爱读的安徒生的诗。那时候，我老是把自己想象成长翅膀的天使，而我最爱看的书就是《安徒生童话》和《格林童话》了。在童话中，我最喜爱的故事是《白雪公主》。我喜欢白雪公主的发型，喜欢白雪公主的衣裙。我常常想象白雪公主的新衣服什么样，并把自己的布娃娃想象成白雪公主，为她制作小衣服。

记得我5岁时，有一天问妈妈："白雪公主住在哪儿？"

妈妈说："在外国。"

"外国在哪儿？"我追问。

"就在我们脚下，在地球那一边。"妈妈说完就去做饭了。

我约了二姐，手拿着小铲子和小铁桶来到后院，选了一块长草的地方："就在这儿！我们挖吧，把白雪公主挖出来！"

于是，我俩开始挖土，挖得满头大汗，怎么光是土，没见白雪公主？我们没有停下来，心里想象着，挖过土层，就能见到白雪公主和七个小矮人住的大森林和小房子了。

天渐渐黑了。妈妈跑到后院来，看我俩还在挖，问："挖到了吗？"

"没有。"我失望地说。

"没挖到就回家吃晚饭吧！"我恋恋不舍地跟妈妈走了，可心还留在大森林里。

50 年过去，直到我 55 岁时，我才飞到"白雪公主"的故乡，在那里买了一尊"白雪公主"的塑像，才了了我童年的美梦。

长大后我明白一个道理：童话，能够给孩子带来充分的想象力。人的幸福有一半靠的是想象，不会想象的人是不懂得真正幸福的。而开发想象力，是离不开童话的。

可是今天的孩子怪可怜的，父母早早把"公主""仙女"赶出了家门，认为这些都和"考大学"无关，让幼小的孩子早早进入成人的现实世界。她们不再想象"公主""仙女"和"天使"，而是想象"当大款""挣大钱""中大奖"了。

正当我为今天的孩子过早失去童年而焦虑时，听到了一个让我欣喜和感动的故事。

这是我的美国朋友吴小竹讲给我的故事。她是我中学班主任的女儿，十几年前去美国定居，生了一个男孩，名叫乐乐。

乐乐 5 岁时，第一次掉牙。

"妈妈，我的牙掉了！"他拿着牙跑到妈妈身边，激动地"发布新闻"。他不但一点不紧张，反而特兴奋。因为他知道，今晚会有"牙仙女"的造访。

"牙仙女"是谁呀？

吴小竹告诉我，"牙仙女"是个虚拟人物，大约有一百多年历史了。据说"牙仙女"的作用是帮助孩子度过掉牙这段有点痛苦又有点尴尬的时期。当孩子的乳牙掉落后，当晚放在枕头下。第二天早上会发现，"牙仙女"把牙收走了，同时留给孩子一点点钱或一个小礼物。美国和欧洲很多国家的孩子都相信她的存在。就像圣诞老人的职责一样，"牙仙女"的职责其实是由父母来履行的。如果问到现在五六十岁的美国人，他们会告诉你，他们当年掉牙时，一颗牙"值"10 美分，能得 2.5 美分就高兴得不得了了。与通货膨胀同步增长，目前的"市场价"大概是门牙 1 美元，槽牙 2 美元。据说一般到孩子七八岁时就知道"牙仙女"并不存在，但很多孩子还是愿意把这有趣的游戏传下去，谁会拒绝这份快乐和"白来"的钱呢？

在美国，孩子掉牙是件大事。除了"牙仙女"的造访外，学校的老师、同学也特别看中掉牙这件事。一二年级的教室里，还挂着掉牙情况的统计图表，上面有全班掉牙的总数和每个人掉牙的记录。老师手上都准备着一种槽牙造型的小白塑料盒，如果孩子的牙是在学校掉的，老师会给孩子这样一个盒子装掉下来的牙。孩子觉得掉牙是件很酷的事，因为掉了一次牙就不在"小孩"行列了，而且晚上还能接受"牙仙女"的礼物。

"乐乐掉牙，你就要充当'牙仙女'了？"我被她的故事吸引了。

"是呀！我和老公都在中国长大，开始根本不知道有'牙仙女'这回事。但经过朋友介绍，知道对于在美国的孩子来说，这是一件大事。于是当儿子的牙第一次有松动迹象时，我们就开始准备着充当'牙仙女'了。儿子呢，也早就从掉过牙的'老手'小朋友那儿探听到他会得到什么了。

"终于，乐乐的第一颗门牙在我们的期盼中掉落。第一次充当'牙仙女'的我，很认真地履行了职责。确认儿子睡得很踏实后，就把一块钱放进他装牙的塑料袋中，同时把他的小门牙收藏起来。

"第二天一早，儿子一醒发现了枕头底下的钱，高兴得一蹦老高，两眼发亮。他兴奋地对我说：'妈妈，牙仙女真的来了，还给了我一块钱！'看着孩子的高兴样，我想，'牙仙女'不仅挺好当，感情回报率还真高。

"没多久，儿子的第二颗牙又掉了。同样，异常兴奋地把他掉下的牙洗好放在枕头下，满怀希望睡觉去了。第二天早上叫儿子起床，他一翻枕头，他的牙还在！我的脑袋里'嗡'的一声，原来我这个'牙仙女'前一天晚上事太多，睡觉前把换牙放钱的'职责'忘得一干二净！

"儿子十分失望，眼泪都快掉下来了。我这个失职的'牙仙女'急中生智地说：'可能昨天掉牙的小朋友特别多，"牙仙女"晚上没空过来到咱们家。不过你别急，她今天白天可能会来。最晚今天晚上一定会来。我保证。

"儿子将信将疑地听了我这套解释，临出门前又问我一遍：'妈妈，如果"牙仙女"还不来呢？'我向他保证：'不会的！'待他爸爸送他上学出门后，我马上尽职，把该做的事做好，才去上班。

"很快，机会又来了。那天晚上，和老公互相提醒，忘是不会忘了。因为忙于将功补过吧，儿子刚一睡着，我就拿了钱到他屋里，挪动了他的头，把装牙的小袋子从枕头下拿出来。就在我要拿出牙放入钱时，突然儿子发问了：'妈妈，你干什么呢？'我因为太专心拿他的小牙了，一点思想准备都没有，他一说话，我脑袋一蒙，心怦怦地跳，大有小偷当场被人抓的感觉，黑暗中手里的塑料袋、牙和钱一下子就掉到地上了。我用十分紧张的声音回答说：'妈妈看你睡着了没有。'虽然儿子很快又进入了梦乡，我却愣在那儿半天动弹不得。后来和老公打着手电把掉落在地上的牙找到，确认儿子睡着了，才把'牙仙女'的工作完成！事后我对老公感叹道：'"牙仙女"不好当啊！'

"有了以上的经历，儿子接下来掉的两颗牙与扮'牙仙女'的工作进展得比较顺利，没有什么险情。我呢，也自认为是个经住考验的'牙仙女'了。但就在这时，又有事了。

"一天接儿子下学，他一脸的不高兴。追问后才知道他的一个同学马克掉第一颗牙时，从'牙仙女'那儿得了5块钱！我一听，心想，这孩子的家长真是'哄抬物价''扰乱市场'！但眼下要紧的是对儿子有个交代。于是我对他说，由于孩子太多，一个'牙仙女'忙不过来，所以她们分区管。管马克家和咱们家的牙仙女可能不是同一个，所以给的钱数也不一样。真得感谢儿子居然买我的账！他没再追问什么。过了两天在学校里遇到马克的妈妈，我半开玩笑半责备地提起此事。她一脸的歉意，并说我不是第一个向她'抗议'的家长了，而且保证他们下次一定按市场价——1块钱办事！我想'人民群众'——其他家长的眼睛还是雪亮的。

"儿子掉了6颗牙后，鉴于处理过一些异常情况，我对自己已经很有信心了。然而，他掉第7颗牙时，又给我上了一课。

"那天到学校接儿子。他一见我就指着自己那些天已经很松的一个牙的位置说：'妈妈，我那颗牙掉了！'还没容我有反应，他又说：'可我在食堂把牙丢了。'我马上想应该说点什么安慰他一下。就在这时，儿子又说话了：'妈妈，我想给"牙仙女"写个条，告诉她我是不小心的。'我觉得儿子的这个办法不错。于是晚上在家，儿子开始给'牙仙女'写信了。他用英文写的信大意是：

尊敬的'牙仙女'：

我于×年×月×日在食堂不小心把牙丢了。

又及：你还可以给我钱吗？谢谢。

Vincent（儿子的英文名）

"看到儿子自己设计并实施的项目，特别是'又及'的用法，不由对孩子有了一种敬佩的感觉。6岁半的孩子言简意赅地向牙仙女说明情况并提出要求，还不忘礼貌用语，不简单！儿子小心地把信纸折了几折，放到枕头下。临睡前，他有点不放心地问我：'妈妈，如果"牙仙女"进来的时候警报响了怎么办？'这个小家伙心真细：我们刚刚搬了家，旧家没装防盗警报系统，新家有。他怕'牙仙女'进门时会触动警报器。我笑着告诉他不会有问题，因为'牙仙女'都有魔法，他这才放心地睡去。

"我后来及时把钱放好，把儿子写的信换出来，不禁多看了几遍，突然觉得针对这种特殊情况，'牙仙女'应该有所表示才是。于是'牙仙女'给儿子回了一封信，大意是这样的：

亲爱的Vincent：

谢谢你的信，我很喜欢。你的字写得很漂亮！

不过下次一定要格外小心，因为我想照看好你所有的牙。

希望你天天刷牙，笑口常开。

又及：我把钱给你留下了。

你的朋友'牙仙女'

"第二天一早，儿子在我的提醒下，从枕头下看到装有1块钱和叠得跟他的字条一样的纸。他笑着说：'妈妈，"牙仙女"给钱了，可没把信拿走。'我假装表示惊讶，说：'是吗？你要不要把纸打开看看？'儿子照做了。我看到他的一双眼睛开始睁大，兴奋地说："'牙仙女'给我写了一封信！'然后他就开始读信。读完后，他问："'牙仙女'怎么知道我的名字？''你给她写的信里你自己写了呀！''哦！'

"小家伙一天都沉浸在牙仙女给他写信的兴奋中，同学和老师当然是他宣传的主要对象，小朋友都很羡慕他。是啊，不是所有的小孩都得到过'牙仙女'的亲笔信啊！

"望着儿子那张天真的小脸和有'缺口'的微笑，我知道他不久可能就会了解牙仙女的'真相'。但只要他愿意，我会一直做他的'牙仙女'！"

"牙仙女"的故事久久地留在我的脑海里，深深地感动着我的心。

在这种环境中长大的孩子能不幸福吗？

今年夏天，乐乐和他的妈妈来我家做客。他已经上初一了，身上焕发着少年的朝气，他的眼光纯洁无瑕，笑容真诚动人，一脸的幸福感！趁他妈妈去洗手间，我悄悄问他："'牙仙女'到底住在哪儿呢？"他憨厚地笑了笑，指了指洗手间说："去洗手间了！"

我们俩开心地笑了。

我想，假如"牙仙女"能飞到中国来该多好；假如我们的孩子幼年时都能活在童话世界里，那该多么幸福！

我的童年和乐乐的故事，更让我坚信这句话：凡是年幼时充分发展想象力的人，当他遭到不幸时也还能感到幸福，当他陷入贫困时也还能感到快乐。所以说，世界上最不幸的人就是不善于想象的人。

童年离不开童话。

童话的力量，往往会超出我们的想象。就像我们虽然只有短短的童年，却用长长的一生，去回忆其间的小趣事和大幸福。

第四章

儿童成长期

上学了 "太好了！"

一个6岁的孩子，离开幼儿园，走进小学，就表明，他已经告别了幼儿时代，步入儿童成长期了。

从一个幼儿园的小朋友，过渡到一名小学生，这是质的飞跃，是自然人向社会人转变的重要时期。作为父母要为孩子高兴，作为孩子要用一种积极乐观的心态，去迎接新生活。父母送给孩子最好的礼物是"太好了！"

·上学了 "太好了！"

9月1日开学那一天，给孩子穿上新衣服，背上新书包。离开家门前，爸爸妈妈要把孩子领到镜子前，对着镜子说："太好了！我的儿子（女儿）今天要上学了！瞧，多漂亮！"

送孩子去学校的路上，爸爸妈妈要情绪饱满，不停地表达喜悦："今天真高兴，我儿子（女儿）要当小学生了！"让孩子感觉到，上学是多么令人高兴的事。

·走进新校园 "太好了！"

一年级新生走进新校园，老师要带孩子参观校园，这是孩子适应外部世界的开始。从一个小家，走进一个大家，会有许多不同，孩子会感到新奇，马上喜欢上这个新环境。

孩子回到家，父母要加深这种"喜欢"的印象，好奇地问："你们的学校叫什么名字？""新校园里有什么呀？""你最喜欢什么呀？"

如果校园里有动物园、植物园、科技园、大操场，这可能是孩子最喜欢的，你要详细问问："动物园里都养什么动物呀？""大操场有多大呀？"孩子介绍完，你要羡慕地说："真是太好了，妈妈都想去上学了！"和孩子一起分享新校园带来的愉悦，会让孩子更觉得"新校园太好了，连爸爸妈妈都羡慕"。

· 新老师 "太好了！"

一年级的老师，对孩子一生起着极其重要的作用。孩子喜欢这个老师，就会喜欢这个课程，进而喜欢上学。

从幼儿园向小学过渡，叫幼小衔接。这个过渡如果顺利，孩子就能很快适应新环境。这其中，老师起着重要作用。

幼儿园的老师一般都和颜悦色对小朋友说话，刚进小学的孩子，如果遇到的老师过于严厉，他们可能不能马上适应。

我到新加坡小学参观时，曾看到一段录像片，开学第一天迎接一年级新生的仪式，竟然是一个童话故事：校长扮成女巫，老师扮成仙女，校门口挂着一串串神奇的红辣椒、绿黄瓜、黄倭瓜……孩子们觉得很好玩，感到自己进入了一个童话世界，一点也不陌生。

这会给孩子一种新奇感，感知到校园是一个充满想象力的地方。

中国小学的迎新仪式也具有中国特色，一般都是隆重、热烈的，无论什么形式，老师还是最重要的人物。让孩子喜欢、熟悉第一位小学老师是孩子接受小学教育最重要的环节。

孩子回到家，父母一定要问："你们老师是男的还是女的？""长什么样？戴眼镜吗？""发型和妈妈一样吗？""她叫什么名字呀？""你喜欢新老师吗？""喜欢她的什么呢？"

在以后一段日子里，要天天听孩子讲"新老师"的故事。孩子讲的时候，父母的眼睛里要放出"喜悦的光"，而且要表达出："我好喜欢你的老师呀！妈妈上一年级时的老师也这么好。"

我曾经多次和儿子讲过我小学老师的故事，讲我们和老师的友谊，所以我的儿子对我的老师很熟悉，他一直和老师的关系很好。

· 新同学 "太好了！"

新同学，对一年级的小学生来说是最陌生又最具吸引力的群体。一个个体进入一个"大社会"，如何去熟悉，去适应，去合作，是一个新课题。

与新同学交友，拥有"太好了"的悦纳心态很重要。父母要引导孩子去悦纳同学，常问问："你又认识了几个新同学啦？""你们在一起玩什么了？玩得开心吗？""你的同桌是男生还是女生？叫什么名字？"

父母一定要尽快记住两到三名孩子同学的名字，尤其是常和你孩子一起玩的同学的名字。这样会加快从陌生到熟悉的转变速度。

· 新课本 "太好了！"

新课本是学生最喜欢的，每个小学生拿到新课本都会翻来覆去地看。

父母帮助孩子做的第一件事：教孩子给课本"穿衣服"——包书皮，这是培养孩子爱惜课本的第一步。

我小时候是用废旧的硬纸包书皮，包得整整齐齐，用坏了再换一个书皮，到学期结束，书还是新的。

我儿子小时候是用旧挂历包书皮，可能是因为他是男孩子，就没有我那么仔细，到学期结束时，书皮早掉没了，书也破旧了。

有的学校开展"向课本鞠躬"活动，我认为很好。让孩子从上学第一天开始，就尊重课本，爱惜课本，这对接受课本给予的知识至关重要。

在美国，所有的学校要求孩子保护好课本，不能在上面乱涂乱画，学期结束时，要完整无缺地交还给学校，传给下一届新生。这样既可以节省纸张，还可以用低碳的生活方式，培养孩子爱惜课本的好习惯，让孩子在很小的时候，就懂得珍惜。

拥有"太好了"的心态走进学校，就会把负面信息变成正面信息，把消极的情绪变成积极的情绪，把学校看成是一个"快乐的世界"，孩子会很快适应新的环境。

如果带着"太糟了"的心态走进学校，就会看不惯老师，看不惯同学，看不惯校园里的一切。这种消极情绪会发展成厌恶，把学校看成是一个"悲惨的世界"的孩子，很难把上学的路走到底。

习惯影响一生

有一位公司老总说："我要录用一个秘书，绝不在乎他的推荐人是谁。我最注意的是，他的桌、椅、文具的陈设整理是不是有序，因为身边的一切用具和陈设，都是揭露日常习惯的可靠证人。"

常言道："种瓜得瓜，种豆得豆。"任何好的和坏的习惯，都是从小养成的。一个人从小养成的习惯，无论走到世界的哪个角落，都将如影随形。习惯影响一生。习惯的力量，往往比我们想象的还要大。一切问题都可以从家庭教育中找到答案。

养成好习惯，一年级是极其重要的阶段。家有"一年级的小豆包"，父母要拿出更多的时间陪孩子，帮助孩子养成好习惯，培养他的自我控制能力。

6岁的孩子刚开始对某些事情认真起来，所以正是培养好习惯的最佳时期。

·养成生活的好习惯

儿子上一年级，遇到一个好老师——特级教师刘淑敏老师。我上小学三年级时，刘老师刚刚调到史小当老师，当时的她梳着两条大辫子，是位年轻漂亮的女老师。

30年后，她依然站在三尺讲台上，成了我儿子的班主任。一位老师把自己的青春年华奉献给了两代人。

刘淑敏很有经验，她发现刚入学的孩子总是丢三落四，东西乱七八糟，许多孩子的书包都是家里大人收拾的。

一次，一个男孩和一个女孩没带文具，老师批评了他们。女孩站起来，不服气地说："我的书包是我妈帮我装的，回家找我妈算账去！"男孩站起来，也愤愤不平地说："我的书包是我奶奶收拾的，回家找我奶奶算账去！"

刘老师知道，这些独生子女在家都有大人"侍候"，没有机会管理自己的东西。所以，新生一来，她一定要搞一次"管好自己小家务"的活动。

儿子上学那年，刘老师组织了一次"参观杨艺的小家务"活动，请我去参加。

杨艺是个文静的女孩，她从小养成了整理自己东西的好习惯，书包、课桌都收拾得十分干净整齐。

那天，我跟着儿子班上的同学，来到杨艺同学的家里参观她的"小家务"。

只见杨艺的小书柜里的书本从高到低排列得十分整齐，铅笔都放在铅笔盒里；再看她的卧室，被子叠得方方正正的，上衣、裤子、鞋子、袜子，都有自己固定的位置。

儿子很受触动。他过去东西很乱，袜子东一只、西一只，每天早上都要找袜子。回家后，他写了一篇参观体会文章《找袜子》，还画了一幅漫画：一只小猴子满屋找袜子，怎么也找不到，最后发现，袜子在猴子的尾巴上。渐渐地，他的东西也比以前摆放整齐了些。

· **养成学习好习惯**

对一年级小学生来说，写字的姿势比写字重要。在孩子上学的第一个学期，孩子写作业时，父母可以在一旁观察他。不是看他的字写得好不好，而是看他拿笔的姿势对不对，腰杆挺得直不直，脚是不是平放地上，眼睛离桌面有没有 30 厘米。孩子做对了，及时鼓励他；做得不对，及时提醒他。一个正确的姿势，坚持 21 天就会变为习惯。父母一定要耐心，千万不能急，只要用坚定的、不迟疑的口气说："再做一遍！"

完成"21 天的挑战"，好习惯就养成了。

· **养成卫生好习惯**

饭前、便后要洗手，放学回家先洗手，是最简单、实用的防病方法，而洗手的习惯正是从小养成的。

一次，我去医院看病，见到医生的女儿在洗手。她洗得十分认真，基本按防"非典"时洗手的方法洗的。我问她几岁了，她说她 5 岁，3 岁开始妈妈就教她这样洗手了。

如果你的孩子幼儿时期没有养成认真洗手的好习惯，那么上小学时一定要帮他养成。

病从口入，口从手入，养成洗手的好习惯终身受益。记得我上小学时，老师让我们从显微镜下看手上的细菌，从那以后，我不洗手吃东西，心里就难受。习惯养成，想改都难。

·好习惯终身受益，坏习惯终身受苦

小时候，我家柜子少，全家都把衣服放在一个大椅子上。在这种环境中，我也养成一个坏毛病，摆放东西无序，随手乱扔，于是找东西成了我的常规动作。于是，找老公时，我坚持要找一个"细致"的人。

结婚后，我还是经常把钥匙落在屋子里，有一次害得我老公从邻居家五楼阳台跳进家里，才打开门。

这一切，儿子都看在眼里，他倒养成了一个仔细的习惯。

记得他很小的时候，每次出门，都要问我："妈妈，钥匙带了吗？"

"带了！"我指指衣兜说。

"拿出来我看看！"儿子不慌不忙，寸步不让。我一看他，一脚在门里一脚在门外。

人们常说"娘勤女儿懒"，照我看是"娘弱儿子强"。

"替孩子"等于"害孩子"

如果说幼儿阶段是以玩为主，在玩中学习，那么进入小学阶段，就开始真正的学习生活了。

人生的学习是一个漫长的过程，小学是打基础阶段，学会学习方法最为重要。

孩子在学习中，常常会遇到难题，请求家长的帮助，这时我们应该怎么办呢？

儿子小时候，我很少为他解难题。

"妈妈，这道题怎么解呀，我怎么老算不对呀？"儿子一边写作业，一边问。

"哟，这道题是够难的，你妈算术不好，你解不出来，我更解不出来了。你再研究研究，一定能解出来！"我很"为难"地说。

不一会儿，儿子会兴奋地说："我解出来了！"

我立刻说："我就说儿子比我强嘛！"

"妈妈，这个字怎么写呀？"儿子边写作业边问。

"你查查字典吧，我也记不清了。"我边干着手里的活儿边说。

只见他拿字典去查了。

在以后的学习中，他遇到难题很少问我，因为他知道问我也白问。而后来更多的是我问他：这个标题好不好？什么问题小孩最关心？老师最爱说的话是什么话？

后来我发现，许多教师的孩子学习成绩虽然不错，但是学习能力并不是很强。因为老师对教科书很熟悉，孩子问什么，他都能回答上来，于是他们成了回答孩子问题的篓子，有问必答，孩子反而缺少了探究能力。

有些父母看孩子做不出，心疼孩子，干脆替孩子做作业，久而久之，这些父母成了孩子的拐杖和依赖。孩子在学习中离不开父母的帮助，上了中学，由于缺少自学能力，学习反而感到吃力。有的孩子一辈子依赖别人的帮助，走上工作岗位自然缺少工作能力。

有些农村的孩子从小没人帮助，他们反而有目标，有毅力，学习成绩很好。不久前，电视里播出陕西一个贫困县大山里的孩子，每天天不亮，打着火把去上学，走两个多小时才能到学校。他们的目标是：走出大山，学习知识，建设家乡。无论前路多么天寒地冻，他们始终坚持不懈把上学的路走下去，遇到难题，硬想也要想出来。

我的博士大哥从小学到大学，成绩一直十分优秀。他说他几乎没有什么问题是问别人而找到答案的。他的学习经验是：所有的题必须自己想出来，从来不抄别人的答案，别人要告诉他答案，不听，一定要自己"想"出来。然后，享受自己做出来的乐趣。学习不能走捷径，任何偷懒、剽窃都会剥夺人的快乐。

正因为大哥从小培养了独立思考、独立解题的能力，他一生的学习工作生涯都十分出色。他在美国学习、工作了二十多年，有不少科研成果，在单位十分受重视。每次遇到重大难题，美国老总都会说："听听卢博士怎么说。"

遇到难题，大哥也会欣然知难而上，他相信自己有解决的能力。果然，他很快解出答案。因此，领导称他是"不可多得的杰出人才"。

"杰出人才"都是解决难题的高手，而这种能力正是从小培养的。

任何能力都是在解决问题中获得增长的。

"替孩子"，实质是"害孩子"。

在我们替孩子答题的过程中，就代替了孩子的思维，使他的大脑不再运转。当孩子轻而易举获得答案时，他会产生"不劳而获"的侥幸心理，而失去了自己思考、钻研而获得的成就感。

在学习中，如果你想帮孩子，只能起一定的指导和监督作用，让孩子独立完成。切记，别因替孩子而害了孩子，否则你将后悔不及。

你可以替孩子一时，你却不能替孩子一生。

许多事情是替不了的，孩子的生活，最终由孩子去面对。

知识、能力和品德，只有这些才能够陪伴孩子一生。

放手才能放心

2010 年 10 月 22 日，北京人民大会堂内欢声笑语，"倾听孩子的心声"新闻发布会暨知心姐姐五十周年大型倾听会在这里举行。那天的会议由央视著名主持人敬一丹和我一起主持。表达心声的孩子一个个被请上台。

来自河南驻马店第二实验小学的 8 岁男孩张滨军上台告了父母一状："我爸爸妈妈平时管我管得特别多，洗个澡也要盯着我。我妈会在外面喊：'洗干净点啊，洗发水用两遍！'我爸有时会冲进来，检查我洗得干不干净。我觉得他们就是不相信我。知心姐姐，你说怎么让父母少管点呀？"

他生动的描述把大家逗笑了。我告诉他把自己的事做好点，让父母放心。同时让他转告给父母一个小故事：

鹰妈妈筑巢时，会先把荆棘放在底层，把尖锐的小石子铺在中间，把枯草、羽毛等盖在最上面。小雏鹰的羽毛渐渐丰满，鹰妈妈就开始搅动窝巢，让巢最上面的枯草、羽毛掉落，露出尖锐的小石子和荆棘。小鹰被扎得疼痛难忍，嗷嗷直叫。这时，鹰妈妈开始驱赶它。小鹰只好忍着痛展开双翅，试着飞翔，直至飞出窝巢。当小鹰快要落到地面时，它突然展开稚嫩的翅膀，盘旋着飞向蓝天。

而鸡妈妈却不同，她总是把小鸡护在翅膀下，遇到任何危险，她都挺身而出。最后，小鸡只能从草垛飞上矮墙，成为人们的盘中餐。

小鹰和小鸡都有翅膀，为何会有不同结果呢？这是因为鹰妈妈和鸡妈妈的教育方法不同。鹰妈妈让孩子学会独立的方法，就是舍得放手，而鸡妈妈却不舍得放手。

我对男孩说，你回去把这个故事讲给你父母听，问问他们是希望自己的儿子当小鹰，还是当小鸡呢？想让儿子高飞，就放手吧！

　　想把孩子培养成能适应未来社会的人，就要"放养"，不能"圈养"，舍得放手。尤其是培养男孩子刚强、坚毅的男子汉气质，从小给他们一个自由独立的空间，提供锻炼、实践、展示本领的机会。

　　每天上下学的路程，正是培养孩子刚毅性格、吃苦能力的一个绝好机会。让孩子锻炼着自己上下学，可以让他在路途中寻找到不少乐趣，也能够增长许多课本上学不到的知识。

　　我儿子上小学时，家离学校很远，路上坐车要一个多小时。一二年级时，他爸爸每天骑自行车送他上学，风里来，雨里去，挺不容易。前几天他爸爸看到现在自行车后座下安的小脚蹬，还遗憾地说，当初也给儿子安一个小脚蹬就好了，让他受那么多罪。可儿子却觉得挺好的。从三年级起，儿子就开始自己挤公共汽车上下学了。

　　有一天，儿子神秘地对我说："妈妈，我发现生活中处处有哲学。就说挤公共汽车吧，有六大要素。"

　　我很感兴趣，便问道："我儿子什么时候成哲学家了？挤汽车还挤出经验了！往下说，我洗耳恭听！"

　　儿子兴致勃勃地说起他总结的"六大要素"："第一，等车的时候，不用老伸着头朝车来的方向看，那样的话，脖子多酸哪！只需用你的余光看着旁边的人，人群一有动静，准是车来了！"

　　"有道理！那么第二大要素呢？"我兴致很浓。

　　"第二，车来了，你不要跟着人群乱挤。你只要贴着车帮走到车前，抓住车把手，你就能上车了！第三，如果车上人多没有座，你就站在司机座位的后面，这个地方比较宽敞。"

　　"你眼睛还挺尖！还有呢？"我迫不及待地想往下听。

　　"听我慢慢道来：第四，司机座位后面虽然宽敞，但离座位扶手远，你的双手要张开，放在车窗的玻璃上，这样能站稳；第五，站好后你的双脚要分开，这样就有了两个脚的立足之地了；第六，如果车上有座，你要想坐下，不要先探身子，要先把臀部移过去，这个座就是你的了，这叫'臀部移动法'！"

　　听完这"六大要素"，我笑得眼泪都出来了。我想，不去挤公交车，他哪能总结出这么多"要素"？我知道，总有一天他会把亲身体验总结出来的这套"挤公交经验"展示给我看的。

果然，机会到了。

一个星期天，我和他一起乘公交车外出。那时候，人们还没有形成排队上车的习惯。一路上，他不停地展示着他挤车的"高超"本领：在汽车进站后，等候已久的人们朝车门涌去，儿子扶着我，贴着车帮往上挤，不一会儿就上了车，这招还真灵。

车上人很多，他却找到一个座位："妈，快坐下，你的腰不好！"当我走过去时，座位旁边的人一直在笑，我估计胖儿子使用的是"臀部移动法"，动作很可笑。

换乘第二辆公交车时，人更多了。儿子不仅带我上了车，还为我在司机座位后的玻璃窗边找到了站脚的地方。只见他双臂撑顶着窗框，我的头正在他双臂中间，他坚定地说："这下子不会有人再挤您了！"我心中忽然涌起一股热流，有一种被保护、被人怜惜的感觉，而这种感觉正来自我的儿子——一个年仅 11 岁的男孩身上。

我望着他颇为得意的神态想，这不正是学会独立生活，用自己独特的眼睛去观察、了解社会的大好机会吗？做妈妈的，太应该给孩子创造体验人生的机会了。

父母舍得放手，孩子就会大胆地飞翔，练成铮铮铁骨。

儿子上中学后，六年来天天骑车上学，风雨风阻，无论风吹日晒，从不叫苦，我从心里佩服他。风风雨雨练就了他坚强的意志和不畏困难的品质。他的自理能力一直很强，基本不用我操心。

大学毕业后，他主动要求去上海工作，说要感受现代化大城市的气息，这样才能和国际接轨。

出发那天，我原是准备去机场送他，可他不让："不用送，我自己去就能行！"他自己打了一辆出租车，上车前朝我笑笑，挥挥手，用幼儿园小朋友的口气说："妈妈再见！"

我只好也挥挥手说："再见！"我也不能死乞白赖非要跟他去呀！望着儿子远行，我心中一百个放心，我知道他行。

儿子成长的历程，让我明白：孩子自己能做的事，就让他自己去做，千万别替他去做。替孩子做他们能做的事，是对他的积极性的最大打击，因为这样会使他们失去实践的机会。你老不放心，什么事都要插手，就等于告诉他："你不行，我不相信你。"

放手，才能放心。

从小放手让孩子去尝试，去体验，去锻炼，孩子就有了生存的本领，有了抗风险的能力。当他远走高飞时，你心中只有欣喜而没有担心。

当你能够为孩子挡风遮雨时，你放手，孩子将获得自信；当你渐渐老去，不能再为孩子挡风遮雨时，孩子已在自信中拥有足够的力量，从容面对生活。曾经的放手，却让这时的你放心。

人的一生都在路上，与其送孩子一双名牌鞋，不如送他一双能走路的脚。

幸福从分享开始

培养幸福宝宝的诀窍就是，在你和孩子之间建立一种充满爱、相互支撑和彼此尊重的关系。其中重要一条是你与宝宝共同分享快乐和幸福。

独生、独养的孩子，最大的不幸是独享。

宝宝几个月大的时候，很喜欢和大人逗着玩，比如"藏猫猫"、互相胳肢、一起看画册、一起去公园里玩，他笑你也笑，彼此都会很开心。

当八九个月大的宝宝长牙后，能用小手捏着小饼干往自己嘴里放，而且很有成就感。这时，你要张开大口说："给妈妈尝一口！"这时宝宝会伸出小手，把小得不能再小的饼干伸到你嘴里，妈妈咬一小口，做出很知足的样子说："真甜！"孩子就会表现出十分开心的样子。自己吃一口，也会再伸出手，让妈妈咬一口。

这是我观察我家小孙子的情景。我知道，这样教育孩子，孩子长大不"独"。

我想起小时候，妈妈买了好吃的东西让我吃（比如冰棍、水果），她总会说"让妈妈咬一口"，我马上把手伸过去，妈妈咬了一口，总是很知足地说："真甜！真好吃！"我就很高兴。时间长了，习惯了，每次买了好吃的东西，总要先给我妈吃。妈妈要是没在家，也要问："我妈呢？"好像我妈没吃到，这东西就没那么好吃似的。

我妈妈临终前很想吃柿子，可当时是九月，柿子还没下来。我们姐妹几个满大街转悠也买不到柿子。我大姐不得已买了几个橘子，我妈妈尝了尝摇摇头说："这年头，柿子都变味了。"

一天上午，我去柳斌主任家送请柬。柳主任的夫人刚从早市上回来，买了一堆新鲜的小柿子。我高兴极了，要了几个，直奔医院。一进医院就跑到妈妈身边说："妈！柿子！真的柿子！"我妈妈吃了两个，不住地点头："这回味对了！"当时我眼泪不知不觉流了下来，心里热热的。三天后，妈妈走了。我心中没有留下遗憾。

我妈这辈子养了六个儿女,带过好几个孙子孙女,个个都懂得分享。

我儿子小时候,我也采用的这种教育方式。无论吃什么,儿子总是先想到我。

一次,幼儿园在"六一"儿童节举行联欢会。孩子们表演完节目,老师给每个小朋友分了两块巧克力。只见我儿子拿着巧克力,跑到后面的家长席找到我,拿出其中一块巧克力说:"妈,分你一块!"我笑着说:"好!"马上张开嘴,儿子直接把巧克力放到我嘴里。我当着他的面很知足地吃起来:"真甜!真甜!"儿子很高兴地跑回座位。

坐在我旁边的一位妈妈羡慕地说:"瞧你儿子多孝顺呀!你看我儿子,一个人把两块巧克力全吃了,瞅都不瞅我一眼!"

"这是习惯!独享和分享可是从小培养的呀!"我笑着说。

儿子从小就在"分享"中长大。他4岁的时候,看姥爷炒菜,每次总要分出一小盘菜,而且用碗扣上。儿子问姥爷:"为什么要分出来呢?"

姥爷说:"你妈还没回来呢!你大姨也没回来,我要把他们那份留出来。"

没想到,姥爷的话儿子很在意。一次,儿子悄悄对我说:"妈,我发现,在姥姥家谁晚回来谁合适!"

"为什么呢?你发现什么了?"我十分好奇。

"这还不明白,姥爷留的菜都是最好的!"儿子神秘地说。

"你真会发现,这是咱家的规矩!"我顺水推舟,暗暗高兴。

儿子上五年级时的一个傍晚,我在报社加班。儿子打来电话:"妈,今天你能不能早点回来?有好事!"

"好!我一定早点回家!"虽然归心似箭,但是报纸当日付印,出了问题,我一时难以脱身。儿子连续打了几个电话,我虽然答应了,但仍然到晚上九点来钟才到家,儿子已经睡觉了。

我妈一见我就说:"你没白疼你儿子!今天他和姥爷学习黄瓜片炒虾仁,他炒得真不错。他炒完就给你打电话,催你回来吃。你没回来,他把个头最大的虾都留给你了,把小的自己吃了。"

我的泪水涌了出来。那天我是伴着泪吃了儿子炒的虾,觉得这是世界上最香的虾。

现在,一些在"独享"中长大的孩子,动不动就说:"这是我的!你不能吃！"

说起吃虾，我想起一位下岗女工。她离婚后，独自带一个儿子。虽然家境贫寒，可她做了好吃好喝的，全让孩子独自享受，儿子却一点不领情，长到 13 岁了，从来没关心过妈妈。一天，她咬咬牙从菜市场买来半斤虾，炒好端上桌，对儿子说："宝宝吃，妈妈知道宝宝最爱吃虾。"儿子闷头吃起来，眼皮都不抬。妈妈看着儿子津津有味地吃着，自己舍不得动一筷子。眼看孩子已吃完饭，妈妈忍不住想去尝一下剩下的虾——

"别动！"儿子大叫着，"那是我的，你不能吃！"

这位妈妈和我说这件事时，满脸都是泪。

同样是流泪，一种是幸福的泪，一种是痛苦的泪。

孙子小虎出生后，能听懂我说话时，我每次见到他，都要说："给奶奶吃！"虽然不到一岁，可他会立刻把手里的东西递给我。有一次，他身边什么东西都没有，就用食指和拇指捏了一点空气给我，样子十分可爱。

还有一次，他自己在房间里睡午觉，醒了就乖乖地坐在床上。我走进屋，冲他笑着说："小虎，你醒啦？有什么好东西要送给奶奶呀？"

小虎环视了一下床，见到墙根有一个虎头枕很好看，就想抱出来。可是枕头太大了，他就用两只手往外推，一直推到我身边。我很高兴，他也很有成就感。

从中我悟出，分享是训练出来的。如果你总是对宝宝说"这是宝宝的"，宝宝就会越来越"独"，他的东西，你就甭想要出来，这样的孩子长大以后，很难合群，也很难快乐。

懂得分享的孩子，他们未来的路才会越走越宽。孩子学会了分享，就找到了一条通往幸福的路。

我陪他哭

有一个国家举行了一场比赛，目的是找出全国最富有同情心的人，而最终获胜者是一个年仅 4 岁的孩子。

他家隔壁住着一位老先生，最近刚刚失去了自己的妻子。老先生整日在房间里哭泣，孩子听到哭声，便走进了老先生的房间，爬上他的膝头，坐在那里。

老先生很快就从悲痛中走了出来，所有人都很好奇，小男孩到底是怎样安慰老先生的呢？

小男孩告诉他们："我什么也没做，只是陪他哭。"

这个故事我是在很多年前看到的，心里一直忘不掉。

"我什么也没做，只是陪他哭。"4 岁孩子简简单单一句话，让我看到了同情的力量。

无独有偶。谁能想到，这个极富同情心的孩子竟然出现在我的身边。

2010 年 4 月 14 日 7 时 49 分，青海玉树发生了 7.1 级强震。

地震发生之后，我每天都关注着电视新闻里的相关报道。玉树的灾情牵动着每一个中国人的心，而我尤其挂念那里的孩子。

在玉树抗震救灾的志愿者中，我注意到了一个弱小的身影。那是一个藏族的小男孩，他一会儿帮医护人员看管东西，一会儿帮忙捡拾临时安置点内的垃圾，一会儿又在受伤的藏族老妈妈和医护人员之间当翻译，十分忙碌。

从中央电视台记者的采访中，我了解到，这个小男孩名叫才仁旦周，是玉树志愿者中年龄最小的一个，当年只有 10 岁，在玉树藏族自治州红旗小学读三年级。地震发生后，由于家里的房屋全部损毁，小才仁和父母搬进了当地政府设在体育场内的临时安置点。在这里，他主动做了一名志愿者，凭借自己既会藏语又懂汉语的优势，成了灾区伤者和医护人员的小翻译。

在电视画面中看到他的时候，我眼前一亮，立刻被他的质朴和真诚打动了。我真是太喜欢他了，甚至想飞到玉树去见见这个可爱的小志愿者！

5月2日，少儿歌曲词曲作家张红给我打电话说，有个小孩想见我。

"是哪个孩子？"我问。

"玉树的才仁旦周。"

"这是真的吗？"我真不敢相信自己的耳朵，没想到我的愿望这么快就成真了！

"你把他带到我家来吧！"我兴奋地发出了邀请。

才仁旦周是来北京参加中央电视台"魅力校园'六一'晚会"录制的。录完节目已经快到晚上11点了，而且第二天一早还要去天安门看升国旗仪式，但他们还是赶了过来。到我家时，已经是晚上11点多了。

我原本以为小才仁肯定早就疲惫不堪了，没想到他精神抖擞，眼睛放光，声音洪亮，一进门就兴奋不已地东看西看。

他们录了一天节目，连晚饭还没来得及吃。我赶紧去厨房煮饺子和元宵。

这时，小才仁跑进厨房，问我："知心姐姐，你都这么大了，还玩布娃娃呀？"

原来，他一进客厅就被堆放在沙发角落里的各种毛绒玩具吸引了，有喜羊羊、美羊羊、小狐狸、小鸡博士和小熊，这都是我参加活动时得的奖品。

"是呀！我原来也是小孩啊！"我笑着回答，"你喜欢哪个可以抱走！"说完，转身发现小才仁已经跑了出去，我以为他是去选毛绒玩具了。

小才仁不吃肉，幸好我还煮了元宵，他狼吞虎咽地吃了两碗。看他吃饱了，我拿出早已准备好的几本书给他看，他又惊又喜："真好看呀，我们那里没有，我从来没见过。"他翻了一本又一本，简直爱不释手。

在看到"知心姐姐"台历时，小才仁指着照片中"知心团队"去四川灾区戴的帽子说："这帽子真好看，可是我家穷买不起。"我真后悔没为他准备一顶"知心帽"。

"地震发生的时候，你干什么呢？"我看他心情很好，便开始了采访。

"我正和一个同学玩'石头、剪子、布'，谁赢了谁收作业。我出'剪子'，那个同学出'布'，我赢了。我刚要收作业，教室开始摇晃。我想起四川地震后，老师说发生地震要趴下，我们立刻趴在桌子下面。我们班死了两个同学，一个在家里睡觉被掉下来的石头砸死了，另一个跑出去被车撞死了。"

"地震发生后，听说你去当志愿者了，是谁让你去做的呀？"我故意问他。

"我自己去的呀！"小才仁有点不服气。

"你个头那么小，能干什么呀？"

"我会安慰人！"说这句话时，才仁的眼睛里闪着光。"安慰"这个词让我的心里也热热的。

"你怎么安慰别人啊？"我好奇地问。

"我去和他们说些他们爱听的话。"他用很"专业"的口气说道。

"那你安慰了多少人呢？"

"可多了，四五十个呢！"

"可真不少，你跟谁学会安慰别人的啊？"

"我有个亲戚家里死人了，我去安慰他，后来，他心情慢慢好起来了。"看来他是在实践中学习的。

"地震中，如果有老人失去了自己的孩子，在那里哭，你会和他们说些什么呀？"我进一步询问。

"我什么也不说，我陪他哭。"小才仁毫不犹豫地说。

孩子天真的回答，让我热泪盈眶！多么富有同情心的孩子呀！

当亲人故去时，眼泪是最好的安慰剂，它胜过任何语言。真没想到，那么小的孩子竟然懂得这个道理。重大灾难发生后，面对家破人亡，人们不仅仅需要物质上的援助，更需要精神上的安慰！这么简单的道理，却往往被人们忽略。

同情心，是爱心的基石。懂得理解人、同情人、将心比心，才能真正打动人，让关爱走进对方的心里。

卢梭说过："对别人表示关心和善意，比一切礼物都可以产生更好的效果，对别人比所有的礼物都有更多的实际意义。"

才仁旦周要离开我家时，已经是午夜12点多了。他没有拿一个毛绒玩具，而是提出要我送书给他。我把他带到书房，让他自己挑，小才仁兴奋地张开双臂，感叹着："哇！这么多书啊！"

最终，他挑选了我主编的一套幼儿园老师给小朋友讲道理的书。

他说："我也会当老师，也会讲道理。"

我问他给谁当老师，他回答："给我妹妹！"

我答应他要为玉树藏族自治州红旗小学捐赠价值一万元的图书，他抱着我露出了天真的笑容。

那笑容，让我难忘，让我心动。

我和才仁旦周真是有缘。

当年"六一"儿童节，全国第六届少代会在北京人民大会堂召开，有6名少代会小代表要一起在开幕式上发言，其中有才仁旦周！我作为少代会代表和发言辅导组老师，在会上又和小才仁旦周见面了！我俩像久别重逢的老朋友，搂在一起又蹦又跳。

"六一"儿童节前夕，中国科技馆开展活动，馆里有一面很大的"心愿墙"，孩子可以把自己的心愿和梦想都写在彩色纸上，叠成心愿结，贴在墙上。

才仁旦周很认真，趴在桌上写起来，写完他让我看，只见上面写了三句话：

> 我希望重建后的玉树会更加美丽！
> 我希望得到一台电脑！
> 我希望"六一"儿童节，所有小朋友都快快乐乐！

我问他："为什么想要一台电脑而不是别的呢？"

才仁旦周抓抓脑袋，想了想说："我就是想要一台电脑。"

我立刻同情起他。地震中，他家房子塌了，什么东西都没有了，他却只要一台电脑！

我说："你想要电脑的愿望我帮你实现。"

"真的？"小才仁扬起稚气的小脸看着我，满脸惊喜！

"真的！"我肯定地回答，"只要你在开幕式上表现好，不负众望，我一定送你一台电脑！"

"一言为定！咱们拉钩！"小才仁伸出右手食指，我也立马伸出右手食指："拉钩！"

第二天是"六一"儿童节，在全国少代会开幕式上，6位少代会少先队员代表的发言放在最前面。

才仁旦周是个农村孩子，没上过台，排练中，他常常抓耳挠腮（他洗过澡后身上长了许多小疙瘩），而且经常忘词。我对他有点不放心。大会开始前，我到后台对他说："全看你的了！"

"别忘了我们的约定！"小才仁向我眨眨眼，做出拉钩的动作。

"没忘！"我喜欢他的率真。

发言开始了。才仁旦周身穿藏袍，站得很直，精神抖擞，声情并茂，讲得十分感人，赢得台上台下阵阵掌声。少先队的发言获得了成功！

我坐在代表席上，激动地为孩子们鼓掌，更为这个藏族孩子鼓掌。

发言完毕，我跑到后台，伸出大拇指冲小才仁说："你真棒！不负众望！"

才仁旦周马上问："我的电脑呢？"

真是个孩子！"明天解决！"我回答得干脆利落。第二天，我为他买了一个小型笔记本电脑，我在包装盒上写上了我的心愿。小才仁乐疯了，老师说他一晚上没睡好觉。

分别时，他抱着我伤心地大哭。

那一天，我陪他一起哭。

作为大人，我们不应总想着"教育孩子"，也应该好好向孩子学习如何返璞归真，真情流露。

人与人之间，如果多一点同情，多一点安慰，就会少一点怨恨，少一点争吵，这个世界，也会少一点战争，多一点和谐。

同情心是爱心的基础。我们一直讲可持续发展，爱心就是我们可持续发展、获得可持续幸福环境的源泉所在地。孩子从小学会同情弱者，同情不幸的人，并付出力所能及的帮助，那他就能够体验到助人的快乐，他也能够在助人中获得持续前进的力量。

爱心带来快乐

英国《太阳报》曾以"这个世界谁最快乐"为题进行了一次有奖征答，并在应征的8万多封来信中评出4个最佳答案：

· 作品刚刚完成，吹着口哨欣赏自己最新作品的艺术家。

· 正在用沙子筑城堡的孩子。

· 为婴儿洗澡的母亲。

· 成功挽救病人生命的医生。

从这4个答案来看，每个答案都包括四个基本要素：奉献、劳动、爱心、成功。这意味着，任何一个怀着爱心去奉献、去劳动而获得成功的人，都可以成为世界上最快乐的人。

在儿子成长的过程中，我一直十分注意把"爱心"传给我的儿子。

从幼年的同情心，童年时提升为"爱心"，这是质的飞跃。他从旁观者，变成了当事人。

儿子从小就是个热心人，很爱帮助有困难的人。

1992年，南方发大水，学校号召捐款，上六年级的儿子把全部的存款50元都捐出去了。

班主任老师很感动，和我说："你儿子真是有爱心，毕业典礼都开过了，每个学生操行评语都写好了，任何表现都和毕业无关了，你儿子主动捐了50元，我们班学习最好的女生只捐了两毛钱！"

"儿子做得对！"我淡淡地说。

做妈妈的最了解儿子，我知道，儿子最大的快乐是能够帮到人，给别人带来快乐，习惯成了自然。

培养孩子的爱心，最重要的是让他去寻找——有谁需要我帮助？我能帮助谁？并且，给他亲身体验的机会，让他感受到能帮到人，是人生中最美好的时刻。

一个 6 岁美国女孩被全世界公认为"这世界最快乐的孩子"。我在《读者》上看到了她的故事。

　　小女孩叫凯瑟琳，家住美国田纳西州。2006 年 4 月初的一个晚上，她从电视中看到，非洲正在流行一种叫疟疾的疾病，每年都有 80 多万非洲孩子死于此病，平均每 30 秒就有一个孩子离开人世。凯瑟琳听到这个消息，扳着手指数起数来，当她数到 30 时，脸上露出了悲伤："妈妈，又一个非洲孩子死了，我们必须做点什么！"母亲立刻上网查找相关资料。她告诉女儿："蚊子会传染疟疾，有一种泡过杀虫剂的蚊帐可以保护小孩子不被蚊虫叮咬。"

　　凯瑟琳疑惑地问："那他们为什么不用蚊帐呢？"

　　"因为蚊帐太贵了，他们买不起。一顶蚊帐要 10 美元。"母亲回答。

　　几天后，奇怪的事情发生了。幼儿园突然打电话来说，凯瑟琳的午餐费没有交。母亲才知道，为什么这几天女儿吃晚饭的时候，胃口出奇的好，吃完还要包起一块牛排。一天晚饭，凯瑟琳一边狼吞虎咽，一边问妈妈："如果我不再吃零食，不再买芭比娃娃和故事书，能买一顶蚊帐吗？"这下子，妈妈终于明白了女儿的心思。第二天放学后，妈妈带女儿去超市买了一顶最大的蚊帐，寄给了"只要蚊帐协会"。

　　一周以后，凯瑟琳收到一封来自纽约"只要蚊帐协会"总部的回信。信中说："你是我们组织中年龄最小的捐赠者！捐赠蚊帐超过 10 顶，还可以获得捐赠证书……"凯瑟琳看完信，盯着墙上的挂钟发呆，然后对妈妈说："我只捐了一顶蚊帐，虽然这 30 秒没有孩子死去，但是下一个 30 秒，还会有人死去！"妈妈被女儿的爱心打动了，对女儿说："为了 10 顶帐篷，我们一起来募捐吧！"

　　从此每个周末，母女俩都会到社区的儿童市场出售旧货和手工制品。她们在摊位上挂起一个标语："你买东西，我捐蚊帐！"凯瑟琳顶着烈日，不厌其烦地向路过的人讲述着疟疾给非洲孩子带来的灾难。可是，买东西的人却寥寥无几。

　　怎样才能让更多的人来帮助非洲的孩子呢？凯瑟琳陷入了沉思。她想起"只要蚊帐协会"说要给捐赠的人颁发证书。"那么，给我捐款的人也应该得到证书啊！"有了新的主意，凯瑟琳发动全家人和她一起制作证书，和弟弟歪歪扭扭地在每一张证书上写下："一顶蚊帐以您的名义买下了！"

证书非常受欢迎，很多孩子也加入了凯瑟琳的制作小组。孩子们既当设计师，又当推销员。人们亲切地称他们为"凯瑟琳的队员"。2006 年 8 月，凯瑟琳和伙伴们终于集齐了购买 10 顶蚊帐的钱。她把 100 美元汇出后，很快就收到了"只要蚊帐协会"颁发的特别荣誉证书。证书上郑重地写道："感谢您的 10 顶蚊帐——'蚊帐大使'凯瑟琳。"

凯瑟琳用小手捧起这张烫着金字的证书时，她快乐得脸颊发热。随证书一起寄到的还有一封"只要蚊帐协会"工作人员乔治先生的信，信中说道："亲爱的'蚊帐大使'凯瑟琳，很高兴地通知你，你的蚊帐将被送到非洲加纳斯蒂卡村庄，那里常年干旱，有 550 户人家……"550 户人家？凯瑟琳入神地看着这个数字，她马上想道："我总共捐了 11 顶蚊帐，可是那里有 550 户人家，其他孩子怎么办？"于是，她很严肃地告诉妈妈："帮我告诉乔治叔叔，我会尽快帮助加纳斯蒂卡村庄凑够蚊帐的！"

2006 年圣诞节前夕，社区的牧师登门拜访，真诚地说道："我简直不敢相信，凯瑟琳小小年纪却有那样罕见的爱心和力量，我想让她去教堂讲蚊帐的故事！"于是，圣诞节那一天，凯瑟琳全家在教堂里表演了 3 分钟的舞台剧，让所有到场的人都知道，蚊帐可以挽救非洲孩子的生命。人们纷纷捐款，一个小男孩眼泪汪汪地对凯瑟琳说："我想救 5 个小孩，但我带的钱不够，你愿意一会儿去我家取吗？"凯瑟琳用自己的善良和执着感动了很多人，那一天她收到了 800 多美元的捐款，她开心极了。

从那以后，凯瑟琳经常被邀请去讲述"蚊帐能救人"的故事。她不断地强调："加纳斯蒂卡村有 550 户人家，他们需要 550 顶蚊帐。"不久，她的事迹在网络上传播开来。当大家知道一个年仅 6 岁的小女孩，竟然有超越年龄、地域、种族的爱心时，无不为之动容。于是，全世界掀起了一场为非洲捐蚊帐的热潮。

2007 年 4 月的一天，凯瑟琳看到英国球星贝克汉姆为非洲捐款做的公益广告。她想："他真棒！他应该受到表扬！"一个星期之后，贝克汉姆收到一份手工制作的证书，上面煞有介事地写道："感谢您为'蚊帐'事业做出的贡献，特颁证书，以兹证明。"贝克汉姆珍藏了这张证书，还把证书的照片放到个人网站上。

2007 年 6 月 8 日是凯瑟琳最开心的一天，她收到了一封来自非洲加纳斯蒂卡村的信！村里的孩子们对她说："感谢你给我们的蚊帐！'只要蚊帐协会'的叔叔给我们看了你的照片，很美……"凯瑟琳受到了极大的鼓舞，这个野心勃勃的"蚊帐大使"开始了新一轮的努力。她和好朋友一起制作了上百张证书，给"福克斯"财富排行榜上的每一个富豪都寄去了一张，希望他们为非洲的孩子捐款！她在给比尔·盖茨的证书上写道："亲爱的比尔·盖茨先生，没有蚊帐，非洲的孩子们就会因为疟疾而死掉，他们需要钱，可是听说钱都在您那里……"

2007 年 11 月 5 日，电视里播出一条新闻："比尔与梅林达·盖茨基金会"为"只要蚊帐协会"捐款 300 万美元。第二天，凯瑟琳的妈妈接到了乔治先生的电话，他激动地说："基金会的人说，他们通过一张证书联系到了我们，那上面说给非洲孩子买蚊帐的钱都在盖茨那里，他们想不拿出来也不行了……"凯瑟琳被妈妈紧紧地搂在怀里，母女俩开心地大笑，流出了幸福的眼泪。

2008 年 7 月，凯瑟琳终于踏上了非洲的土地。她去那里参加一个名叫"孩子救了孩子"的公益活动。以后，我们就把这个村子叫"凯瑟琳蚊帐村"。

现在，凯瑟琳已经是小学生了。她常常出现在学校的礼堂中，通过讲演告诉同龄人："疟疾是一场可以预防的儿童大屠杀，我们可以让它不再发生！"

同情心，一旦有了行动，就有了质的飞跃，成为"爱心"；人的爱心，一旦有了视野，也会有质的变化，而让他有了"心灵"。我想凯瑟琳年纪虽小，却有一颗美好的心灵。正因为如此，她感动了无数的人。

生活中，发现孩子的同情心时，父母应及时引导，将同情心升华为爱心；孩子已经有了爱心后，父母要及时引导，让他升华为一个有心灵的人。这时，孩子才具有强大的内心力量。

在遇到凯瑟琳之前，没有人会相信，一个女孩稚嫩的小手竟能拥有抚平创伤的力量。凯瑟琳用自己的爱心与智慧改变了残酷的事实，挽救了无数人的生命。

事实证明，爱心让人变得有力量。有了爱心的支撑，小孩子也能做大事。

凯瑟琳的故事很让我感动，她这么小的年龄，就懂得去同情别人的病痛，同时用自己的智慧和能力，去帮助同龄的伙伴，真是人小心大。

凯瑟琳的妈妈很让我敬佩，她没有掏出自己的钱，去满足孩子帮助别人的愿望，而是和女儿一起去义卖、演讲募集资金，用劳动创造财富，从而达到帮助别人的目的。

这种方法不仅增加了孩子的爱心，而且增强了孩子的力量，这是多么有智慧的做法！

我相信凯瑟琳长大以后，一定是一个热爱公益事业的人。因为她在童年的时候，就已经在帮助别人的过程中，看到了自己的价值。

父母，你到底要什么？

英国伊丽莎白女王在自己 80 岁生日庆典时，邀请了 2000 名哈利·波特的"小粉丝"到白金汉宫做客。

在庆典开始时，女王故作伤心地对孩子们说："我最心爱的手袋丢失在白金汉宫的大花园里了，今天请你们帮我找回来吧！"孩子们信以为真，都带着焦急的心情，在花园里找起了女王的手袋。结果，手袋真的被找到了，而且在寻找的过程中，孩子们还发现并得到了很多他们喜欢的童话书和卡通玩具。

这个故事让我大受启发。

女王完全可以把那些好玩的玩具、好看的书籍当作礼物恩赐给孩子们，但是她并没有这样做，而是让孩子们到花园里为她寻找"丢失的手袋"。因为，女王很了解孩子。她知道，快乐不是别人赐给的，而是自己找到的。

孩子们为女王丢失手袋而着急，也为女王找到手袋而高兴。助人的行动激发了孩子们的爱心，也让他们感受到了爱的力量。当他们发现自己有能力去帮助别人时，就会产生巨大的成就感和价值感，这种感觉正是快乐的源泉。

我曾看到过这样一个故事：

有一位富翁英年早逝，临终前，他把还都是少年的四个儿子叫到跟前，对他们说："你们去广场给我捉几只蜻蜓来吧！我已经好多年没见过蜻蜓了。"

孩子们为了完成父亲的遗愿，都非常努力。

最先回来的是老大，他手里拿着两只蜻蜓。富翁夸赞道："孩子，这么快就捉到蜻蜓了？真不简单。"老大说："我捉了几次，没有捉到，就用 5 分钱向有蜻蜓的小伙伴买了两只。"富翁微笑着点点头。

老大刚说完，老二、老三也回来了，他们一人拿着10只蜻蜓，一人拿着6只。富翁很惊讶，问他们怎么捉了那么多？

老二抢着说："我把你给我的遥控赛车举起来说：'谁想玩赛车就交给我一只蜻蜓。'"富翁拍拍他的头，夸他聪明。

老三说："我看见一个人力车夫手里拿着蜻蜓，我帮他招揽生意，他就把蜻蜓送给我了。"富翁说："能用自己的劳动换取报酬，好！"

三个孩子都回来了，可始终不见老四的身影，几个哥哥开始嘲笑弟弟。他们一致认为，老四捉不到蜻蜓，也想不出换取蜻蜓的办法来。

果然，老四两手空空满头是汗地回来了，他走到富翁面前，带着愧疚地说："爸爸，对不起，我怎么捉也捉不到蜻蜓，可我觉得捉蜻蜓太好玩了，就忘了时间。"富翁笑了，笑得满眼泪水。他没有责备老四，而是把他搂在怀里，一点一点地为他擦掉头上的汗水。

第二天，富翁去世了。孩子们每个人都在自己的枕头下发现了一张纸条，上面写的是一样的话："孩子，我其实并不想要什么蜻蜓，我需要的是你们捉蜻蜓的乐趣。"

这位富翁十分有智慧，他给予孩子的财富，不是唾手可得的金钱，而是为了帮助让临终的父亲获得快乐而去付出努力的过程。

中国也有一位非常明智的母亲，叫雷雅茹。

她是上海著名的企业家——上海雷辣婆食品有限公司董事长。前面我们谈到过，她有一个可爱的女儿叫王馨艺，她很爱她的女儿，更懂得怎样去爱护女儿可贵的爱心。

王馨艺从小生活在一个幸福的家庭中，过着无忧无虑的日子。汶川大地震发生后，她从电视中看到很多灾区小朋友失去家园，失去亲人。王馨艺十分难过，她对妈妈说："妈妈，你给我钱，我想多捐一些钱，让灾区的小伙伴也能跟我一样快乐地生活。"

"宝贝，妈妈捐的钱是自己挣来的，我们应该用自己的劳动赚来的钱去帮助别人。"雷雅茹微笑着对女儿说。

馨艺想了想说："妈妈，我也能挣钱。我会弹钢琴，我可以举办慈善音乐会，把募捐来的钱捐给灾区的小伙伴。"

雷雅茹心中一阵激动，女儿想用自己的才艺去帮助别人，真是太好了！

女儿从 3 岁多开始学习钢琴，老师认为她的艺术天分很高。幼儿园毕业时，她以优异的成绩考过钢琴六级。雷雅茹借用特蕾莎修女的一句话对馨艺说："爱不能单独存在——爱本身毫无意义，爱是要付诸行动的。"于是，她下决心帮助女儿举行一次慈善钢琴独奏音乐会，为灾区小朋友募捐。

中华慈善总会的"爱心回报"办公室的杨威女士跑来告诉我这件事，并且说："雷女士很希望您能参加 2008 年 10 月 28 日晚上的音乐会，为孩子加油，支持孩子的善举。"

我被这个 7 岁女孩的爱心打动了，更为这位妈妈的大爱与智慧而感动。

"我一定去！"我果断地答应了杨威。

10 月 28 日清晨 7 点，我到首都机场候机。这是我 9 月 8 日患腰病后第一次出京参加活动，我想在演出前见到王馨艺和她的妈妈。

中午，我见到了雷雅茹女士。她身穿淡紫色旗袍，发髻盘在脑后，显得十分干练，柔和善良的目光，给人一种信任感。她的脸上一直带着微笑，语调总是那样温和、谦恭。

讲起为女儿办音乐会，雷雅茹有些激动："女儿要给灾区的孩子募捐，我想帮她，可我不想给她钱，我告诉她要自己去挣。我找朋友帮她办音乐会，让她自己去卖票，她可高兴了。

"卖票的时候，女儿会大声说：'你们是中国人吗？是的话请举手！中国人要帮助中国人，同意的话请举手！你们是最有爱心的人吗？是的话请举手！你们是最最有爱心的人吗？是的话请举手！10 月 28 号，我要举办一场慈善音乐会，请你们都来支持我，和我一起帮助地震灾区的小伙伴。'"

说到这里，雷雅茹脸上露出欣喜的笑容："过去练琴，她练一个多小时就坐不住了。现在出去旅游，在飞机上还看琴谱呢！一练就是好几个小时！看到女儿这么有爱心，我真的很高兴。"听了她的介绍，我更想早一点见到馨艺了。

终于，在演出前我见到了小馨艺。她身穿白色演出服，正准备化妆。见到我，她调皮地眨了眨眼："你是谁啊？"

"我是你的听众。"我认真地回答。旁边有人向她介绍："这就是从北京来的'知心姐姐'。"

"哦，'知心姐姐'，我听说过。"小女孩若无其事地说。

"我很想知道，你以前练琴和这次准备音乐会有什么不一样吗？"

"以前是妈妈和老师让我练的,这次不一样,我要演出,为灾区小朋友募捐,我练三个小时都不累。"

我的眼泪差点流出来。女孩天真的回答道出一个极为深刻的真理:爱的力量是巨大的!爱可以激发一个人的潜能!一个7岁的女孩,一旦有了伟大的目标,立刻就产生了巨大的动力,于是她也变得伟大了,尽管她的身高只有我的一半。

2008年10月28日晚7点,"爱的旋律——7岁馨艺慈善钢琴独奏音乐会"在上海最古老的音乐厅举办。六百多人到场,座无虚席,许多父母是带着孩子来的。每个人进门都会得到一枝玫瑰花、一支印有"馨艺爱心联盟"字样的圆珠笔和一份最新出版的《中国少年报》。

音乐会的节目单也别出心裁,节目单的背后写着《音乐会礼仪知识》:

·听音乐会现场不要携带易发生噪音的物品,进场后关闭手机等发声装置,音乐会开始后不要在场内随意走动和大声喧哗。

·照相时不能用闪光灯,以免打扰演奏者尽情发挥。

·欣赏交响乐作品和组曲时,不要在乐章之间鼓掌。因为对于篇幅较长的作品而言,一个段落的结束,只表明情绪和速度的变换,并不是完全的停住。如果拿不准何时鼓掌,就等别人都鼓掌了再说。全部作品结束时要鼓掌,这是显示您欣赏力和音乐素养的时候,演奏者有可能因热烈的掌声而返场,并加演曲目。

也许因为有了这段话,整场演出秩序井然,没有一个小孩子吵闹。前来参加演出的老艺术家说:"演出前看到那么多孩子,就担心他们能坐得住吗,没想到他们表现得那么好!"

的确,音乐会自始至终都充满爱的旋律,观众席上没有噪音,只有一阵阵爱的掌声。

小馨艺也表现得非常出色,她举止大方,动作优美。开演之前,她用稚嫩的语调讲出了她帮助灾区小朋友的美丽梦想,赢得了全场热烈的掌声。接着,她从容地走向钢琴,演奏了5支名曲:《献给爱丽丝》《小步舞曲》《摇篮曲》《漩涡》《乘着歌声的翅膀》。演奏时,她一点都不紧张,眼睛里透着稚气,脸上洋溢着天使般纯洁的笑容,让人喜爱不已。

后来，轮到我上台讲话。站在台上，我才发现由于舞台灯光太强，只能看到台下黑压压的一片，根本看不清观众，难怪孩子不紧张啊。在这种氛围中，她完全沉浸在自己快乐幸福的世界里了。

此时，虽然全场一片寂静，可我的内心却有着波涛汹涌的感动，为小馨艺纯真的爱，为她妈妈的大爱，更为老艺术家鼎力援助一个 7 岁小音乐爱好者的挚爱。尤其是《梁祝》的作曲人——80 岁高龄的著名音乐家陈钢老师，49 年前他就是在这个舞台上第一次演奏了《梁祝》。陈钢老师说："一个艺术家，一生都在追梦，一生都在书写爱的旋律。"他今天来帮助这个女孩，正是因为她心中有爱！爱，是艺术家的灵魂；爱，是艺术家生命的源泉。

站在台上，我回忆起柳斌同志曾给我讲过的一件事：

有位爸爸为自己 7 岁的女儿举行了古筝演奏会。女孩手指一撩一拨，音韵如行云流水，幽雅而清纯，令在场的听众赞叹不已。但是，当人们冷静下来之后，就发现这位小明星好像缺少了点什么。少了什么呢？她少了孩子气，少了孩子的天真，少了爱的激情！

讲完这个故事，我对观众朋友说了这样一段话：

今天同样是一个 7 岁女孩，同样是一场音乐会，效果却完全不同。大家看到的王馨艺天真可爱，她那么努力地演奏，是为了帮助有困难的小朋友。大家来捧场，也是来奉献爱心的。爱能让人变得神奇，爱能让人了不起，爱能让大家走到一起！

最该提到的是馨艺的爸爸妈妈——天下的父母们都爱孩子，但不一定都知道怎么爱孩子。有些人认为给孩子多挣一些钱，让他们想买什么就买什么，孩子就会幸福；有些人认为让孩子考级、考证，帮孩子出名，孩子就会快乐。错了，一个人的幸福和快乐，不是你所买到的，而是你所创造的；不是你所得到的，而是你所付出的。

馨艺能够快乐，是因为她付出了、创造了，并且在大家的支持下，她获得了成功。这种成功带给她的就是幸福和快乐。如果她的妈妈拿出钱来让她捐给灾区小朋友，那么就剥夺了孩子用自己的劳动去创造幸福的机会。所以我要说，真正爱孩子的父母，不要把财富留给孩子，而是要让孩子变成财富，变成一个有能力为社会、为他人创造幸福的人。

演出结束后，观众们纷纷捐款。王馨艺的妈妈带头给灾区孩子捐了100份全年的《中国少年报》。她说，她还要办一个公益学堂，让孩子课余时间学习英文。我和馨艺约好，2009年5月12日，北京南安商会捐助的"四川大地震展览馆"建成开幕时，我一定请她去演奏。

2009年"5·12"大地震一周年纪念时，我和中少总社"知心姐姐"团队再赴四川灾区——德阳，开展了"我的家园，我的梦"百对少年手拉手活动。雷雅茹带着女儿馨艺也去了。我们一起走进绵竹县遵道小学。遵道小学的师生人人都知道王馨艺，并且期盼着能够见到她。原来，馨艺募捐的4万元钱为遵道小学建立了"馨艺教育奖励基金"，全校已有99个孩子得到了该项奖励，在新的教学楼墙上挂着99张笑脸！

当受助的孩子见到小馨艺时都惊呆了，她还那么小！一个比她高出许多的女孩蹲下来，眼含热泪地对她说："你那么小，就那么有爱心，我要向你学习！"

小馨艺给同学们深深鞠了一躬，说："我会继续努力的！"

在场的人都哭了。

这对母女的善举让每一个人都非常感动。雷雅茹女士眉目间那深切的爱意，和女儿小馨艺脸上那幸福、快乐的神情，深深地留在我心中。我觉得雷雅茹女士就像幸福大使，而小馨艺就是幸福的小天使。

父母要学会，让"爱心"成就孩子美好的一生。

伊丽莎白女王、故事里的富翁和雷雅茹，他们三个人爱孩子的方式各有不同，但是他们让孩子获取爱的途径是相同的。他们知道获得快乐幸福的秘诀，不是为了追求快乐而全力以赴，而是在全力以赴之中寻求快乐。这个"全力以赴"的过程就是付出的过程，是助人为乐的过程。

兴趣班呼唤兴趣

儿子和我上的是同一所小学——北京史家胡同小学。

这里是一个兴趣的乐园,我小时候,学校就有许多兴趣小组:美术、舞蹈、合唱、自然、游泳、手工、制作、木偶、幻灯……多得数不过来,上哪个兴趣班,自己选,父母根本不过问。我是美术组的铁杆成员,同时又参加了合唱队、舞蹈班和游泳班,课余生活丰富多彩。最开心的是跟康文信辅导员做游戏,康辅导员是个美男子,可帅了,他带领我们"蹲萝卜",至今记忆犹新。

这是一个团体游戏,各班先自命为一种萝卜,然后有节奏地集体开喊:"红萝卜蹲,红萝卜蹲,红萝卜蹲完白萝卜蹲。""白萝卜蹲,白萝卜蹲,白萝卜蹲完绿萝卜蹲。"如果哪一种萝卜打了愣儿,卡了壳,接不上了,那么就罚哪个班唱歌。

童年给我留下的快乐,我一辈子都忘不了。下乡插队,在最艰苦的日子里,每每回想起童年,仍然感到幸福和甜蜜。这份礼物,成为我战胜任何困难与艰苦的力量。我觉得,没有童年的孩子是不幸福的,童年不快乐的孩子更不幸!

所以,当我有了孩子时,我就期盼他快乐、幸福,我觉得这是人生成长根基。因为,一个生命来到这个世界,是来享受幸福和快乐的,而不是来寻找痛苦的。人能够战胜痛苦,能够面对不幸,是因为人曾经品尝过幸福,体验过快乐。

童年是极其宝贵的,我可不想剥夺孩子仅有的几年无忧无虑的童年时光。

从小我就让儿子痛快地玩。上小学,我让他走进了这座"兴趣的乐园"。

和我一样,依然有数不清的兴趣班在等待他,我让儿子自己选,从不发表意见。

儿子好像压根儿就没有和我商量的意思,一直"独断专行"。

一年级时，他竟报了"二胡班"。

我很纳闷，私下和我妈说："学二胡有什么用呀？"

我妈说："中国京剧后继无人，学会二胡不是很好嘛！"后来我明白了，我妈是个京戏迷，儿子一岁时，她就打开"话匣子"（收音机），和我儿子一起听京戏，一出一出给我儿子讲京戏里的故事，什么《霸王别姬》《借东风》……儿子3岁就跟姥姥去王府井吉祥戏院听京戏，成为吉祥戏院里最小的听众。

没想到，这段经历奠定了他对音乐的兴趣。他上幼儿园时还闹出一段笑话：一天，年轻的女老师打开收音机，里面在播放京戏，儿子听得津津有味。老师不爱听，换了台。儿子大哭起来，边哭边喊："我要听'嘚嘚喤'，我要听'嘚嘚喤'！"老师莫名其妙，几个老师在一起研究半天，也不知他到底想要什么。送孩子时她们问我"嘚嘚喤"是什么东西，我笑着告诉她们："是京戏！"他不懂那是京戏，只知道打镲和鼓锣的声音。

二年级，儿子又报了泥塑班。

我又纳了闷儿，问我妈："塑泥人有什么用呀？"

我妈轻松地说："孩子爱学就去学呗！北京还有'泥人张'呢！"

儿子捏得还挺棒，捏的"小仕女""恐龙一家人"栩栩如生。我妈把儿子的"成果"放在一个纸盒里，来了客人就拿出来"显摆"："瞧我孙子捏得多棒！"

"你孙子手真巧！"客人捧场。

没想到，这份夸奖鼓励了儿子动手能力，他手还挺巧，什么都会做。捏泥人培养了他的创造能力。

三年级，儿子又报了美术班。

这回我高兴了：卢勤的儿子就该上美术班，"老鼠"的儿子也该会打洞呀！

儿子很爱画画，我给他买了画笔和纸张，尽量给他提供培养爱好的条件。除了学校的美术组，业余时间我还陪他去宣武区实验二小办的专业美术班学习两年，他学我也学，我陪他一起学。他参加过美术比赛，得过奖。这为他后来制作网页奠定了基础。虽然儿子最终没有选择成为艺术家，我仍然将他小时候的那些画保存了一部分。因为它们是儿子孩提时创造力的表现，也是他童年时期健康成长的见证。

上五年级时，儿子又报了"无线电小组"。他四五岁就看大舅、大姨夫给姥姥安装电视、修理电视。只要大舅看他在身边，一定会支使他："悦悦，拿电烙铁来！"在他眼里，男人就该会修电器。

六年级毕业时，他参加了东城区少年无线电比赛，装了一个能收五个台的收音机，获得一等奖。姥姥拿着他孙子亲手装的收音机，乐得合不拢嘴。以后，家里的电器坏了，就由他修理了。

儿子的兴趣终于有了落脚之处，我想，我的儿子终于找到自己想干的、能干的事了。

可谁知，上中学时他的兴趣又发生了重大的变化。

小学毕业后，他上了北京 166 中学。我认识一位计算机班的老师，他希望让儿子上计算机班。

可谁知，他却悄悄报考了军乐班，我一直蒙在鼓里。

后来我才知道，去中学报到那天，他看见校门口贴出布告："军乐班招生！"

他和一个小学同学一起报考了军乐班。老师说，三天之内发通知。第三天，他的小学同学收到了通知，可他没有收到，他去找了老师："老师，您当时说我比他强，怎么有他没我呀？"

老师看他怪可爱的，笑着说："那你也来试试吧！"

得到老师的"恩准"，他才把这个"消息"告诉我。

我当时就急了："干什么不好，吹喇叭有什么用？"

儿子慢条斯理地说："您不是'知心姐姐'吗？能不能先别表态，看看再说！"

我最怕他说这个，只好跑到学校去看。

操场上，军乐队正在太阳底下训练，儿子练得很认真，汗水直淌，也顾不上擦一下，我有点儿心疼。

等儿子从运动场上下来，我当着李主任（管乐队的老师）的面就对儿子说："咱们家没人会音乐，你上小学除了二胡也没学过什么乐器，你上中学现学，苦大着呢！"

"有苦我自己吃，有汗我自己擦。"儿子回答得很干脆。

"好！这像男人说的话！"我佩服这样的男人。

我问李主任："您看我家儿子行吗？"

李主任说:"我看他胖乎乎的,像吹喇叭的。"

一锤定音。儿子就去军乐班"吹喇叭"了,而且吹的是大号,也叫大贝斯。儿子说他"块儿大""肺活量大",能拿得起大号。没想到,一吹就是6年!

6年里,儿子没有叫过一声苦,喊过一声累,也没花过家里一分钱。他所在的北京166中学军乐队成为北京市东城区金帆乐团,他担任了首席大号。

毕业前夕,166中学军乐队在北京音乐厅举行了专场音乐会。我和许多家长一样,感动得热泪盈眶。我没想到,从未学过吹号的儿子竟吹得这么好!我也第一次发现,儿子吹号居然把嘴都吹歪了。

那天晚上回到家,儿子一进门,连军乐服都没来得及脱就问:"妈,我们吹那个曲子的时候,您感动吗?"

"我感动,我感动得都哭了。"其实我根本不知道他指的哪支曲子,可一直在那里抹眼泪。

儿子很兴奋:"我也哭了。"

我觉得,我跟儿子一起哭一起笑就够了,在他兴趣的路上,我只是陪他就够了。一个人,能够全身心地沉浸在艺术的自娱中,尽情享受艺术的兴趣,是人生的一大幸福。

高中毕业时,儿子乐队的导师、中央乐团的姜教授对我说:"你儿子可以报考艺术院校,他的音乐素质很好。"

我说:"我家没人搞音乐。"

教授说:"跟你们一点关系也没有!"

后来,儿子没有去报考艺术院校,他说乐器只是他的爱好。最终,他还是上了大学计算机系。

大学期间,他又对小品创作产生兴趣。他写小品、演小品、导小品,他的作品在全校自创大赛中获得特别奖,还成为校园网站上的"小品达人"。

有一次,他让我从网上看他创作的小品,我说:"我怎么看不懂呀?"

儿子说:"您看不懂就对了!这是我们这代人追捧的艺术,你们看不懂。"

"啊哦!"我表示无奈。

后来他自主创业去搞网站,毕业后去上海盛大集团学习、工作。几年后,他自己创办了一个网络科技公司。

儿子在兴趣的路上走了十几年,我只是他的观众,为他鼓掌喝彩。我从来不想把儿子培养成某一方面的天才,也从没有把他的才能作为向别人炫耀的资本。我只想让儿子成为兴趣广泛的人，只想让他的一生在充满情趣和幸福之中度过，因为没有任何艺术陪伴的生活，就如同荒野一样，让人感到枯燥无味。

假如为了考级、考证去上兴趣班，最终，兴趣将变为孩子沉重的负担；

假如为了父母的脸面去上兴趣班，最终，兴趣将变为孩子童年的苦难。

幸好，我没有。

令我欣慰的是，在兴趣的路上，儿子一直保持着对艺术、对创作浓厚的兴趣，和对生活无限的激情。

艺术最大的特点，是它的抒情性和非功利性；艺术最大的功效，是能够尽情抒发人的思想感情。

儿子有音乐的兴趣与天赋，可是他没有成为音乐家，他获得的是对生活的热爱；

儿子有画画的兴趣与天赋，可是他没有成为画家，他获得的是对生活的观察力；

儿子有创作戏剧的兴趣与天赋，可是他没有成为艺术家，他获得的是幽默的性格和乐观的生活态度；

儿子有制作物品的兴趣与天赋，可他没有成为工程师，他获得的是难得的创造力，以及生存的能力。

我不企盼儿子成为一个显赫的"××家"，而是只是想把他打造成身体和精神全面发展的人，期盼他成为一个人格健全的人，一个热爱生活的人，一个对事业有追求的人，一个有责任感的人。

当然，如果你的孩子有某方面的特殊天赋，他本人又很感兴趣，那就一定要培养孩子的毅力，帮他养成精益求精的好习惯。

专注能够产生美

你有没有过这种体验：夜晚乘坐飞机时，你静静地坐在机舱的舱椅上，手中捧着一本你最爱看的书，专注地看，没有人打扰你，没有手机干扰，只有一束暖暖的、浅黄色的灯光陪伴你，那时，你感觉到的是什么？是身心的放松，是精神的愉快。那是因为专注能够产生美，专注能够让人们的身心获得自由。

专注的过程，是一个静心的过程。专注的过程，也是一个心无杂念的过程。

一个心无杂念的人，智慧才会源源不断地注入他的心中。因此，专注能够产生美，专注能够产生爱，专注能够让人感动，专注更能够给予专注的人创造力。

世界上有许多成大事的人，不少是一些资质平平的人，而不是才智超群、多才多艺的人。我们常常感到困惑的是，为什么那些看上去智力并不突出，在学校排名末位的学生却取得了巨大成功呢？

仔细研究你会发现，这些人最大的特点是专心一个领域耕耘不辍、锲而不舍地努力，不达目的决不罢休。而有些才华横溢的人却四处涉猎，毫无目的，最终一无所获。

人与人之间，智力的水平相差多少并不重要，而专注的程度决定了他的成功与失败。因为只有当你的精神非常专注时，脑细胞才会开始积极工作。

许多父母找我咨询时，常常说："知心姐姐，我的孩子学习总不专心，一会儿摸摸鼻子，一会儿玩玩手，他是不是多动症呀？"

"他有没有专心的时候呀？"我问。

"有啊！看动画片，上网玩电子游戏，他可专心了，叫他吃饭他都听不见。"百分之九十的父母都是同一个答案。

我告诉他们，这样的孩子绝不是多动症，而是对学习不感兴趣，对玩感兴趣。玩的愉悦正是来自他的专注，这时候，你不是肯定他的专注，而是骂他"就知道玩，学习时你怎么坐不住呀？"你的话变成"干扰"，使他很烦，学习的时候，一想到玩时受到的干扰，烦躁情绪就会油然而生。结果呢，学得不踏实，玩得也不开心，一天都很烦。

正确的做法是，不是数落孩子"学习不专心"，而是在孩子"专心"看电视时轻声地和家人说："瞧这孩子多专注！"小孩子听了这样的话，就体会到什么叫"专注"了。

思想专注、精力集中是人精神发展的重要环节。全力以赴地做一件事情，常常会获得意外的惊喜。具有专注力是成功人士的共同特点，也是他们取得非凡成就的必要条件。

"专注"的习惯是在幼儿时期培养的，主要受父母的影响。如果父母和孩子说话时注意力十分集中，孩子就不容易分心。如果几个月大的孩子在很专注地看一件东西，你千万不要打扰他，让他体验到专注产生的美感。

事业有成的人，其共同的特点是专注。尤其是艺术家和科学家，他们对艺术与科学的专注，让他们感受到快乐，从而产生灵感和创造的激情。

我常常和父母说，音乐家和演员是观众用掌声捧起来的！专注所产生的内心的愉悦，和掌声所给予外在的鼓励，都会激发孩子的兴趣，激发大脑的潜能。

如果一个人能专注于自己的内心世界，就能开发出无限的潜能，并拥有美好、稳定、快乐的人生。

一个聪明的孩子，不管他的成绩多次遥遥领先，不管他是否比同龄人更引人注目，如果不专心致志就永远不会成功。

一个人要干成一件事情，没有竭尽全力的精神是不行的。所以一旦孩子确定了目标，家长要竭尽全力帮他实现，鼓励他获得成功。我们要从孩子小时候开始，就让孩子为一个目标去努力，最后让他感受实现目标的快乐。这个过程掌握了，他将来很有可能就是个成功人士。

创新从提问始

诺贝尔奖获得者李政道博士的求学格言是："求学问，需学问；只学答，非学问。"

提问，是创新的开始。培养创新人才，要从提问开始。

小孩子都有好奇心，对什么问题都好问"为什么"，在大人看来，这些问题大都是幼稚可笑的，但正是这些可笑的问题，才引发了孩子们求知的兴趣。

会提问是一种智慧，提问需要开动脑筋。提问是主动学习，对孩子来说，提问会给他们带来成就感。

几年前，《中国少年报》和中国大百科全书出版社共同在全国少年儿童中开展了一项"提个好问题"的活动。本来我们以为孩子们每天被作业包围，头脑早都模式化了，只会回答问题，提不出什么好问题。没想到，活动中，孩子们竟提出了三千多个问题，有的很有童趣，有的很有水平。例如，有的孩子问：

"蚂蚁睡觉闭眼睛吗？"

"香蕉为什么是弯的？"

"鱼为什么不眨眼？"

"黄瓜明明是绿的，怎么叫黄瓜呢？"

"小鸡为什么只拉屎不撒尿？"

"屁为什么是臭的？"

"地球会不会哪天突然不转了？"

"为什么叫买'东西'，而不叫买'南北'呢？"

…………

童年的"为什么"，正是孩子们步入科学殿堂的第一步。在求知的路上，小孩子最开心的事，就是提个问题把大人问倒。

　　有一次，我去某市开会，会后市妇联主任开车送我去机场，她4岁的儿子就坐在她旁边，一路上一个劲儿地向妈妈提问。他妈妈对我说："我的儿子可讨厌了，老向我提问。"她的儿子倒也不嫌他妈讨厌他，继续向他妈妈提问："我问你一个问题，大象的左耳朵像什么？请回答！"男孩的妈妈很认真地回答："像芭蕉，像扇子……"儿子都说不对，我悄悄问他儿子："到底像什么？"儿子神秘地告诉我："像右耳朵。"他妈妈说："你说他讨厌不讨厌。"我回答道："人家讨厌什么，人家说得很正确，大象的左耳朵就是像右耳朵，不像别的耳朵。"孩子很开心。

　　几个月前，我和著名学者阎崇年先生到北京西单图书大厦与读者面对面交流。每人讲了半小时后，读者就开始提问了。

　　有个六年级男孩，第一个站起来，很恭敬地说："知心姐姐，我向你提出一个问题。"我立马站起来，很恭敬地回答："请问。"

　　"我问你，一个豆从山上滚下来，变成什么。"我很意外，怎么也想不出来。他接着说："我向你提示一下，是两个字，最后一个字也是'豆'。"

　　我更为难了，一个"豆"滚下来能变成什么"豆"？我抓耳挠腮，无奈地说："我实在不知道，我请求帮助。"

　　一个小女孩站起来，笑着说："这还不容易，蚕（残）豆呗（注：意思是一个豆从山上滚下来受伤了，就变成残豆了）！"在场的孩子都哈哈大笑。我看那个男孩子十分得意，就对他说："我也向你提个问题。"男孩子也十分恭敬地说："请问。"

　　"我问你，大象的左耳朵像什么？"男孩也说不上来，因为那是4岁孩子的问题，他觉得我不会提这么简单的问题。我说出了答案后捧腹大笑，场上的孩子笑得更开心了。

　　一次，我们带孩子们去深圳搞活动。晚会上，一个女孩站出来说："我向大家提个问题：一个绿豆想不开从高楼上跳下来，摔死了，它变成了什么？"我立刻举手："蚕（残）豆呗！"我以为我这回肯定是答对了，没想到，女孩大声说："不对！它变成红豆了（流血了）。"场上的孩子哄堂大笑，我这才明白，他们全知道答案，只有我不知道。

　　和孩子们大笑之后，我才明白，把大人问倒，是他们最开心的时刻。许多好老师教出的学生，最大的特点就是爱提问。当他们把老师问倒的时候，他们很开心；当老师把他们问倒的时候，老师也很得意。在这种一问一答中，他们的求知欲十分高涨。一个孩子在游戏中，获得的求知欲，往往比课堂上要高，正是因为游戏中伙伴之间是平等的，双方都有获胜的可能。

但是遗憾的是，我们许多大人对孩子提出的问题不感兴趣，只要不符合自己的"标准答案"，都会否定孩子，从而打击他们的积极性。

有一次，在一个家庭教育报告会之后，一位妈妈站起来，很困惑地说："我儿子上小学四年级，很爱提问，不招老师喜欢。有一次老师让孩子们给杨利伟叔叔写一封信，儿子在信中问了一个问题：'杨利伟叔叔，你乘宇宙飞船到太空去，如果燃料不够了，你怎么回来？'老师给他一个不及格，说他在捣乱，应该写'怎样向杨利伟叔叔学习'。"我当场回答说："你儿子提的问题很好，杨利伟叔叔知道了一定很高兴，因为这确实是一个让人担心的问题，你儿子有这样的思维能力，将来一定很棒。"

我建议我们的老师和家长们，尝试以儿童的心态来理解儿童的问题，和他们同兴趣、同欢乐，这样才能保护他们的好奇心和探索精神。

爱因斯坦出生于德国西南的乌耳姆城一个犹太家庭。到3岁多时，小爱因斯坦还不会说话，他总是喜欢沉默不语。在四五岁时，有一次爱因斯坦生病卧床，爸爸海尔曼怕儿子寂寞，就送给他一个小罗盘。

爱因斯坦如获至宝，他发现不论如何转动罗盘，里面的指南针总指向固定的方向时，令他百思不解。当时，小爱因斯坦想象：一定有什么东西隐藏在这现象背后。一连好几天，爱因斯坦都对罗盘爱不释手，虽然爱因斯坦连对"罗盘""磁"的发音都发不准，但这不妨碍他向爸爸提出连串疑问："爸爸，指南针为什么总指向一个方向呢？"

海尔曼微笑着回答说："这是因为地球磁场的原因。"

"什么是地球磁场呢？"爱因斯坦皱着小眉头，追问道。

海尔曼面有难色，解释道："磁场是地球南北两极……"

"指南针为何要指向磁场？"

罗盘太神奇了，让爱因斯坦产生对科学的向往。

7岁时，爱因斯坦上学了。不过，他在上小学和中学时学习成绩都很一般。但是，后来爱因斯坦领到一本欧几里得几何学课本，书中论证的许多公理，给爱因斯坦留下了深刻印象，他产生了强烈的好奇心，等不及按照课程进度去学习它，竟然一口气就将它学完。

后来，爱因斯坦成了一代科学大师。

正是这无数个"为什么"，把孩子引入科学的殿堂。

小法布尔对昆虫的"为什么"，让他成为一个伟大的昆虫学家；小爱迪生对生活的"为什么"，让他成为伟大的发明家……能提出问题的人，往往不是一般的人。做父母的人，一定要重视孩子的提问，提出一个问题，有时比解决一个问题更重要。

孩子在提问，不要当成一个简单的信号。

孩子在提问，这是在寻找解决问题的答案，不知不觉，一个人的创造性也蕴藏其中了。

把问题留给孩子

万物都有为什么,当孩子向你提出为什么时,你一定要十分感兴趣地说:"你这个问题提得很好,为什么是这样,而不是那样呢?"你千万别急着回答孩子问题,不要给他"句号",要给他"问号"和"叹号"。保持孩子兴趣的最好办法,是让孩子自己找答案。

你可以说:"你去找找答案,找到了,别忘了告诉我一声!"

"知心姐姐"走遍天下都不怕,用的就是这个办法。记得有一次,我去上海接"知心电话",有个女孩打来电话问我:"羊为什么吃纸?"

我从未见过羊吃纸,可我没见过的事不一定不存在。于是我对她说:"你这个问题问得很好。可我不知道为什么,我正忙着呢,你去找找答案,找完了别忘了告诉我呀!"

"好!你等着。"女孩十分爽快。

15分钟后,电话铃响了:"找到答案了!"是女孩惊喜的声音。

"答案是什么?"我急切地问。

"羊是吃草的,纸是草做的,羊没草吃就吃纸了!"女孩干脆利索地回答。

"谢谢你,谢谢你帮助我找到了答案!"我为她兴奋,想象得出她当时一定是满脸成就感的样子。答案是什么并不重要,关键是找答案的过程。那种自己动手寻找到答案的成就感,远远比知识本身更重要。因为,兴趣往往出自亲身的体验和实践。培养孩子的创造力,主要得鼓励他们多动手、多思考、多提问。

200多年前英国出了个大发明家瓦特,他就是在探索问题中成功的。

童年时代的瓦特特别爱观察、思考,他的小脑袋里总是装着各种问题。

　　一天，小瓦特在厨房里玩，忽然发现炉子上的一壶水开了，开水在壶里翻滚，壶盖不住地上下跳动，"啪啪"地响。瓦特很奇怪地问奶奶："壶盖为什么会跳动？"

　　奶奶说："壶里的水开了，盖就会上下跳动。到底为什么，奶奶也说不清。"

　　带着这个疑问，瓦特渐渐地长大了……

　　瓦特经常观察、思考水壶里的水烧开以后把壶盖顶起来这一现象。他经过长期研究发现，水壶里的水被烧到100℃以后，会从液态变成气态的水蒸气。水变成水蒸气后，体积会成倍增加。由于体积膨胀，原来的容器盛不下了，就产生极大的向外扩张的力，这样就把壶盖顶起来。他突发奇想，水蒸气能够产生这么大的力量，能不能用这种力量推动机器工作呢？

　　在瓦特之前，英国有一个叫纽科门的人已经发明了蒸汽机，但纽科门蒸汽机耗煤量大，能效低，没有得到广泛使用。瓦特经过长期研究，先后发明了蒸汽机的分离冷凝器、齿轮联动装置、双向汽缸、离心调速器、节流阀等，完成了对纽科门蒸汽机的三次技术革新，使蒸汽机的效率大大提高，应用范围更广。

　　瓦特的发明和对蒸汽机的改革，为当时英国的工业革命解决了动力问题。后来的科学家利用瓦特蒸汽机，先后又发明了蒸汽机车、大轮船和其他蒸汽动力机械。所以，后人把瓦特蒸汽机的问世作为工业革命开始的标志。人们为了纪念瓦特的发明创造，还用"瓦特"作为计算功率的一种单位。

　　这个故事我是从中国大百科全书出版社出版的《中国儿童好问题百科全书》中看到的。

　　我儿子小时候就问过我"水开了，壶盖为什么会跳动"这个问题，可惜当时我是按中学课本上的知识，平淡地告诉他答案，他听完就过去了，对壶盖为什么跳动再也不闻不问了。如果我像瓦特奶奶那么去回答问题，把疑问留给儿子，儿子今天也可能成"发明家"了（呵呵，开个玩笑）。

　　孩子有了疑问自己去找答案，父母能帮什么忙呢？为他们备些能找到准确答案的书，像中国大百科全书出版社出版的《中国儿童好问题百科全书》《中国儿童百科全书》《中国中学生百科全书》就很好，科学性强、知识准确、印刷精美、语言生动活泼，很适合少年儿童自己阅读。

我的儿子虽然没成为发明家，但是他从小很善于发现和解决生活中的不便之处。班里的椅子总会发出声音，他就收集一些葡萄糖注射液瓶子的软盖钉在椅子下面（现在已经有了专门的椅垫了）；上公交车时，我的大书包常常拿在手里很沉，他就找了一个钩子，让我把书包钩在车座位的扶手边上（后来有了专门的钩子）。只要出现不方便的地方，我一定先把儿子找来，他小脑瓜动动，就会有主意。没想到，这样做培养了他的创造力。

需要正是创造发明的源泉，如果一个人从小对生活中不方便的问题很好奇，那他一定会长出创造发明的翅膀。

事实上，许多发明创造，也就是在这种情况下应运而生的。

北京有个三年级小学生叫徐浩森，他发现冬天同学们穿的大衣没地方放，就联想到自家桌子的抽屉有好几层，如果把课桌做成双层的，一层放书，一层放大衣不是很好吗？于是，他设计了一个两层抽屉的课桌。可同学们说，这样的课桌，桌下太矮，腿放进去不舒服，不好。这才使他想到，在椅子下面做一个小箱子放大衣，不是蛮好吗？他发明的"箱式椅"获得老师的称赞和同学们的欢迎。

日本有位患了肋膜炎的病人，痛苦地躺在床上，放在一旁的炉火正在烧着开水，水还没有开，却发出很大的声音。他很烦躁，跳起来，拿起锤子往上猛敲，说也奇怪，居然真的不出声了。这时，他感到很奇怪，就在病床上琢磨怎样才能使水不出声的办法，并做起实验来。结果他发现，只要在盖上钻一个小孔，水壶就不再出声了。于是，他申请了一个专利——每在水壶上钻一个小孔，就收一元钱。他由此发了大财。

这个病人为什么能发明这个专利呢？因为他有好奇心，正是这个好奇心，使他产生探索精神。

如果我们的孩子，从小就养成这样的"思维"——怎样让生活中的不方便变为方便，那么他的创造力不仅会大大增强，而且社会的责任感也会大大增强。这样的孩子长大以后，会成为有用的人。

我认为，创新型人才应该是品德、健康、能力都得到很好发展的人。

只重视智力，孩子会变成"事不关己，高高挂起"的冷漠旁观者，或成为社会上的恶人；只重视品德教育，忽视能力的培养，孩子会变成懦夫。对孩子的创新教育，开始得越早，效果就越显著，孩子越有可能成为杰出的人才。

创新型人才应该从童年开始培养。

怎样惩罚孩子才有用

没有惩罚的教育，不是完整的教育。

但是，惩罚不是目的，让孩子知错改错才是目的。

那么，什么样的惩罚才有用呢？

有三个办法可以借鉴：

·面对一个打架的孩子，首先要查清事实，才能不冤枉他，让他心服口服，知道自己错在哪里。

中国文化中对惩罚有这样的原则："有心为善，虽善不赏；无心为恶，虽恶不罚。"意思是说，成心做好事，不必去表扬，无知犯错误，不必去惩罚，而明知故犯者，一定要严惩。对于无知犯错的孩子来说，比惩罚更重要的是明辨是非。

著名教育家陶行知先生，曾当过校长。

有一天，陶行知看到一个男生用砖头砸同学，便将其制止并叫他到校长办公室去。

当陶校长回到办公室时，男孩已在那里等他了。陶行知先生明白教育小男孩的契机来了，他掏出一颗糖给这个同学，说："这是奖励你的，因为你比我先到办公室。"接着，陶校长又掏出一颗糖，说："这也是给你的，我不让你打同学，你立即住手了，说明你尊重我。"

男孩摸了摸头，将信将疑地接过第二颗糖。陶行知又说道："据我了解，你打同学是因为他欺负女生，这说明你很有正义感，我再奖励你一颗糖。"

这时，男孩感动得哭了，说："陶校长，我错了，同学再不对，我也不能打他。"

陶校长于是又从口袋里掏出一颗糖，说："你已认错了，我再奖励你一颗糖。我的糖发完了，我们的谈话也该结束了。"

男孩拿着四块糖果，带着感动离开了校长办公室。

孩子是一个"矛盾体"，他可能会成为一个有纯正品行的人，也有可能成为一个有暴力倾向的人。陶行知先生的四块糖果，就像四份爱心，让小男孩明白了什么才是真正的爱，什么才是真正的勇气。

· **面对一个犯了错误的孩子，批评是必要的，但有时宽容的效果更佳。**

在古代，有一位老禅师，一日晚上在禅院里散步，看见院墙边有一张椅子，他立即明白了有位弟子违反寺规，翻墙出去了。老禅师也不声张，静静地走到墙边，移开椅子，就地蹲下。

不到半个时辰，果然听到墙外一阵响动。随后，一位小和尚翻墙而入，黑暗中踩着老禅师的背脊跳进院落。这时，小和尚才发觉，刚才他踏上的不是椅子，而是自己的师傅。这事不小，顿时令小和尚惊慌失措，瞠目结舌，只得站在原地，等候师傅的责备和处罚。

老禅师以很平静的语调说："夜深天凉，快去多穿一件衣服吧。"

出乎所有人的意料，师傅并没有厉声地责备小和尚。

一句平静话语，让小和尚顿悟，内心成长了许多。从这之后，小和尚再也没有偷偷出去玩，从此专心致志学习佛家经典著作，领悟人生道理。

家教也是如此，家长要善于运用宽容的力量，让孩子内心深处受到触动，获得前进的力量。

宽容的力量，往往会带来一个圆满的结果。

· **要让做错事的孩子自己承担后果，对自己的行为负责。**

一对日本老人居住在美国。一天，一只球飞来，打碎了他家的玻璃。老人说："可能是踢球的孩子打碎的，按照东方的习惯，此时肇事者的家长应该出来赔礼。"但是，直到天黑，都没有人出来对这件事负责，老人心里很不爽。

第二天一大早，一辆汽车停在他家门口，车上跳下来一个黑皮肤的男孩子。

"对不起，先生，昨天的玻璃是我打碎的，可是，昨晚玻璃店关门了，只好今天一早赔给您。"男孩说完，从车上搬下来一块彩色玻璃，安装上去。

老人很感动，进屋拿出一包刚刚买来未开封的糖，送给这位黑皮肤的男孩子，以示感谢。不一会儿，孩子的父母出现了，他们退回了这包糖，客气地说："我们的孩子犯了错误，不应该得到这样的奖励。"

日本老人十分感慨。

让孩子对自己的行为负责，这是多么有效的方法。不用打骂的方式，只用让孩子知错改错的行动，就足以让孩子受到教育了。

别对自己说"不可能"

当今世界上有这样一个人：他没有双腿，却能潜水；他没有双腿，却能驾驶汽车；他没有双腿，却能成为运动场上的冠军；他没有双腿，又得了癌症，却能环游世界，到 199 个国家和地区去演讲；他时时刻刻面对着死亡，却能拥有最完美的爱与生活。

他的一句话震撼了世界——如果我能，你也能！别对自己说"不可能"！

这个伟大的人叫约翰·库缇斯，澳大利亚人，1969 年出生，是世界著名的激励大师。几年前，我第一次在网上看到他的故事，便立刻被他的精神折服，他那句震撼世界的话让我的心久久不能平静。

我曾经遐想过，假如有一天，我能亲眼见到他、听他演讲该多好！我一定要问一问他："你为什么那么坚强？你的生命潜能是怎样被激发出来的？"可转念一想，这是不可能的，他在遥远的国度，我怎么可能见到他呢？

但是，不可能变成了可能！我真的见到了他。

2009 年 6 月 8 日，上海馨艺教育基金的雷雅茹女士特邀我到上海松江大学城万人体育馆主持大型公益演讲——"爱·坚强"，主讲人正是约翰·库缇斯！

我真是又惊又喜，爱心能让梦想成真！

第一眼见到约翰先生，是在演讲会开始前。当时，他正坐在一个特制的滑板上，静静地听 8 岁的王馨艺弹钢琴，他不断地举手高呼"真棒！"。演奏完毕，约翰先生朝馨艺挥挥手："走，跟我来！"他用手撑着地面，滑板以极快的速度移动起来。

我和馨艺紧随其后，一起走进他的休息室。据说，约翰先生演讲前是不允许任何人走进他的休息室的，这次是破例，因为他太喜欢小馨艺了！小馨艺也很开心，她一点也不害怕，还搂着约翰先生的脖子和他拍照。我也坐在地上和约翰先生拍了合影。

说来真是奇怪！虽然我们语言不通，但是我和约翰先生却一见如故，好像是早该见面的老朋友！虽然约翰没有了腿，但他的上半身都十分健康，脸上始终洋溢着乐观、开朗与自信的笑容，而且十分幽默。

他说，他出生时只有可乐罐那么高，奄奄一息，医生说他可能活不了多久，要他的父亲做好心理准备，但是他最终活了下来。他本来有两条十分细小而且没有知觉的腿，这使他看起来像个玩偶。同学们经常取笑他，还在他的腿里扎大头针、用打火机烧他，有一次甚至用小刀割下他腿上的一小块肉。他很生气，到医院把两条没有用的腿切除掉了。约翰笑着说："我身上什么神经都有，只是搭错了位置。"他没有肛门，在做了切口手术之后，才能勉强进行排泄。父亲告诉他："如果不挖这个洞，你就变成浑身是屎的屎蛋了。"约翰向我讲述这些痛苦经历的时候，依然谈笑风生，仿佛是在讲一个童话故事。

演讲开始了，当约翰坐在滑板上飞快地绕场一周时，观众席上爆发出经久不息的掌声和惊呼声。只见他用双手撑着地面，一蹭一颠地上了主席台，场上又是一阵雷鸣般的掌声。这时，我才终于相信他是一个人从澳大利亚来中国的。不出所料，他的演讲大获成功！

王馨艺上台朗诵了《爱心树》，向约翰表示感谢。

会后，他十分友善地接受了我的采访，这也是一次破例，也许我们有缘。

"约翰先生，您说您很爱您的母亲。您能告诉我，母亲给您影响最深的是什么吗？"我坐在地上，俯下身，向约翰提出了第一个问题。

"是爱，是尊重。"约翰用炯炯有神的大眼睛看着我，坚定地回答。

"我妈妈很爱我，她没有抛弃我，而是把我接回家。她说，她是一个接受现实的人。如果事情发生在你头上，好，那就这样，继续做就是了。我母亲的手是一双塑造人的手、养育人的手。每次放学回家，她都会给我一个大大的拥抱。她会把我拉入她的怀抱，刹那间一切都变得美好。她总是对我说：'我爱你，约翰。你是我们生命中最好的，你是好人。'"说到这里，约翰满脸幸福。

"您没有腿，您的母亲是不是特别照顾您、怜爱您？"我又问。

"不，她给了我像正常人一样的成长机会。尽管我和兄弟姐妹相比有些不同，我比他们矮很多。不过，我们这些孩子得到的待遇都是一样的。比如，我要拿碗柜顶上的东西，如果有人正好可以帮忙的话，就会帮我拿到；但如果只有我一个人在，那么我就会自己想办法，而我几乎总是有办法够到最顶层的架子。我妈妈说：'我只帮助约翰拿他够不到的东西。我们从来没有为了适应他而调整房间，是他在调整自己。他除了不能走路外，我从来不认为他有什么问题。'我认为，这是妈妈对我的尊重。我从来不觉得自己与别人有什么不同。因为做错事，妈妈曾经在我头上敲断过好几把木勺，因为我的屁股离地面太近，她够不到！"说到这儿，约翰顽皮地笑了，好像在为妈妈打不到他的屁股而得意。

"说说您的爸爸，你曾经说会爱他到死，为什么？父亲给您留下的是什么？"我换了个话题。

"我对父母的爱都是一样的。父亲给了我坚强。"提起父亲，约翰脸上流露出崇拜的神情。

"能说得具体一点吗？"

约翰开始兴致勃勃地给我讲起他"悲壮"的童年：

"我父亲是个大个子，我最早的记忆是，他可以让小孩子一听到他低沉响亮的声音就发抖。我没有因为自己没有腿就得到什么特权。我做错了，一样要受到惩罚。小时候我很怕狗，一天，父亲带我和我们家的狗肯蒂来到后花园，然后把我扔在那儿就走了。我不断地尖叫、哭喊，邻居纷纷给我父亲打电话询问，我的父亲只是平静地说：'随他一个人，会好的。'过了三四个小时，我父亲出来看我，那时我早已停止哭泣，正骑在肯蒂的背上，在花园里到处走呢。这个方法有点粗暴，但行之有效，后来我不怕狗了。

"我以前喜欢用橡皮水管浇我的兄弟姐妹，父亲给了我一个教训。那天，在我将要把橡皮水管对着别人时，他一把将橡皮水管从我手里夺下来，并把水龙头开到最大。我几乎被淹死！之后，他给我解释什么叫罪有应得，这让我终生难忘。

"我父亲从来不在别人面前惩罚我们，除非我们实在太坏了！父亲的惩罚把我们锻炼成形，教会我如何与这个世界相处。这些东西在学校里、工作中不是总能学得到的。比如，一些重要的价值观：尊重你的国家、为你的传统自豪、热爱你的家庭、尊重法律、玩得开心、享受生活、为你是谁而自豪、永远不要放弃、相信你自己。我一直认为，他是一个伟大的父亲和我们最好的朋友。"

"约翰先生,您有这样的父亲,难怪您这么优秀。看来今天演讲的主题——爱和坚强,对您来说真是太适合了。"我说。

"是的,我能拥有这样的父母真的很幸运。我真的非常感激他们给了我真正经历生活的机会。假如我被娇惯成一个弱者,我很可能不会照顾自己,不能自己吃饭,甚至上不了厕所,更不会一个人来中国!"

分别时,我请他为我儿子在书上签名,因为2009年6月23日是我儿子31岁生日。我想把这个作为生日礼物。约翰欣然同意,他飞快地写下:"生命不息,欢笑不断,让爱常驻。——约翰·库缇斯。"这句话真是恰如其分!

在整理对约翰访谈的记录时,我又一次重温了他的故事,再联想到目前中国家庭教育存在的一些问题,真是感慨万分!

想一想,我身边的那些家长们都在为自己四肢健全的孩子忙些什么?我们来看看新华社记者的一篇报道:

2009年6月10日到11日,在河南省招生办组织的高校招生现场咨询会上,记者看到,家长数量远远多于考生。不少考生表示,对于填报哪所学校、读什么专业、将来干什么工作都很茫然,填报志愿只好是"我的青春爸妈做主"。参加本次咨询会的高校有600多所,而冒着34度高温到场咨询的考生和家长超过十万人次。其中,四五十岁的家长是主力军,而作为"当事人"的考生却为数不多。一位姓刘的父亲抱着一大摞各校招生简章,在一排一类院校咨询台前穿梭,他说:"儿子估了640分,应该能上个名牌大学。儿子考完就跟同学出去玩了,报志愿的事都推给我和老师了,自己一点不操心,我也很为难。"记者在现场发现,当"苦力"往里挤得几乎全是家长,便问一个男生为什么让妈妈去。他说:"我妈怕我被挤着,再说了,报哪所大学我得听她的。"

看完这则报道,我真的不知该说什么了。

中国孩子的"不可能"到底是谁制造的呢?

约翰·库缇斯没有双腿,却一个人来到中国,实现了他10年前的梦想。10年前,他在纸上写过一句自励的话:"10年后,我库缇斯要成为世界上最伟大的残疾人演说家。"写完，他独自到外面转了一圈，回来删掉 3 个字"残疾人"，变成："10 年后，我库缇斯要成为世界上最伟大的演说家。"10 年后，他独自来到中国。

约翰·库缇斯的经历告诉我们：孩子相信自己行，自己才能行；父母相信孩子行，孩子一定行。我们的父母总是不肯放手，孩子就越来越无能。有腿不会走路，有手不会做事，有嘴不会说话，有脑不会思考。

所以，心灵的残疾比身体的残疾更可怕。在家庭教育中，爱的缺失比物质条件的缺失更可悲。

第五章

少年成长期

远离"羡慕、嫉妒、恨"

二年级时，儿子入队了，不久当上了中队委。他很热心中队的事情，也很喜欢帮助同学。一天早晨上学时，我发现他戴了一条红领巾，书包里还装了一条红领巾。

"为什么要多带一条红领巾呢？"我好奇地问。

"如果有的同学没戴就会挨批评，我们中队还会被减分。"儿子平静地说。

我为他的责任心感动。

四年级的一天，我忽然发现他有好几天没戴中队委的符号了，随意地问了一句："这几天怎么没看你戴中队符号，丢了吧？"

"撤了！"儿子回答得很干脆。

"撤职啦？撤成什么啦？"我不安地问。

"撤成老百姓了呗！"说这话时儿子依然很平静。

我心想：一准是淘气被撤了。为了不打击他的积极性，我装作没事地说："撤了好，把当干部的机会让给别人，让别人也有机会。"他爸爸也在旁边说："撤了好，可以花更多的时间用在学习上。"

事情就这样过去了。观察了几天，儿子情绪很稳定，好像没受什么影响，我放心了。我开始佩服他，要是个女孩被撤，一定难过好几天呢。

又一次，他向我借一本书《怎样当好大中小队干部》。

"你不当中队委了，为什么还要借这样的书？"我挺奇怪。

"我们的中队长没主意，我要帮他出主意。"儿子认真地说。在以后的日子，他依然对班级的事乐此不疲。

我好感动。儿子真是一个男子汉！这么大度，心胸这么宽广，自己"下台"了，还关心着"上台"干部，真是难能可贵。

"羡慕、嫉妒、恨"是大人一大通病，孩子也受其影响。

羡慕，往往会引发自尊心的不当感受，孩子一旦受此冲击过大，就变成了"嫉妒"。嫉妒是孩子成长道路上的一剂毒药,令孩子的人格扭曲。由嫉妒生成的"恨",也就顺理成章了。

自尊心,正用,会利于学习;自尊心一旦过了一点点头,就变成了嫉妒。这是自尊心在"负用",不利于成长。

在学校里,班、队干部常常是被"羡慕、嫉妒、恨"的对象。尽管如此,小学生还是很喜欢当班、队干部。为了"当选拉票",有的孩子请客吃饭、送礼品,有的当上干部就开始管人,很缺少服务意识。有一次,我与某市300名小干部"面对面",我问他们当干部是干什么的,百分之八十的孩子说是"管人的"。

由于小干部以"管人"为工作宗旨,所以得不到同学的信任与喜爱,有的还成了同学们的对立面。有个9岁男孩,因为落选班干部而上吊自杀。另一名10岁女孩也因同样的原因而跳楼自杀。

当班、队干部,究竟是为什么呢?

是为了显示自己,还是为了锻炼自己?是为了学习怎样为别人服务,从中获得快乐,还是为了管别人,从中获得快感?

这是一个根本的问题。我们做父母的头脑一定要清醒。在竞争激烈的社会中,能上能下、赢得起输得起、拿得起放得下的人,才能精神健康、心情愉悦地活在这个世界上。

当小干部只是一段经历,是一段被同龄人认可的经历。

对于孩子来说,能否被同龄人接受是一件非常重要的事情。在班队生活中,每个孩子都知道,他们当中谁人缘好,谁最不讨人喜欢。坏名声的孩子一般都很难交到朋友,所以他们在学校里一般都很孤单,而且也不快乐。所以,这个年龄的孩子都要花很多时间和精力让自己合群。竞选当小干部,实质是被同龄伙伴认可的一段经历。所以"竞选"是孩子们很乐意参加的一种活动。

我的好友吴小竹的儿子乐乐在美国读四年级时,参加学生会成员的选举,小竹介绍,选举程序还是蛮复杂的:

第一关是"入围"。条件是要有10名同学和2名老师的签名,表明至少这些人认为你可以胜任学生会的工作,你才能进入候选人名单。这里还隐藏着一个小限制,就是每个老师和学生只能为两名候选人签名。想成为候选人,学习上平均分也不能低于B。

第二关是竞选。竞选有严格的规则：

· 竞选海报首先通过兼管学生会工作的老师的审批，内容要合适。

· 竞选海报大小应该是标准规格，只能贴在指定的地方。

· 候选人及其支持者不能触摸或修改其他候选人的竞选海报。

· 在竞选过程中不能对其他竞选人进行攻击。

· 不能以任何贿赂行为拉选票，包括给钱和糖果。

· 所有竞选活动不能干扰学习和学校其他的活动。

乐乐的海报是自己设计的，中间是他的标准像，海报的一边是两个问题：你想让我们的学校更好吗？你想在学校里有更多的快乐吗？另一边是：那你就选我吧！

第三关是：竞选演讲。每个人 5 分钟。乐乐写好不让妈妈看，妈妈从乱纸堆里找到了他的发言提纲。

大意是："我不到 3 岁就在这所学校上学了。我这次要竞选的是四年级的班代表。我为社区做工作，比如我去'救世界'帮助发放玩具（每年圣诞节前名为'救世界'的一家慈善机构给收入水平低的家庭的孩子免费发圣诞礼物）。今年这个活动的日子一定下来，我就会告诉大家。我会让咱们班变成一个更好的地方。我没有给你们什么小玩意儿，但我有领导能力和责任感，所以在你们做选择时，想想谁更具有这些。谢谢你们的选票。"

乐乐当上学生干部都做了什么事呢？

据小竹介绍，主要是组织公益活动：制作饮料，一美元一杯。募捐的钱要给一个在洪都拉斯的小朋友作为他的生活费和学费。

卖东西的募捐活动大约一个月一次，每次挣钱的目的不一样，但都以帮助一些弱势个人或学校的某个项目为主。

另外，每周一和周五的早上集合活动，也是由学生会成员负责。每次由两名学生会干部轮流组织、主持。

担任学生会成员期内，每个学生干部每个月至少要做两个小时的义工。

在学期结束前，主管老师给学生会成员开个派对，发给每人一件印有"学生会"字样的 T 恤衫，痛痛快快地疯玩了一通。

小竹问他儿子乐乐下一年是否还要竞选，乐乐回答说："当然了，我下次就更有经验了嘛！"

乐乐"任职"的一学年，主要活动是花时间为别人服务。乐乐很开心，觉得通过自己的努力，为更不幸的人或是学校的某个项目做出了一点贡献。

乐乐的故事可以告诉我们，通过当学生干部学习为他人服务，才是当干部的真正目的。

当学生干部只是一种人生的经历，这个经历会让孩子懂得：在生活中能有机会为别人服务是最大的快乐。一个人只有告别了"羡慕、嫉妒、恨"，才能真正获得自由，获得快乐，懂得人活在世上的意义；一个人只有告别了"羡慕、嫉妒、恨"，才能成长为一个人格真正健全的人，一个珍惜情义的人，一个珍爱生命的人。对于一个人来说，不在于他成了什么，而在于他做了什么，他给这个世界留下了什么。

小孩吵架，大人不用管

有一天，我看到家门口一群男孩在玩球。一只球飞过来，正好打中一个小男孩的头，小男孩哭了。

这时一个大男孩走过来，显然，球是他扔的。

他把球塞给小男孩："你用球打我一下！"

小男孩把球朝大男孩头上扔去，大男孩岿然不动。接着，大男孩捡起球，冲小男孩喊了一声："没出息！"转身抱球走了。

小男孩傻傻地站在那里，抹抹泪水，又跑进了赛场。

我默默地站在那里，看着眼前发生的一切。我想：这就是大孩子的游戏。

上小学的孩子，与幼儿园的孩子有了很大的不同，他们对那些假装的没有规则的游戏已经不十分感兴趣。他们更感兴趣的是有规则而且需要技巧的游戏，比如：打球、跳绳、跳房子。

在这些游戏中，参加游戏的孩子需要按一定的顺序来轮换，游戏的难度也会越来越大，一旦失误了就会受到处罚，回到起点，重新开始。如果谁碰了谁，也不许哭。

吸引孩子的正是这些规则。

这个小男孩可能不懂这个规则，才会哭鼻子。这时大男孩"回敬"的方法就是给小男孩"报复"的机会，同时斥他"没出息"，使小男孩从中受到教育。他会知道只要参加游戏，就必须承受"挨打"，怕"挨打"就别来。他能够再返球场，是做好了再"挨打"的准备，我相信，再被球砸，他无论如何不会再哭了。

如果小男孩的父母此时出现在球场上，见到自己的宝贝被"打"哭了，一定会很气愤地去质问大男孩："你凭什么欺负我们家孩子？"以后这个小男孩会失去许多伙伴，大家都会瞧不起他，不爱和他玩。这时，如果大男孩的父母再出面，最后的结果可能是，两家大人打起来了，孩子们都玩去了。

所以，小孩打架，大人别管。

生活中许多规则都是"打"出来的，"不打不成交"嘛。

小孩子在生活的游戏中，正在学习自己处理眼前的问题。有一天，小孩长大了，进入社会，他们最终得用游戏规则去独自面对生活。

不要轻易打扰孩子们去处理游戏规则的过程。往往你的放手，能够培养孩子独立思考、当机立断的能力。

儿童在游戏中打起架来，这很正常。这是一个交流的过程，一个规则制定的过程，更是孩子长大的过程。

6岁以上的孩子，在内心深处仍然依恋着自己的父母，但他们一般不会表现出来。他们不再希望父母只把他们当成小孩子、乖孩子去宠爱，去呵护。他们正在形成个人的尊严意识，并且希望别人能把他们当成独立的人来对待。我们要相信，他们有能力解决纠纷。在儿童的世界中，有儿童自己的规则，大人不懂，也不必懂，不必去介入孩子的世界。

小孩子如此，大人也如此。

一次，有位老同志半夜打电话，急切地说，刚结婚的一对夫妻打架了，女的不让男的进屋，男的父亲给他打电话，让他帮忙。这位老同志问我怎么办，因为不久前，他刚刚主持了这对新人的婚礼，所以男方父亲认识他。

我对这位老同志说："你帮忙就是添乱，孩子打架，大人别管。"

老同志一听乐了："对呀！孩子打架大人掺和什么呀！"

"新娘"是我的朋友，我始终没跟她提起这件事，怕她不好意思。

一次，这位老同志过生日，我们一起去庆贺。这位老同志一高兴，随口说出这件事。事后"新娘"和我说："本来是我们俩一点小的矛盾，他爸却出面了，还给别人打电话。我很生气，让他爸向我道歉。他爸后来向我道了歉，这才了事。我们俩的事，老人掺和什么呀！以后这日子怎么过？"

在父母眼中，孩子长多大都是孩子。但请大人们记住：孩子吵架，大人不用管。

让他们在打架中学会生活，学会相处。

借助大自然的力量

人的成长要借助大自然的力量，大自然是最有智慧的母亲。

你要让孩子有气势，一定要去登山，登到山顶，才会有"一览众山小"的气势；

你要让孩子有胸怀，一定要去海边，海洋一望无际，才会有"包容万物"的胸怀；

你要让孩子有眼光，一定要去草原，草原辽阔无垠，才会有"心旷神怡"的眼光。

"知心姐姐"团队每年都要举行各种夏令营、冬令营活动，带孩子去高山、大海、草原。

一次，我带领夏令营的孩子到内蒙古锡林郭勒草原。到那里就听说，日本的中学生年年都来中国的大草原参加夏令营活动，事先他们都经过训练，是为吃苦而来，在草原上，背着背包一走就是 15 天，晚上就住在自己搭的帐篷里。

我们的营员大部分是小学生，也有中学生，一般都没有经过训练，头一次离开家。所以，我们不敢让他们夜宿草地，只好住在宾馆里。两个人一个房间，条件很好。

住了两天，没有孩子说宾馆的房间好。

第二天晚上，有个小男孩告诉我："昨天晚上，我没找到被子。"

被子放在柜子里，他没发现，平日都是妈妈放在他床上的。

"那你昨晚上盖什么呢？"我问。

"晚上也挺冷的，我把衣服盖在肚子上。"男孩说。

"你拉肚子了吗？"

"没有。"

"发烧了吗？"

“没有。”

“你很会保护自己。”我鼓励他。我在全体会上表扬了他，说他第一次离开家就很会保护自己，没找到被子，却用衣服把身上最重要的地方盖住了，那就是肚皮："别看肚皮不起眼，肚皮很重要，一着凉，肚子里的东西就会变成稀。"

我心里想：你没找到被子，难道不会去问问别人？再一想，如今孩子“问”的功能早都退化了，平时想要什么都不用说，一个眼神，妈妈就知道他想要什么，马上送过来。

第三天，我们住了蒙古包。8个孩子住在一个“包”，他们十分开心。

隔天一大早，营员们在训练。我走过去想看看。几个小男孩看我来了，凑过来，小声说："知心姐姐，告诉你，昨天晚上，蒙古包里可冷了，我们都冻得没睡着觉。"

原来，他们的蒙古包窗子在下面，没关严，夜里冷风就进来了。

“那你们怎么办？”我问。

“我们把被子都献出来，把洞堵上了。”他们神秘地说。

“那你们盖什么呢？”我急切地问。

“我们8个人挤成一团。”

“感觉怎么样？”

“好玩！”“太好了！”孩子们说完，我们一起开心地大笑。

这时一个男孩贴着我的耳边说："还是宾馆好哇！"

我把全体营员集合起来，对大家说："度过严寒的人才知太阳的温暖，走过沙漠的人才知水的甘甜，住过蒙古包的人才知宾馆有多好！我们住了两天宾馆，没有人对我说宾馆好，你心里一定想，还是我家好！今天有人说宾馆好了，为什么？因为昨天晚上你挨冻了，挨了冻才知道什么叫温暖，挨了饿才知道什么叫温饱。你从来没挨过冻，没挨过饿，你永远不懂得什么叫幸福！我敢相信，蒙古包的夜晚，会让你终生难忘！"

果然，闭营式上，他们说自己收获最大的就是蒙古包的夜晚。

一个家庭条件不错的孩子，曾和爸爸妈妈住过豪华蒙古包。他发言说，住豪华蒙古包不好玩，还是8个人挤在一块儿好玩。

大自然就是这样神奇，它可以让人忘掉痛苦，感受到快乐，还可以让胆小的人变得有胆量，让“我不行”的人变成“我能行”的人。

现在，许多父母想开了，舍得空出时间，陪孩子去大自然玩。但是有的父母人去了，心没去。有的爸爸拿个手机不停地打电话，好像地球离开他就不转了；有的妈妈包里装了很多钱，见商场就进，见东西就买，把旅游变成采购。孩子跟在后面瞎转悠，什么也玩不成。

有个幼儿园老师带小朋友去博物馆，进门之前拿出一根小绳，让孩子们攥住，告诉孩子，里面很乱，进去以后，后面的孩子，要盯住前面孩子的后脑勺。

孩子们参观后，妈妈爸爸问："你看到什么啦？"

许多孩子都说："后脑勺。"

这是走形式。带孩子出去玩，要让他们看得见，摸得着，体验到大自然的快乐。

时光一去不复返，童年一晃就过去。趁孩子还没长大，愿意和你出去，马上和他一起去接受大自然的爱吧！

一句话成就人生

人的一生要说很多话，但是能让人记得住、忘不了、用得上的话并不多。

为人父母，如果能让孩子记住你说过的一句话，你就算是成功的父母了。

为人师者，如果能让你的学生用得上你说过的一句话，你也可以成为称职的老师了。

19 世纪末，美国西部的密苏里州有一个"坏孩子"，他偷偷地向邻居家的窗户扔石头，还把死兔子装进桶里放到学校的火炉里烧烤，弄得臭气熏天。他 9 岁那年，父亲将继母娶进门，并提醒她要提防这个孩子，因为他总是到处惹麻烦。继母却回答说："你错了，他不是全郡最坏的男孩，而是最聪明的孩子，只是他还没有找到发挥热忱的地方。"这个孩子第一次听到有人正面地评价自己，他顿时热泪盈眶。

继母很欣赏这个孩子，在她的引导下，这个孩子的聪明找到了发挥的地方，后来成了美国当代著名的企业家和成功学大师。这个人就是戴尔·卡耐基。继母的话是卡耐基不断进取的动力。

卡耐基运用心理学知识对人类共同的心理特点进行探索和分析，开创了一种融演讲术、推销术、做人处世哲学、智力开发训练为一体的独特的成人教育方法。卡耐基的教育理念，着眼于培养人的自信心和人与人之间的沟通能力，使学习者成为事业成功、家庭幸福、自身快乐的人。他认为，一个人事业上的成功只有 15% 是由于专业技术，另外的 85% 要靠人际关系、处世技巧。许多学习过卡耐基课程的人都通过提高做人处世的能力而受益终生。

母亲的一句话，成就了卡耐基的人生，而卡耐基又用自己的人生理念成就了更多的人。

德国首位女总理安格拉·默克尔 12 岁的时候，体育课上练习跳水，站在 3 米高的跳台上，她对运动的恐惧感涌上心头。但她还是发抖着向前迈了一步，闭着眼睛跳了下去。等在游泳池边的小伙伴们问她："安格拉，你是怎么战胜胆怯的？"

安格拉用依然有些发颤的声音回答："我想起爸爸说过，在遇到困难的时候，闭着眼睛也要往前迈一步。"就是爸爸曾经的一句话，让安格拉·默克尔拥有了克服一切困难的勇气和智慧，从此一往无前。

一句激励人心的话，可以激发人的潜能，让人看到自己的力量，从而建立信心。

2008 年北京奥运会体操冠军、"吊环王"陈一冰也是一个很好的例子。2001 年 7 月，陈一冰被天津体操队送到国家队进行集训。刚进国家队时，陈一冰只是抱着随便混混的态度。他觉得自己基本功差，动作规格低，离国家队的水平实在太遥远了，迟早要被送回天津队。

然而有一次，在陈一冰眼里近乎神一样的国家体操队总教练黄玉斌在看过他的训练后，和他的教练说了一句："这小孩很有发展潜力，要好好带。"这句话，让陈一冰欣喜若狂。从那时起，陈一冰训练认真刻苦，天赋也逐渐展露出来，特别是在吊环项目上进步飞快。最终，他多次获得世界大奖，并站上了奥运冠军的领奖台。培养了无数世界冠军的黄玉斌的一句话改变了陈一冰的人生。

有位记者曾问过我："卢老师，您的童年生活中，有没有谁对您说了一句话，让您终生受用呢？"

"当然有了，首先是我父母！"我脱口而出。

我记得，父亲经常说的一句话是："没有过不去的火焰山。"而母亲则总爱说："太好了！"母亲这种快乐的心态从小就感染了我，可以说我的快乐就来自于母亲的这句"太好了"。它让我遇到事情总能想得开，不会去钻牛角尖。

我印象最深的事情是，在吉林省镇赉县插队的时候，我因为腰部受伤住进了白城的 321 医院。当时，我心情极其沮丧，便给远在北京的妈妈写了一封信。我想，妈妈知道我受伤一定很着急。可没想到，妈妈回信里只有一句话："太好了！你太累了，这回终于可以休息一下了！"对呀！在医院住着比在农村干活舒服多了,何乐而不为呢? 这样一想,我立刻高兴起来,也能安心接受治疗了。

等身体稍好些,我闲不住了,看到部队医院板报质量较差,便主动帮他们画起了板报。我小学一年级开始就画板报,一画就是十多年,在这方面我可是高手。果然,板报一出来,医院就轰动了。科里的医生说:"你先别出院了,等'五四'青年节板报比赛结束了,你再走吧。""五四"青年节医院要举行文艺会演,各科都要出节目。我从小就是文艺骨干,到农村插队还组织过剧团到各村演出,于是我帮他们编排了节目。科室领导看了,笑着说:"你千万别出院,等会演结束了再走。"结果我成了这所医院里的"香饽饽",忙得不可开交。"五四"青年节板报比赛和文艺会演,这个科室都得了全院一等奖。而我足足在医院住了 3 个月。出院不久,我就被调到地区知青办工作了。每当想起这段经历,我都会感谢妈妈那句"太好了"。

当上"知心姐姐"之后,我一直想留给孩子一些终身受益的话,让他们记得住、忘不了、用得上。

1995 年,河南信阳鸡公山"手拉手"营地开办第一期"手拉手"夏令营时,我在开营前给孩子们讲了第一课: 快乐人生三句话。

面对生活要微笑着说:"太好了!"
面对困难要勇敢地说:"我能行!"
与人相处要主动地说:"你有困难吗? 我来帮助你!"

为了让孩子们容易记住,后来我又加上了动作,把这三句话改成了四句口号:

好,好,好,太好了!
行,行,行,你能行!
帮,帮,帮,我帮你!
棒,棒,棒,你真棒!

十几年来,在数百期夏令营、冬令营和各种培训班中,我都要带着孩子和家长一起高喊这个口号。很快,"快乐人生四句话"成了许多孩子、家

长的口头禅。

2005 年，我在写《告诉世界我能行！》这本书时，又把这句口号归纳为"快乐人生三句话"：

太好了——改变心情就改变了世界；
我能行——改变态度就改变了命运；
我帮你——改变情感就改变了生活。

"幸福人生九个字"：

你真棒——改变角度就改变了关系；
我要学——改变内存就改变了未来；
我思考——改变头脑就改变了人生。

中国少年儿童新闻出版总社前任社长海飞同志在这本书的序言中写道："《告诉世界我能行！》一书开列了未成年人成长面对的 50 个问题，用'太好了''我能行''我帮你''你真棒''我要学''我思考'六句最简单明了的话作为六章的题目，运用了当代未成年人生活中大量鲜活生动的例子，与未成年人平等地面对面、心贴心地进行"知心对话"。《告诉世界我能行！》充满了关爱、充满激情、充满哲理……为广大未成年人提供了一本可翻可看、可查可依的引领成长的'知心宝典'。"

我觉得，教育孩子不在于父母说了多少大道理，关键是要有几句能让孩子记得住、忘不了、用得上的话。这样的话会成为他们人生智慧的一部分，并且真正影响孩子的人生。作为父母，你是否对孩子说过这样的话呢？

善解人意的孩子不抱怨

善解人意，这是全家人对我儿子的评价。

在陪他长大的过程中，我一直十分注意让他学会"理解别人"。我坚信，理解能产生友善，在友善中长大的孩子，将会对世界多一份关怀。

把儿子从白城带回北京时，儿子才 8 个月。老公还留在长春，我和儿子住在他姥姥家。儿子 20 个月大的时候，我就送他到团中央幼儿园的全托班了。

孩子从幼儿园回来后，总是说："妈妈，咱们谈谈话。"有一次，他躺在床上，竟然哭着向我请求："妈妈，我知道您很忙，没时间陪我在家，可您能不能把我转到每天都能回家的幼儿园？"

我不能满足他的请求，老公当时在外地工作，我常出差，没有时间照顾他。

我搂着他，为他擦去眼泪，耐心地对他说："悦悦，妈妈知道你很想天天回家来，妈妈也很想天天见到你，可是你也知道，你们幼儿园离姥姥家很远很远。如果每天要接送你，妈妈没有那么多时间，爸爸又不在北京，要是妈妈去外地采访，就得让姥姥接送你。姥姥年岁大了，腿脚又有病，走远路很累很累，如果赶上刮风下雨下雪，姥姥就可能要滑倒，你和我该多担心呀！"

儿子听了这番话，眼泪不再流了，他看着我的眼睛，说："妈妈，我知道了，那我就在幼儿园待着吧！"

我一下子把儿子紧紧搂在怀里，他没哭，我却哭起来，多么懂事的孩子呀！

从那以后，儿子再也不提回家的事了。转眼，5 年过去，儿子一直到上学前几天，才从幼儿园出来。

孩子只有了解父母，才会真心爱父母、关心父母。这点，我感受颇深。

我的老公调到北京后，工作一直很忙。儿子知道我们一天到晚都很忙，所以不依赖父母，自己的事自己干，家里的事帮着干，集体的事抢着干。

儿子上小学四年级时，我曾带他参加过一次中国少年报社组织的"寒假儿童大世界"活动。那天我的任务是主持"知心姐姐咨询"节目。

我儿子是个小胖子，很爱吃。他愿意和我去，主要是想让我中午带他"撮"一顿。没料想上午活动结束时，已经到中午1点半了。饭店都关了门，我俩只好买了几个面包充饥。

过了几天，我无意中看到儿子写的一篇作文：

"星期天，我和'知心姐姐'去文化宫工作……一直忙到中午还没干完，结果什么好吃的都没吃上……我告诉你们，你以后如果跟着'知心姐姐'出来，一定要自己带饭。你问我'知心姐姐'是谁呀，她就是我妈……"

班主任老师在作文后面用红笔写了评语："你有这样敬业的母亲，我为你感到骄傲！"

我看后，真的很感动。

虽然我和他之间并没有交流什么感受，但我发现，打那以后，他对我的工作更加理解，对我格外关心。

我下班回来晚了，他帮我热饭；我生病了，他帮我找药、倒水；我去买菜，他在身边跟着我，帮我拎东西，他说他是"妈妈的筐"；夜晚，我常在灯下写稿、写信，他会走过来问："有需要我帮忙的吗？"我自豪地对别人讲："有儿子跟没儿子就是不一样！"

我记得，有一个寒冷的冬天，外面刮着大风，我因为加班，很晚才回家。那时，我们已有自己的住房，三口人住在一起，而那一天，老公出差不在家。

等我走进温暖的卧室时，儿子已经睡着了。我发现我的被子上又加了一床被子。在枕边，儿子给我留了一个小纸条："妈妈，天冷了，我给你从上面柜子里掏下一床被子，这样你就不会冷了！"

我的眼睛一热，再看儿子，他的被子上只加了一床棉花套。

顿时，一股暖流流遍我的全身！他为我想得多么周到，而他自己……他才上四年级，个子不大，能从房顶上的壁柜里取出被子，是多么不容易！

那一夜，我睡得很温暖。为了厚厚的棉被，更为了儿子深深的爱！

世界上，有什么样的爱，比儿女给予你的爱更让你心动？

世界上，又有什么样的关怀，比来自儿女的关怀更让人欣慰？

因为我知道，一个人学会理解别人，就会减少很多抱怨；一个孩子心中有了别人，一生就会幸福。

儿子长到三十多岁，从未听到过他抱怨。这也是我能够全力以赴工作的重要原因。

儿子是个快乐的人，因为他从不抱怨。这正是现代人所需要的。

不抱怨的人，一定是善解人意的人，也一定是最快乐的人。

不抱怨的人生最快乐。

那么，怎样让孩子做到善解人意呢？有位父亲是这样做的。

夜晚，这位父亲和他的儿子在院子里散步。儿子已经大学毕业，在外地，好不容易回一趟家。

父子俩坐在一棵大树下，父亲指着树枝上的一只鸟问："儿子，那是什么？"

"一只乌鸦。"

"是什么？"父亲的耳朵近来有点背了。

"一只乌鸦。"儿子回答的声音比第一次大，他以为父亲刚才没听清楚。

"你说什么？"父亲又问道。

"是只乌鸦！"

"儿子，那是什么？"

"爸爸，那是只乌鸦，听到没有，是只乌——鸦——！"儿子已经变得不耐烦了。

父亲听到儿子的回答后，没有说一句话。过了一会儿，他突然站起身，慢吞吞地走进屋里。几分钟后，父亲坐回到儿子身边，手里多了一个发黄的笔记本。

儿子好奇地看着父亲翻动着本子，不知道那是他父亲的日记本，上面记载着父亲日常生活的点点滴滴。父亲翻到 25 年以前的一页，然后开始读出声来：

"今天，我带着儿子到院子里走了走。我俩坐下后，儿子看见树枝上停着一只鸟，问我：'爸爸，那是什么呀？'我告诉他，那是只乌鸦。过了一会儿，儿子又问我那只鸟，我说那是只乌鸦……

"儿子反复地问那只鸟的名字，一共问了25次，每次我都耐心地重复一遍。很高兴能有这样的机会，我知道儿子很好奇，希望他能记住那只鸟的名字。"

当父亲读完这页日记后，儿子已经泪流满面了。"爸爸，你让我一下子懂得了许多，原谅我吧！"

父亲伸手紧紧抱住自己的儿子，布满皱纹的脸上有了一丝笑容。

这位父亲的做法很值得借鉴。

把孩子童年的故事记录下来，当他长大以后，慢慢读给他听。童年的幼稚和父母的良苦用心，会激起他对生命的敬畏。听了自己成长的故事，他会从心底发出这样的声音：长大不容易！

孩子理解父母的前提，是明白父母的用意。不要抱怨孩子不懂事，而要让孩子了解长大的艰辛。

"善解人意"，那里有许多无声的语言，最能温暖人心。

"善解人意"，是一道人生的风景。

有面子的孩子有尊严

新浪微博上一个网名为"小荷花"的网友问我："卢老师，我女儿在学校里考试得了一百分就会主动给大人看，如果不是的话，就不会告诉别人。我跟她说，多少分都没问题，哪里做错的，不会做的就问老师，老师再教就要记住。可是她还是老样子，好的成绩就拿出来，自己觉得差就不拿出来，这样子的心态，家长要怎样调整？"

我是这样回答的："女孩子一般好面子，大人要给她们留这个面子，有面子的孩子有尊严。所以，你不必太在乎孩子的成绩，给你看好的成绩，你就为她高兴；不给你看，你就装不知道，只要她心里明白就行了。"

有面子的孩子有尊严，要给孩子留面子，让他们有尊严地活着，这是我教育孩子的原则。

尊重孩子的人格尊严比什么都重要。对一个孩子来说，最害怕的不是棍棒、拳脚，而是失去面子，失去尊严。

一个男生考试没考好，老师让他把卷子拿回去请家长签字，第二天老师问这个学生，家长有什么反应。男生站起来说："昨晚我遭到一顿'男女混合双打'，过去是'单打'，现在是该出手的都出手了！"他的话引起了哄堂大笑，他自己也笑了。"单打"他已经习惯，"混合双打"他也根本不在乎。

但是，如果他的人格受到羞辱，尊严被践踏，那他的心灵就会受到重创，很难愈合。

所以，当孩子考试没考好或犯了错误时，父母一定要冷静，千万不要因一时冲动伤害了孩子的尊严。不管是男孩、女孩，都应像尊重成年人一样尊重他们。

儿子刚上初中时，成绩不大稳定。有一次，他放学回到家，立马就去写作业。我知道，孩子表现非常乖的时候，一定"有情况"。

果然，临睡觉前，儿子送给我一个通知单：第二天开家长会。我心里有数了，肯定是考砸了。我没动声色。

隔日，我准时到会。班主任是个年轻漂亮的女老师。她开始分析考试成绩：这次考试从全班的成绩上看分三类：一类是成绩优秀的，一类是进步很大的，还有一类是最有潜力的。老师分别念了学生的名字，我儿子属第三类，这是我意料之中的。我很佩服这个年轻的女老师，她很会讲话，没有伤害任何一个学生。

回到家，我很高兴地说："儿子，老师说你是最有潜力的！"

儿子兴致勃勃地说："妈，你说是最有潜力的人最有希望，还是起跑最快的人有希望呀？"

"对短跑的人来说，是起跑最快的人有希望；对长跑的人来说，当然是最有潜力的人有希望呀！"我想了想说。

"这就对了！那您说，学习是短跑还是长跑呀？"儿子很狡猾。

"学习就是长跑，但也有短跑！"我尽量不上当。

"您真聪明！人一辈子都要学习，不是长跑是什么？所以，最有潜力的人最终会跑到前面去！"儿子十分自信。

我服了，什么也没说。不久，儿子潜力发挥出来了，学习成绩也上来了。

我认同这个观点。人生是长跑，不必在乎一时的输赢与得失，而是看准前面的目标，认真走好脚下每一步，就一定能成功。

如果孩子因为一时考试成绩差，而受到指责，受到嘲讽，那结果就是孩子失去了自信。因为，在嘲讽中长大的孩子将来容易消极退缩。

为什么要维护一个孩子的尊严呢？

因为，只有自己才能决定自己的命运，尊严带给人的是自信。认可自己、忠实自己、肯定自己，敢于正视自我，是一个人最宝贵的品质。有尊严的人才能从容不迫地应付生活，不卑不亢地面对一切，为自己的生活保驾护航。自我轻视的态度决不可能造就一个真正的人。

维护孩子的尊严，就能激发孩子心中那股神圣的力量，激励自己自由、健康地发展。

维护孩子的尊严，让孩子感受到他同大人一样是人格完全平等的人。一旦孩子意识到他是同大人（父母）人格平等的人，这会激起他的自豪感，建立自信。

小孩说话也管用

一个偶然的机会，我看到儿子五年级时写的一篇作文，题目是《为什么》。

　　暑假的时候，为了培养观察能力，我在家里的窗台上建立了一个"动物植物园"。

　　"动物植物园"里的品种可多呢！有身披五彩服的小金鱼，有长得郁郁葱葱的各种植物，更可爱的是那一个月前买来的两只蜗牛，它们已经长得像拳头那么大了，还生了小蜗牛。我为它们准备了一个登记表，记录了它们的生活情况。还制定了一个"禁令"，第一条就是"不经园主悦悦同意，不得乱动……"

　　可是尽管这样，倒霉的事还是发生了。

　　今天，我又去画表，可是我发现表没了，急得我到处找，出了满头大汗。我看着蜗牛，它们都不理我；金鱼也一动不动；再看看那些植物，一个个都低着头，有的叶子也枯黄了，我无可奈何地叹了口气。

　　早上我上学时，在垃圾箱里发现了那几张表，被团得很不像样了。我想，一定是昨天爸爸收拾屋子时扔的……

　　晚上，我问爸爸："那表是不是你扔的？"他装作不知道。躺在床上我想：我扔爸爸的东西行不行？当然不行。可是为什么他随便扔我的东西？

　　…………

20年后再读这份"园长"的"控诉书"，我心中依然为儿子"愤愤不平"，凭什么随随便便就把人家这么重要的东西扔掉呢？扔了不说，还"团成一团"；扔哪儿不好，偏偏往又脏又臭的垃圾箱里扔，真是太不尊重人啦！

再仔细想想，这种侵害孩子利益的事，我们当家长的干得太多了。

在许多家长眼中，小屁孩有什么大事？不就是玩呗。他们认为，小孩子没什么重要东西，扔了就扔了呗，有什么大不了的？

看看这份"控诉书"，语言虽不是那么激烈，可是当你看到孩子丢了东西后焦急的心情时，就能了解这东西对孩子来说有多重要！因为那不是父母花钱能买来的，而是用自己辛苦的劳动创造出来的，所以孩子倍加珍惜。

尊重人是一种美德。在尊重中长大的孩子，才能学会自尊。如果你希望自己的孩子成为一个受人尊重的人，那你就一定要尊重孩子，尊重孩子的作品，尊重孩子的意见，尊重孩子的隐私。

学会尊重你的孩子，受到最大回报的将是你自己。在孩子成年后，在你步入老年时，孩子也能会更加尊重你。同时，孩子也能学会尊重社会其他成员，这会让他在工作生活中有好人缘。

我的儿子基本是在尊重中长大的，那份"控诉书"是一个小小的插曲。儿子长大成人以后，人缘很好，到哪里都受人欢迎，其中的奥秘是，他不仅说话幽默，而且知道尊重人。

一次，他陪我去买衣服。服务员拿出一件礼服让我试穿，我看了一眼说："这衣服太难看！"儿子立刻把我拉到一边，小声说："您穿着难看，别人穿着不一定难看，您这么说，人家的衣服怎么卖了？您应该说：'这衣服挺好看的，但不大适合我！'"

"你说得有道理！"我点头称是，以后说话便注意到这个细节了。我得感谢儿子，他让我学会了在细节上如何尊重人。

儿子常常能站在别人的角度去想问题，我还是挺佩服他的。

其实，我做了多年的"知心姐姐"，一直在遵循尊重孩子的原则。

那是很多年前的事了。有一天，我收到几个小学生给《中国少年报》"知心姐姐"的来信。信里反映说："六一儿童节，陶然亭电影院为我们学校的同学放了一场电影，收了每个学生的钱。可是前几天的《北京日报》上说，六一儿童节小朋友看电影一律免费。知心姐姐，是电影院收错了钱，还是报上瞎说？"短短一百多字的来信，上面有好几位小学生的签名。

我十分重视这封信，立即对刚来实习的两位大学生说："走，我们到学校去！这不是小事，这关系到孩子们对政府和媒体的信任。"

当天下午，我们来到这所坐落在陶然亭公园附近的小学。说明来意后，校长立即找来写信的几个男孩子。这几个学生听说校长找他们，紧张了好一阵，以为自己惹了大祸。一见到我，知道是"知心姐姐"来了，才把心放下。他们拿出那张报纸给我看，上面分明写着《北京市政府关于"六一"少年儿童看电影免费的通知》。他们说："同学们都很有意见，但不知和谁说。这时我们想起'知心姐姐'最知我们的心，就写了这封信。"

"谢谢你们的信任！你们做得很好！小孩也要学会维护自己的利益。那你们认为这件事该如何解决呢？"我问道。几个孩子讨论得十分激烈，最后他们给出三条意见：第一，请电影院来学校赔礼道歉；第二，把钱退还给同学们；第三，免费给同学们放一场电影。"很好！我拿你们的意见去和电影院商量一下，保证给你们一个满意的答复！"我回答道。

出了校门，我们立即来到了陶然亭电影院，准备为孩子们讨回公道。当我们把孩子们的信及报纸拿出来给电影院的领导们看后，他们非常重视，承认没有认真阅读市政府的相关规定，收错了钱。经过慎重讨论，电影院决定采纳孩子们第一和第三条意见，向同学们赔礼道歉，并且免费为他们再放映一场电影。一周之后，他们履行了承诺。

开学之后，我们又一次来到这所小学，找到反映意见的几个孩子。这一次，他们个个兴高采烈，说同学们很感谢他们为大家说了话，也很佩服他们的勇气。其中一个男孩子自豪地对我说："真没想到，在我们国家里，小孩说话也管用！"男孩的话，让我的心中一阵感动，泪水涌了出来！

多么纯真的孩子啊！当他们的意见得到尊重时，他们会和国家联系在一起，表现出身为"国家小主人"的自豪感和责任感。我们平时总是讲，要让孩子们树立"国家意识"，有什么比让孩子说话管用，更能让他们体会到主人翁的责任感呢？

几天后，北京丰台区马家堡六（2）中队又给"知心姐姐"写来一封信，信里写道：

知心姐姐：

今年六一，学校组织我们去陶然亭公园影院看电影——《扶我上战马的人》。事先，叫每人交了一角钱。在回来的路上，佟雪松同学忽然说："报上不是说，'六一'这天为儿童放电影一律免费吗？我们为什么交钱呢？"大家也觉得纳闷。这时，曹书刚和杜金萍同学提议："咱们给《中国少年报》写信问问，'六一'收钱对不对？报上说的是真话还是假话？"于是，我们给报社写了信。

事隔一个暑假，我们把这件事忘了。没想到，开学第一天，陶然亭公园影院的两位叔叔到学校向我们道歉来了。他们诚恳地说："《中国少年报》把你们的意见转给我们了。'六一'收你们的钱，是我们错了。无论大人、小孩，只要指出错来，我们就改。"9月10日，叔叔们还主动为我们免费放了一场电影。

这件事，对我们教育太深了！有的说，在我们国家里，小孩说话也管用！有的说，我们只写了一封信，提了一点意见，就这么受重视！有的说，要学习叔叔们知错就改的精神。还有的说，《中国少年报》真是我们的知心朋友，以后有事还要给报社写信。

国庆节后，我们准备以这件事为内容，开一个以"祖国关怀我们，我们怎么办"为主题的队会。报社的叔叔阿姨，欢迎你们也来参加。

此致

敬礼！

北京丰台区马家堡六（2）中队

我们以《在我们国家里，小孩说话也管用》为题，在《中国少年报》发表了孩子们的两封来信。同时配以"知心姐姐"的点评，我在点评中写道：

"小孩说话也管用！"这句话说得多么好啊！

为什么管用呢？因为我们是社会主义国家的小主人。小主人说的话，只要说得对，大家就会听，就会得到支持。

这个发言权，是亲爱的祖国给我们的，我们应当这样用：凡是关系到国家、人民和少年儿童利益的事，就要敢想敢说，不要默不作声。说得不对不要紧，可以改正。这才是小主人的气魄。

孩子们的来信在"全国好新闻奖"评选中荣获"好来信"奖项的一等奖。

尊重孩子，是对孩子最负责任的爱。

一个孩子能够在自己的实践中，体验到"小孩说话也管用"，那么，他们就会懂得什么是人的尊严，懂得作为国家的小主人是多么自豪！

如果你希望自己的孩子能够有尊严地活着，你就尊重他吧，让他知道他自己拥有的权利；

如果你希望自己的孩子不受别人欺侮，你就尊重他吧，让他明白，拳头是打不倒真理的；

如果你希望自己的孩子将来能够为祖国感到自豪，你就尊重他吧，让他体验到，在我们国家里，小孩说话也管用，那他才会真心爱国。

"重要人物"是这样产生的

一次，乐乐跟着妈妈从美国回北京探亲，我邀请他们来我家做客。乐乐很爱运动，所以长得很壮实，黝黑的脸上带着自信的微笑。我从心里喜欢乐乐，他给我的印象就是：健康、乐观、活泼。

我和乐乐聊起在美国的学习生活。"在美国的学校里，你最喜欢什么？"

"校长菲利普斯博士！"乐乐回答得很干脆，好像早已准备好了答案。"你看，就是这位校长！"说着，乐乐打开自己的大书包，拿出一本画册指着上面一位笑容可掬的中年女士向我介绍。

我接过画册仔细翻看起来，这是一本学校送给学生的个性化纪念册，上面有美丽的校园，有孩子们喜欢的老师和同学的照片，还有毕业留言。每个毕业生都有一册，作为童年最美好的纪念。

乐乐认真地向我介绍着学校的每一栋楼房、每一条路、每一个教室，让我觉得，他像是在介绍自己的家。"你看，这是校门口。每天一早上学时，菲利普斯校长都会站在这里和我们打招呼！我们的校长可好了，她几乎能叫出所有同学的名字。我是五年级转来这所学校的，上学第一周的早上，校长注意到了我是个中国学生，便走过来亲切地说：'早上好，你一定是个新生，你叫什么名字？'我告诉她，我叫乐乐。以后，校长每次见到我都叫我乐乐，我开始喜欢她了。"说到这儿，乐乐一脸的幸福，被校长叫出名字，会让一个孩子觉得自己很重要。

接着，乐乐给我讲了一件让他特别有成就感的事情。

"我们班有个女同学叫小 A，她经常在课堂上捣乱，害得老师要花很多精力维持课堂秩序。有的时候，老师被搞得疲惫不堪，对其他同学也失去了耐心。不仅在课堂上，而且在中午吃饭、课间休息时，小 A 也经常给大家添麻烦。比如，她可能突然往你的午饭里吐一口唾沫，害得你不得不再买一份。做游戏时，她也不守规矩，搅得同学们都玩不痛快。因为她表现不好，经常被老师叫到办公室罚坐，或者被罚一个人单独吃饭。但这些都没有用，她每天仍然捣蛋。有一段时间我和她同桌，我都快被她烦死了。我觉得在学校的生活简直度日如年！如果哪一天她没来上学，大家高兴得就像过节一样。大家都不敢相信课堂上还能那么平静、有秩序！"说到这儿，乐乐的小脸涨得通红，看得出女生小 A 已经成了他的心病。

"第一学期就这样过去了。圣诞节前，我给圣诞老人写了信，问他能不能把小 A 调走。可是，圣诞老人也不管用。新年开学后，小 A 还在班里，而且表现越来越差。"乐乐失望地说道。他不明白，为什么神通广大的圣诞老人也不灵了呢？

"三月份，我们全州统考就要开始了。但因为老师要花很多时间应付小 A，连教学进度都耽误下来了。老师只好赶进度，结果影响了数学质量。统考后，老师也病倒了，住了好几天医院。回来上课的第一天，又因为要处理小 A 闯的祸，老师在教室里差点晕过去。我太生气了！回家和妈妈说'我真的受够了！我要给校长写信，联合同学签名把她赶走！'"乐乐气呼呼地说着，在他眼中小 A 就是一个恶魔。

"你真的给校长写信了？"我好奇地问。

"写了！晚上我趴在桌子上写了半个多小时就写完了。"

"都写了什么内容啊？"

"我带来了，你看看吧！"说完，乐乐从他的大书包里掏出一封信。

尊敬的菲利普斯博士：

我在这里请求您把学生 A 从我们班调走。

我们每个在 S 女士班的人都受够了。下面是我列举的一些原因：

她的行为	对我们的影响
在我们的午饭里吐唾沫	我们还得再买一份新的
粗鲁和不良行为	导致打架、不和
往别人的鞋里踢沙土	我们的鞋都被弄脏了
打人	导致别人打她，引起更多人打架
让人讨厌	搞得我们每个人都很郁闷或情绪不好
尊重别人	我们没人尊重她

我要强调的是，这仅仅是学生 A 给我们捣乱的一小部分例子。这样告状不是我的本意，但我真的受够了。我曾找其他老师咨询，他们给我提的建议我也试过了，但都不管用。我在班上问过大多数人，他们都同意我的想法，女生 A 给我们带来太多的麻烦。再次重申，告状不是我的本意，但我们每天都会因为她的行为感到郁闷和疲劳。

我在另一张纸上征集了同学们的签名，他们都同意我的观点。

我知道我的请求不是件小事，但我们都受够了！

另外，我的行为只代表自己和我的同学，班主任和这件事无关。她不知道这件事。

十分感谢！

乐乐

乐乐的信我看了两遍，我很佩服乐乐的思考力和文笔，他不仅表达清楚、注意分寸，还懂得保护班主任。

"妈妈同意你把信给校长了？"我很想知道事情的结果。

"没有。"乐乐的回答有些出乎我的意料，"妈妈说，让别人签字可能会把事情搞得复杂。妈妈问我，估计会有多少人签字。我说，全班 22 人，不算我和小 A 大概都会签。妈妈又说，那小 A 同学肯定会知道是谁领头，因为不可能每个签字的同学都能保守秘密。

"第二天，我和几个好朋友一说，他们都表示要在信上签字，但同学也觉得在上学时间做这件事很难保密。妈妈建议我把信直接以个人名义给校长，向她反映情况。我觉得妈妈说得有道理，决定采纳她的意见。

"三天过去了，我在走廊里看见了校长，我对她说：'校长，我想跟您谈谈。'校长想了想说：'后天早上你来我办公室。'我真没想到校长会接待我，当时我可有成就感了，觉得自己是个重要人物！"

"我也为乐乐高兴！"乐乐的妈妈在旁边说，"听儿子说他约了校长，我和他爸爸都很吃惊，没想到校长真的会和一个小学生直接谈话。谈话的前一天晚上，我问乐乐要不要准备一个谈话的提纲，他说不用，还指了指脑袋说'全都在这里了'。我想，校长不可能仅凭一个孩子的话就真的把学生 A 调走，还给乐乐打了预防针说：'别期待校长有什么行动。'"

"后来呢？"我的好奇心越来越强烈了。

乐乐从容地说:"那一天,校长问我要谈什么,我就把信上写的内容都说了。校长说,她知道学生 A 的问题不少,但主要是从老师那里听说的,不像我说的那么具体。她感谢我主动向她介绍情况,还告诉我,小 A 的问题是没有朋友,所以她才以自己的方式吸引老师和同学的注意。校长还说,她知道我和同学们都尝试过帮助小 A,希望我们能再努力帮小 A 一次。校长还对我说,她准备哪天学生小 A 不在班里时跟我们班的同学说说这件事。我和校长大约谈了 10 分钟。从校长室出来,我心里舒服多了,决定不再想这件事。"

校长的接待让乐乐觉得自己的意见得到了重视,并且有了安全感,他的心自然就平静下来。倾听孩子的心声对孩子的心灵成长至关重要。你平静地听,就会发现孩子能说出许多成长中的大问题,并且,有些问题会在此状态中迎刃而解。

乐乐的故事还没有完,精彩的还在后面。

"放完春假后的周一,小 A 被调到其他老师的班上了! 我们班同学都欢呼了起来。

"第二天,我遇见校长,她主动问我最近生活怎么样。我说:'挺好的。'校长又问我:'学校生活怎么样?' 我说:'真是太好了!' 校长对我眨了一下眼,笑着说:'你知道我指什么了吧?' 我也笑了,对她说:'知道!' 我太佩服我们校长了,从此我就爱上了她,她是我心中的神。

"去年我上中学了,可我心里老想着她——菲利普斯博士! 如果你去美国,我一定带你去见她,她可美了!"

乐乐说着打开 iPad,一张一张地让我看菲利普斯女士的照片,我感觉这位校长比我第一眼看她时更漂亮了,她那迷人的眼睛里盛满了爱。

我忽然觉得,倾听,不仅要听,而且要做。倾听儿童的心声,只是服务儿童的开始;满足儿童的需要,才是服务儿童的目的。而服务儿童最重要的是用行动取得孩子的信任,信任的前提则是尊重孩子。

尊重,对世界观、价值观正在形成的少年儿童来说是至关重要的。孩子们对世界的认识往往是从他们的切身体会中获得的。乐乐对校长的喜爱和崇拜源于自己的意见被采纳。任何的说教都代替不了孩子亲身的体验和实践;任何物质的资助,都比不过孩子的意见被采纳后获得的成就感。

你想让孩子成为"重要人物"吗? 那就请尊重孩子的意见吧!

把我的幸福告诉你

幸福在哪里？

人的幸福感从哪里来？

这简单而深奥的问题让许多人着迷。

有的人一生都在追赶幸福，但幸福就像风，总是与人擦肩而过，捉也捉不到；有的人看上去很不幸，但幸福却像小鸟，天天陪伴着他，让他每天欢天喜地。

这究竟是为什么呢？

每位父母都希望孩子幸福，可是孩子依然不幸福，这又是为什么呢？

因为你的孩子缺少感受幸福的能力。幸福的秘密就在于，它藏在生活中，看你能不能找到它，感受到它的存在。

我认识一个拥有幸福感的孩子，他叫刘丹阳，在湖北宜昌特殊教育学校读书。说实话，他很不幸，从小失聪，双耳全聋。他的父母也是聋哑人，还离了婚。他从小跟着爷爷奶奶一起过。

爷爷是个老共产党员。爷爷总对丹阳说："今天的好日子都是共产党带给我们的。"

丹阳和其他身体残疾的孩子一样，被命运拿走了他们眼睛里的颜色、耳朵里的声音。尽管命运没有赋予他们矫健的身躯和聪明的头脑，但命运夺不走他们幸福的权利！因为，他们生活在一个充满爱的世界。

2007 年 11 月 29 日，《中国少年报》的三名记者黄小波、张志刚、骆佳专程赶到湖北省宜昌市刘丹阳的家进行了采访。

当天夜里，我迫不及待地打通了黄小波的电话："刘丹阳究竟是个什么样的孩子？"

他向我讲了"三好"。

第一，刘丹阳有一个好爷爷，还有一个好奶奶。

刘丹阳的父母离异后，一直跟着爷爷奶奶生活，应该说他的家庭是不幸的，但爷爷奶奶的爱，教会了他乐观开朗地面对生活。

走进刘丹阳的家中，除一台21英寸彩电和一台洗衣机外，没有什么贵重物品，生活简朴而清贫。晚饭吃的是馒头和白菜粉条汤，爷爷说这是刘丹阳最爱吃的饭菜。

爷爷对丹阳的学习很重视，受家里经济条件的限制，每周爷孙俩都要去新华书店看书，经常忘记吃饭，买不起的书就动手抄下来。

奶奶是个有心人。她有一本流水账，里面记录了刘丹阳成长中的每一笔花销和用途。奶奶告诉记者，要让孩子记住帮助、照顾他的每一个人。

爷爷奶奶还很重视刘丹阳跟小伙伴的交往，对孙子的伙伴如数家珍，对老师也很热情。在教育刘丹阳的过程中，两位老人始终保存着一份快乐。

爱是需要传播的。爷爷奶奶用点点滴滴的爱，在从小失爱的丹阳心中，播下了爱的种子，让他知道是谁在爱他。丹阳感恩的心就这样一点点地长大。

第二，刘丹阳有一个好老师。

我们的记者在与刘丹阳的接触中发现，刘丹阳对美术表现出极大热情。他对事物的看法和表述，常通过绘画和日记表达出来。

从上一年级以来，刘丹阳就和屈俊老师学画画。屈俊老师是省级师德模范老师，不仅教学经验丰富，还非常注重在日常学习生活中对学生进行思想教育。

屈老师用自己的爱心，以一个知心朋友的身份，帮助一个聋哑孩子完成了一个心愿。她用行动告诉丹阳：表达幸福，就要大胆地说出来，用爱回报那些为你创造幸福的人。

第三，刘丹阳有一个好学校。

刘丹阳所在的学校是充满爱的学校，老师们都是传播爱的天使。

宜昌市特殊教育学校位于宜昌市中心，学校共有1400多名学生，分智障生、盲生、聋生三部分。那里的老师给孩子上课时，每个人都充满激情，又蹦又跳地尽力用肢体语言表达意思。

旧校址占地面积大约3亩地，校园内有一栋简易教学楼和一个420平方米的水泥操场，教学楼的楼梯已破损，地面凹凸不平，学生的学习和生活环境存在着不少安全隐患。住校的学生和老师一年四季都在露天吃早饭。

尽管条件差，但是师生们心中都装着对新学校的美好的期盼。不久，学校搬迁到了经济开发区，校园面积扩大到 30 亩，教学设施也得到很大的改善。尤其重要的是，新学校将为当地残疾儿童提供职业培训。

学校经常向师生和家长通报新学校的进展情况，师生和家长对新学校都十分关注，刘丹阳更是在信中把"搬到新学校"作为 2007 年的高兴事。他的幸福感，代表了全校师生对党和政府的感激之情。

学校的教育，让孩子们懂得一个真理：幸福不会从天降，幸福要靠人们努力去创造。从期待幸福生活到创造幸福，这个过程是比享受幸福生活更让人幸福的事。

后来，在我的提议下，"知心姐姐"团队在全国少年儿童中开展了"把我的幸福告诉你"征文大赛。全国各地的小朋友，纷纷把自己的幸福感受写下来与大家分享，我看了很受感动。

2008 年，全国共青团代表大会开幕式上，少先队员献词的主题是"我长大要像你们一样创造幸福"。6 个献词的孩子当中有刘丹阳。

刘丹阳是一个充满幸福感的孩子，他知道今天的幸福是党带给他的，他从心里感谢党。每一个爱孩子的成人，只要能听到孩子说"你给我的爱我收到了"时，都会有一股幸福的暖流流遍全身。

幸福的秘密就在于：知道自己长大不容易。

一个人只有懂得感恩，才会拥有幸福感。

在《把我的幸福告诉你》征文比赛中，河南省平顶山市湛河区轻工路小学陆春辉同学说："爱是幸福的主宰。"他患有血液病，在他生命垂危时，用完了家里所有的钱，是全校师生帮助了他。他说："我感觉自己是一个非常幸福的孩子。我的幸福来源于我的父母，是他们给了我生命和爱，让我享受到幸福，也是母亲教会我体验幸福；是老师、同学给了我第二次生命，让我的幸福延续下去；是党和政府让我体验到社会的关爱，他们来我家慰问，及时送来救命款。那一刻，我感到我是世界上最幸福的一个人。"

每个人都离不开国家，离不开社会，离不开集体，离不开父母的关爱。只要用心去体味，就一定会感受到"有人在爱我，我是幸福的"。

梦想让你了不起

人生最大的快乐不是占有什么东西，而在于追求梦想的过程；人生最大的幸福不是拥有金钱，而在于获得成就带来的喜悦和产生创造力的激情；人生的意义不是名利上的成就，而在于期盼的梦想能够实现。

梦想，能为我们点亮人生；梦想，也是陪伴人成长的最明智的伙伴。

一个了不起的人与碌碌无为的人之间最大的区别，不是天生有多聪明，而是他是否有梦想。

2007 年 8 月，美国卡耐基·梅隆大学的兰迪教授被确诊为癌症晚期，生命只剩下 6 个月的时间。这位虚拟科技领域的先驱者，在得知自己患上晚期癌症的几周之后，给世人上了"最后一课"。

兰迪教授励志感人的讲座，震撼了全球数千万人的心。在这堂课上，他不谈癌症、不谈死亡、不谈妻子和三个孩子，因为他无法谈到这些而不流泪；他也不谈灵魂和宗教，他谈的是自己童年的梦想。

童年时代的兰迪曾梦想在嘉年华上赢得超大玩偶、参加全国职业橄榄球联盟的比赛、成为《星际迷航》中的柯克船长、为《大英百科全书》写词条、设计迪士尼乐园的云霄飞车。从最严肃的理想到最异想天开的念头，正是这些梦想定义了他 47 年的生命。

"我很快就要死了，但是我从来没有感觉到这么棒！"说完，他在众人面前，做起了单手俯卧撑。在讲台上，他看上去那么年轻、健康和激情四射，幽默得让人心酸。台下的掌声和泪水正是他与世界说再见的方式。

2008 年 7 月 25 日，兰迪教授终因胰腺癌并发症去世，享年 47 岁。

在生命的最后几个月里，兰迪的生活仍然丰富多彩。他出席国会听证会，为癌症研究争取更多的经费；他和美国职业橄榄球联盟匹兹堡钢人队共度了一天，这是他的童年梦想。当然，他用更多的时间陪伴在妻子和三个孩子身边，或者为他们规划未来的生活，或者只是静静地看着孩子们尽情玩耍。他说："如果你的孩子想在卧室的墙壁上画画，那就随他去吧！"因为在兰迪的童年，他卧室的墙壁上满是涂鸦、宇宙飞船和数学公式。

兰迪教授的"最后一课"展现了灵魂中最美好的一面。他的生命虽然只有短短的47年，但他活得很快乐，因为他的一生都在追梦。世界上最快乐的事，莫过于为了梦想而奋斗。

也许你总认为，拼命工作为孩子积累更多的财富，用金钱铺路，帮助孩子考上名牌大学——这样，孩子就会有光明的前途、幸福的生活，那就错了。

愉快的生活是由愉快的思想造成的。人类精神的自由飞翔并不是从快乐到快乐，而是从希望到希望。希望让人充满了生命力，梦想让人奋斗不止。

希望从哪里来？梦想从哪里来？

我认为来自三个方面：

·童年的梦想，与成年人对孩子的肯定有关

肯定孩子，就要给他一个梦想。用这种方法，我帮助过很多让父母头疼的孩子。当人们瞧不起他们时，我会像哥伦布发现新大陆一样，发掘孩子身上与众不同的地方，并且告诉他们，"你很棒！"如果孩子们身上的长处可以一直发展下去，将来一定了不起。我相信：每朵乌云背后都有阳光。

·童年的梦想，与视野、眼光有关

有两个很普通的字可以让我们看出人生的真理。一个是"仙人"的"仙"字，一个是"俗人"的"俗"字。从字形上看，站在山顶的人是"仙人"，站在谷底的人是"俗人"。所谓仙人，是视野开阔、目光远大的人；所谓俗人，是目光短浅、鼠目寸光的人。

青少年时期，要多参与社会活动，多接触有成就的人。

2007年10月15日，党的十七大召开了，《中国少年报》的三名小灵通记者与成人记者一起走进人民大会堂。临行前培训时，我对他们说："当你们和人大代表们一起走进人民大会堂，和中外记者一起走进新闻发布厅时，

你们一定会有一种自豪感，一定会想将来也要像他们一样，成为一个有成就的人，这将是你们最大的收获。"

我还给他们讲了自己小时候的经历。新中国成立十周年大庆时，上小学的我被选为献花队的队员。庆典大会在人民大会堂举行。那天，我和许多小朋友手捧鲜花跑上大会堂的主席台。看到身材高大的毛主席在向我微笑，我幸福极了。当献完花，要走下台时，我抬起头看到大会堂里金碧辉煌，不由得眼前一亮，心里想：哇！这里真好！将来我也要到这里来开会。后来，我更加自觉主动地学习，一直是一名优秀的学生。上中学时，我真的有了机会去人民大会堂里开会；到中国少年报社工作后，我还去人民大会堂主持会议。

看到了，才会想到；想到了，做到了，梦想就成真了。一个残疾女孩在上小学时，去家住武汉的姑姑家度过了一个假期。当她看到武汉大学美丽的校园时，便产生了一个梦想：我将来一定要到这里来上学。后来她见到我时，自豪地对我说："我的梦想终于实现了，我考上了武汉大学。"

2004年的"六一"儿童节期间，"神五"的返回舱在中国科技馆展出，许多孩子去那里参观。一个男孩被问到："长大后，你想干什么？""我要坐'神七'，去太空行走！"男孩大声回答。这些孩子将来是否真的成为宇航员并不重要，重要的是在他们幼小的心灵中，有梦想在飞翔！

·童年的梦想，与孩子的成就感有关

人的一生最值得骄傲的就是通过自己的努力做成了某件事。

浙江农村有一个男孩叫张潮，他在自家的地里开垦了一块实验田，虽然地方不大，但他种的菜比他爸爸种的菜长得都要好。当地人都叫他"种植小能手"。后来，张潮当选为"全国十佳少先队员"，来北京汇报。我去辅导他时，一直提醒他有两句话一定要讲：第一句话一定讲"我是一个农民的儿子"；第二句话，最后一定要讲"我的理想是当一名农业科学家！"

几年后，我再次在北京见到张潮时，他已经从北京农业大学毕业，就职于农业科学研究所。

无数孩子的成长经历告诉我们：儿时小小的成功，会产生大大的梦想。

"授人以鱼，不如授人以渔。"对一个小学生来说，要为自己的梦想做好准备。

你准备好了吗？

理财教育从小开始

2008 年 5 月 23 日，我去北京浸水河小学，给五年级学生上了一堂"理财教育"课。

"哪位同学说说，你对自己家的理财有多少了解啊？"我上台就问。

"我爸爸买的股票很有特点。别人买的都涨，他买的就跌；别人买的都跌，他的反而涨。"一个男孩抢先发言。

"那叫蓝筹股！"另一个男同学在下面大喊道。

看来，小学生对理财很感兴趣。因为，他们正好进入理财能力培养的关键期。

前面已经讲过，儿童接受各种能力的培养，都有一个关键期。

实际上很多国家对于下一代的理财能力的培养，很早就开始了。

例如在法国，早在儿童 3 ～ 4 岁阶段，家长们便展开家庭理财课程，教育孩子基本的货币理念。10 岁左右，法国家长就开始为小孩设立独立的银行账户，积极培养孩子的理财观。

回想一下，儿子也是从 10 岁开始对"钱"有了兴趣。

有一天，儿子郑重地对我说："妈妈，和您商量一件事。"

"好啊！"我喜欢听"商量"两个字。

"过两天学校要组织春游，要坐汽车，买门票，天这么热，还要买点饮料，您能不能给我 5 块钱？"儿子掰着手指算着。

"可以。"我毫不犹豫。孩子出去玩，给点钱是应该的，何况他的理由那么充分。

儿子看我这么痛快，来了精神："您可能好久没去颐和园了，里面许多地方都要门票，您能不能再给我两块钱？"儿子"得寸进尺"了。

我看那认真的样子，觉得这个理由也能接受，于是又答应了："好吧！"

儿子看自己"游说"成功，情绪更高了："要不然，您再加 1 块，给我

8块钱算了，万一有同学带的钱不够，跟我借呢！"

这话也有道理，看他那费劲的样子，我改变"战术"，"以攻为守"了："这样吧，我给你10块，由你自己支配，节约归己，好不好？"

"真的？ OK！您真是个痛快妈妈！"儿子喜出望外。

出乎我意料的是，这次春游儿子只花了3块钱，用来买门票、交车费。

儿子的班主任告诉我："这次春游，你儿子什么都不买。中午吃饭时，大家都去买饮料，他也不去买。我问他为什么，他神秘地告诉我'节约归己'。"

后来听儿子说，许多同学买吃的、买喝的，春游变成了"吃游"；还有同学把剩下的钱买了小飞机，3块钱一架，一会儿就飞丢了好几架，多可惜呀！那些同学，一边扔飞机，一边说："不花白不花。"

以后，我每月给他固定的零用钱，他知道算计着花了。省下的钱，他买了一套《机器猫》，看完又整套卖出去。

对孩子来说，理财必须有"财"。让孩子手中有可以支配的钱，他才会认真算计着花，如果都是父母的钱，他的想法就是"不花白不花"。

"你不理财，财不理你。"对孩子进行理财教育也要从小抓起。

在美国，儿童理财教育是具体的，每个阶段都有具体的目标：

3岁，能够辨认硬币和纸币；

4岁，知道每枚硬币是多少美分，认识到无法把商品买光，因此必须做出选择；

5岁，知道硬币的等价物，知道钱是怎么来的；

6岁，能够找出数目量不大的钱，能够数大量硬币；

7岁，能看价格标签；

8岁，知道可以通过做额外工作赚到钱，知道把钱存在储蓄账户里；

9岁，能够制订简单的一周开销计划，购物时知道比较价格；

10岁，懂得每周节约一点钱，以便大笔开销时使用；

11岁，知道从电视广告中辨别事实；

12岁，能够制订并执行两周的开销计划，懂得正确使用一般银行业务中的术语；

13岁至高中毕业，尝试进行股票、债券等投资活动，以及家务、打工等赚钱实践。

在中国，大多数父母回避与孩子谈钱，怕玷污孩子"纯洁的心灵"，但同时孩子手中又有过多的零花钱，从而引发了种种成长中的问题。从这次特别的课堂中发现，这些十一二岁的孩子，其实对自己家庭的理财已经有了初步的认识。他们在大人的耳濡目染下，对理财有了粗浅的认识，但基础、系统的理财教育在中国还是一片空白。

随着社会经济的不断发展，理财观念已不断深入人心，儿童理财教育也逐渐成为孩子成长过程中的必修课。

"5·12"汶川特大地震后，北京大兴区一位18岁的中学生，将从小到大积攒的压岁钱10万元捐献给灾区。一方面，我们可以从中感受到孩子们的一片爱心，另一方面，我们可以看到，随着生活水平的不断提高，少年儿童可支配的金钱也越来越多。

面对这种普遍现象和随即产生的问题，如果没有及时教给孩子对于金钱的健康态度，养成良好的理财习惯，父母可能要面临6大难题：

- ·孩子沉迷于物质享受；
- ·因缺乏责任心，长期对父母依赖；
- ·在信用消费中陷入债务陷阱和人格陷阱；
- ·在经济上不能自理，容易丧失自信心；
- ·导致孩子把金钱与成功等同起来；
- ·对金钱问题处理不当，容易引起家庭冲突。

有位父亲十分痛苦地对我说，他上中学的儿子到处以他的名义赊账，请客吃饭。有时在饭店里，看到邻桌有他认识的同学，会和服务员说，那桌的餐费我也出了！每个月，父亲要为他还账达3000多元！

对中国孩子进行理财教育，就是孩子生存能力的教育，万万不可小视。

《穷爸爸富爸爸》的作者罗伯特·清崎说："如果你不教孩子金钱的知识，将会有其他人取代你。"如果让债主、奸商、警方，甚至骗子来代替你进行这项教育，那恐怕就会付出惨重代价了。

金钱是把双刃剑，越来越优越的生活条件本身不会对孩子有害，但是如果缺乏正确价值观的引导，金钱就会成为影响孩子成长的罪魁祸首。

忽略孩子的钱商培养，孩子未来不会幸福。孩子不会理财，成年后如何去支撑起一家人的生活呢？

理财是孩子重要的生存和发展技能，早点教育孩子形成良好的消费及理财习惯，将使他受益终生。

礼貌与德行不是教出来的

有位网友问我:"我家宝宝9个月了,老是'呸'别人,一有不如意就'呸',还爱推别的孩子,怎么有效地改正这样的坏习惯呢?"

我对她说:"这是跟大人学的。孩子的坏毛病大都是从大人那里学来的。"

一家动物园出了个新鲜事,一只黑猩猩老往游客脸上吐唾沫。游客到动物园园长那里告黑猩猩的状。园长说:"本来我们这里的猩猩挺文明的,就是因为游客老冲它脸上吐唾沫,它才学会的。"

所以,家里有孩子,父母的举止要文明;教育孩子有礼貌,父母也必须要有礼貌。但是,现在的父母经常很粗暴地教育孩子要懂礼貌。

当孩子忘了说"谢谢"时,父母会当着他人的面指出来,这种做法可以说是很不礼貌的;父母急急忙忙地提醒孩子说"再见"时,连他们自己都没有跟人道别。

当孩子打断大人们说话时,大人通常会生气地说:"不要无礼,打断别人的谈话是很不礼貌的。"但是打断插话的人同样也是不礼貌的,如果这样表达可能会好一点:"我希望能把话讲完。"

年过八旬的徐惟诚先生,前不久肠胃做了个手术,医生让他禁食一周,七天七夜滴水、粒米未进。

第七天,他的大女儿来看望他,问道:"爸,您饿吗?"

徐惟诚说:"我不欢迎这样的问题。"

幽默的回答,引发全家人开心的笑。

如果"饥肠响如鼓"的徐先生不高兴地说:"你明明知道我七天没吃东西,还问我饿不饿,这不是废话吗!"那结果会是什么样呢? 一定会让好心的女儿感到内疚和不高兴。

世界上没有什么教育,比身教更有效的了。

家庭是一个"自给自足"的小环境。父母是孩子的成长环境,父母有礼貌有德行,孩子就会成长在有礼貌有德行的小环境中,在潜移默化中他也会成为有文明有礼貌的人。即使社会环境一时出现这样那样的问题，对孩子的影响也不会大。

父母希望孩子好好学习，自己却每天晚上打牌、玩游戏，从不看书写字；

父母希望孩子整洁，自己却邋里邋遢，穿着拖鞋去开家长会；

父母希望孩子不说谎话，自己却编出谎话骗孩子，当面一套，背后一套；

父母希望孩子自信，自己却总是怀疑自己，说自己如何无能，挣不来大钱；

父母希望孩子孝敬，自己却不能善待老人，不把老人放在眼里；

父母希望孩子快乐，自己却经常不开心，整天说"烦死了"；

父母希望孩子幸福，自己却老说自己"倒霉"，什么好事也轮不到自己头上；

父母希望孩子诚信，自己却言而无信，说话不算数。

…………

最终，父母的希望全都会落空。因为你没有给孩子做出好榜样。

正如托尔斯泰所言："全部教育，或者说千分之九百九十九的教育都归结到榜样的作用上，归结到家长自己的端正和完善上。"

古人有言："其身正，不令而行；其身不正，虽令不从。"

有一次，我听到过一个出租车司机讲的故事，更加觉得家教是多么重要！

那天，我打了一辆出租车。正巧出租车司机是我的"粉丝"，对我十分热情："您是卢老师吧？我在电视上见过您，您能乘我的车，我很荣幸！"他这么一说，我反而不好意思了。

平常我都坐在后排座上，今天我干脆坐到他旁边的副驾驶座位上，和他闲聊起来。

"开出租，每天发生的故事不少吧？"我开始"社会调查"。

"每天的故事多着哪！出租车就是小社会，啥人都有，啥事都会发生……您想听什么？"司机打开话闸。

"您在车上捡到过东西吗？"我对这位"粉丝"司机很感兴趣。

"真让您说着了，我可捡到过'大炮儿'！"司机神秘地眨眨眼。

"快说说看！"我有点迫不及待，于是，司机给我讲了下面的故事。

"那是一个过年的晚上，夜晚收车时，我忽然发现后排座里面，有一个手提包，打开一看，我傻眼了，包里装满钞票，有美金、港币和人民币，还有四本护照。我想，丢钱的人会多着急呀！

"究竟是谁丢的呢？我回忆起来，傍晚时三个大人带了两个小孩上过我的车，那两个小孩又哭又闹，他们在一个新建的小区下了车，急急忙忙走了，车票都没有拿，可能是他们丢的。

"我决定马上给他送回去。凭着记忆找到那个小区，本想问问保安，看没看见有人抱孩子下车，可保安岗亭门口，已经聚集了许多人，看到车来，人群中有人尖叫起来：'哇！出租车司机把我的包送回来了！'

"原来，他们是唐山来的煤老板，挣了钱准备出国，没想到一时大意，把钱和护照全丢了！见到失物安全返回，这一家人感激涕零，女失主当即拿出3000元港币以示谢意，我一分没要。我要为了钱，就不送回来了。

"第二天，他们给我们公司送来一面大锦旗，公司领导对我说：'你知道你捡了多少钱吗？合人民币40万元！那女失主说了，本想能把护照送回来就谢天谢地了！没想到钱也一分不少全回来了，现在真是好人多哪！'"

"捡到钱的一刹那你是怎么想的？"当记者的我总爱刨根问底。

"我当时只是想，丢钱的人该多着急！"司机坦然地说。

我心中暗暗佩服："这事您跟家里人说了吗？他们有什么反应？"

"我回家跟我爸说了，我爸是个老警察，我爸说：'儿子，你做得对！你要是不送回去，你就不如你儿子了！'"

司机说，他的儿子是中学生，去年捡了两万元现金，全上交了！

"那你儿子知道吗？"我穷追不舍。

"我跟我儿子说了，我儿子说：'老爸您做得对！如果您不这样做，您就不是我爸了！因为您说了，不是自己的东西不能拿，要拾金不昧！'""粉丝"司机说到这儿，一脸的自豪，他为有这样的儿子高兴！

"我也跟我哥说了，我哥也是个警察。我哥说：'弟弟你做得对！你不交回来，我们也能查出来！'"

我们哈哈大笑："老弟，你真棒！你爸、你哥、你儿子都会为你骄傲！我也为你骄傲！"

下车时，司机不收我的钱，我硬给了他："该要的钱你要收下！谢谢你的故事！"

"人必其自敬也，而后人敬诸。"

出租车开走了，而我的心绪还留在故事里，我觉得这个司机很伟大！

我能够想象出，这位司机爸爸高尚的行为，会对儿子一生起到多么大的影响！记得法国启蒙思想家、教育家卢梭在《忏悔录》中有一句话："善良的行为有一种好处，就是使人的灵魂变得高尚了，并使它可以做出更美好的行为。"

善与恶是同一块钱币的正反两面。

想想那个干了坏事，却声称"我爸是李刚"的年轻人，就可以知道，父母对孩子影响有多大。而这位司机的儿子，捡了两万现金，如数上交，也可以看出，良好的家教，带给他的良好影响有多大。

中国的父母总是把孩子看成一张白纸，所以必须要"教导"。从吃饭、睡觉、穿衣，到讲话、礼仪甚至为人处事，全由爸爸妈妈不断"言传"来完成"教导"任务。

实际上，孩子们都是看着父母的脊背长大的。每个孩子都是一个完整的个人，他们会自然地去观察、去模仿、去学习父母为人处事的方式，然后自己在实践和体验美德中给自己带来愉悦，从而懂得"做好事的人使自己得救，做坏事的人使自己毁灭"。

小学生活留下的六大财富

有人问一位诺贝尔奖获得者："你为什么能成功？"

获奖者答："我的成功得益于小学老师的教导。是小学老师教会了我：第一，吃饭前先洗手；第二，不说假话；第三，做错了事要改正；第四，承诺了的事要做到。"

他认为，正是这些最基本的做人准则，为他的人生确定了正确的方向。

小学老师正是用自己的生命诠释着做人做事的道理，他们给予学生的，不仅仅是知识，更重要的是品格，是真诚、热爱、友善、合作等重要品格修养，是人的基本价值观。

一个人的价值观是逐步形成的，小学时期形成的是基本价值观，如：什么是好，什么是坏，什么是善，什么是美，什么是恶。

我们每个人都经历过小学生活。不妨想一想：小学生活究竟给我们自己留下了什么？小学老师究竟对我的人生有什么样的影响？

人生是一棵大树。这棵大树，是快乐的大树，还是痛苦的大树，是枝繁叶茂、果实累累，还是枝叶稀疏、缺花少果，都取决于大树的根的粗细，和扎得深浅。

童年就是人生的根。在无数条长的短的、粗的细的人生的根中，有6条是极其重要的。那就是：快乐、爱心、友谊、信心、责任心与梦想。有了它们，人生才会拥有幸福，拥有成功。

让我感到自豪的是，我曾经读了6年的北京史家胡同小学，在我的童年里给了我丰厚的人生财富。

60年来，每当我获得一个大奖，如中国新闻工作者最高奖"韬奋新闻奖"、关爱少年儿童的工作最高奖"宋庆龄樟树奖"、联合国儿童基金会颁发的"支持儿童杰出成就奖"、国际育儿类奖项"中国内藤国际育儿奖"、中宣部颁发的"未成年人思想道德建设先进个人奖"时，我都会感谢史家胡同小学留给我的人生财富。

每当我获得一个光荣称号，如"中国保护未成年人杰出公民""全国三八红旗手""巾帼建业标兵""中国教育时代人物"时，我都会想起史家胡同小学留给我的刻骨铭心的教育。

每当天真的孩子和朴实的家长们亲切地叫我"知心姐姐"时，我都会情不自禁地说："我是北京史家胡同小学毕业的学生，小学生活让我有了快乐的童年，给了我一生最宝贵的财富。"

第一大财富：快乐

我是 1948 年 9 月 12 日出生的，1955 年就可以上小学了，但是史家胡同小学只要 8 月 31 日以前出生的孩子，我只差 12 天，学校不收。为了上史家胡同小学，我愣是晚上了一年学。

1956 年 9 月 1 日，我终于走进了北京史家胡同小学。进校后，我发现，这一年没白等，这里是所有孩子们的乐园。无论你是富有还是贫穷，无论你的成绩好还是不好，你都可以获得人生第一大的财富——快乐。

从 50 年代开始，史家胡同小学就是孩子们的兴趣乐园。

我从小酷爱美术。5 岁上幼儿园时用水彩笔照着我妈养的大公鸡，画了一只大公鸡，竟然在北京幼儿园画画比赛中获得一等奖，奖品是五张彩纸和一盒彩笔。我乐得屁颠屁颠的，拿着奖品跑回家，告诉妈妈。我妈高兴得眼睛眯成一条缝，说："太好了，我早就说过，你画的公鸡比我养的公鸡还漂亮呢！"

从此，我爱上了画画，每天都画。

记得上学第一天，唐桂林老师问："谁会画画？"我傻乎乎地把手举起来。唐老师立即高兴地说："那好，咱们班的黑板报就交给你了！"从那时起，我画起了黑板报，一直画了 6 年。

初中我考上北京女一中，还没开学，学校就让我去帮忙画黑板报。从初一画到高三，办板报又办小报。我们办的油印小报，在全区中学还获过奖呢！下乡插队后，我又为农民办报，后来就办了《中国少年报》。

我的兴趣爱好是怎样变成生存技能的呢？

这要感谢杨明玓老师和张效梅老师。

杨老师是我们的美术老师。她画画可棒了。记得有一次我们美术组的同学去杨老师家玩，她拿出她画的《百蝶图》展示给我们看。我们都看呆了！100只蝴蝶千姿百态，栩栩如生。"亲其师，信其道"，从此，我更佩服杨老师了，也更喜欢画画了。记得杨老师常常带我们去公园写生，教我们怎样欣赏大自然的美，怎样用手指取景，这为我后来学摄影打下了基础。

四年级，我参加了北京市少年儿童绘画大赛。我当场作画，获得了一等奖，免试进入了少年宫绘画组，一直学了5年。周日的时光，我几乎都是在坐落于北京景山公园的少年宫里度过的。我永远不会忘记杨老师说的话："画画要画出神韵，想怎么画就怎么画，才会笔下有神，不要总是照着别人的画。有了神韵，同样一个景色、一个主题，一百个人一百个画法。"后来我才知道，这叫创造力。画匠与画家的根本区别，就在于神韵。所以我们美术小组出了一位著名的版画家赵晓沫。

我没当成画家。我始终是为画黑板报而学习画画的，我的快乐在于每期新板报出来以后，同学们围在那里津津有味地看，这时，我便产生极大的成就感。

《辅导员》杂志的记者来采访我，问道："您是50年代的老少先队员，很想知道，您小时候是怎么过'六一'儿童节的，那时候的'六一'，您快乐吗？"

我说："'六一'的全部内涵就是快乐。'六一'不快乐，童年就不快乐；童年不快乐，一辈子就不快乐。我的童年很快乐！小时候我过了很多次'六一'，但最难忘的一次，是自己动手过'六一'。"

记得五年级的"六一"儿童节，我们要去北京景山公园和外国小朋友共同举办联欢会，老师要求每个少先队员都要戴自己做的头饰。我会画小动物，最擅长画兔子，几笔就画出了一个活灵活现的兔子头饰。见我画得又快又好，同学们都排队来找我画头饰。"六一"大联欢那天，看到许多同学都戴着我画的头饰，心里的成就感让我快乐不已。直到今天，我不记得"六一"收到过什么礼物，不记得自己得到过什么奖励，唯独清楚地记得这件事。

上中学时，我参加了几年国庆"组字"。天天在天安门广场练队，休息时就为天安门写生，慢慢地天安门印在了我心中。没想到，在我插队时，竟然派上了用场。

我插队的地方是个贫困的小村庄，那里的农民很贫穷，很少有人去过北京。但他们很爱北京，总是唱"我爱北京天安门"，还问我天安门什么样。

我很感动，就开始给农民画天安门。男女老少排着队让我给他们画天安门。下乡插队的三四年，究竟画了多少幅天安门，自己都说不清了。有的老乡，至今还留着我用红蓝铅笔给他画的天安门。那些日子，我是多么快乐，因为我终于能用自己的特长为农民做点事了。

张效梅老师是我五、六年级的班主任。她是一位极为美丽和魅力的老师，并且是全国闻名的特级教师。她的语文课教得棒极了。课堂上，她那充满阳光的笑容和抑扬顿挫的甜美声音，会迷倒全班每一个同学。给我印象最深的是，她常常把语文课和美术课紧密结合起来。在学习作家王愿坚写的《党费》那篇课文时，张老师先让我们熟读课文，了解课文的故事情节，然后画出连环画。美术小组的赵晓沫、崔艺新、张燕多、孙以晶等同学每人画几张，做成一本铅笔画出的连环画书，我画了封面。绘画过程中，我们深深地被革命先辈对党忠贞不渝的精神所感动，对中国共产党也有了更深刻的认识。

张老师手中至今还保留着我们的水彩画——《回延安》。记得讲《回延安》那一课时，张老师让我们每一个人根据课文的描述，展开想象，画出一个战士回到革命圣地延安时看到的情景。我画的是一个放羊娃在开满鲜花的山坡上吹笛子，周围是一群雪白的山羊，远处是延安的宝塔山。

不知张老师这些年是怎样保存这些画的，色彩依然那么鲜艳。前不久，80岁高龄、神采奕奕的张老师来参加我们班的同学聚会。当她小心翼翼地展开这些50年前同学们的图画作品，并充满感情地朗诵我画上的说明时，我的眼睛湿润了。从这些保存完好的童作中，我看到张老师对学生爱得有多么深切！至今她那空闲的两居室里，收藏的全是她一生对学生的爱，对教育的情！

张老师那种图文并茂的教学方法，极大地开发了我们的右脑潜能，使我们空间想象力大增。我学会了冥想。每当我读书或听别人讲他们的故事时，我眼前就会出现一幅幅图画。所以我在讲座或做报告时，从不拿稿。心中一幅幅画面会自然冒出来，两三个小时的讲座一气呵成。这一切都要感谢小学生活，让我快乐地学习。

第二大财富：爱心

记得我上小学五年级时，张老师给我们讲《海边青松》这一课，讲的是英雄安业民爱国爱民的故事。我和同年级的两位女同学尹泽华、库宗华一起，秘密成立了一个做好事的小组。我们三人在我家里一起制作了专用印章和证件。印章上刻着大海和展翅高飞的海燕，证件上贴着个人照片，还模仿户口本在背面写下了"不得遗失、不得转让"的字样。我们要求自己不但要做合格的少先队员，还要有解放军的作风。我们设计了两本《红领巾日记》，一本用来记录我们做的每一件好事，一本寄给了福建前线的解放军叔叔，并且和他们约定写满后要相互交换。和日记本一起寄去的还有一条红领巾，上面有我们亲手绣的四个字"保卫祖国"，以及一把在天安门广场上采集的花种。这些礼物带着我们三个女孩儿的心愿和决心，一起飞向了遥远的军营。

天天做好事也是很不容易的。开始时，我每天都在想："谁需要我的帮助呢？"渐渐地，我做得越多发现得也越多。哪个同学心情不好，我会悄悄地塞给他（她）一张纸条，送出一句鼓励的话；学校女厕所盖茅坑的木盖坏了，我们3个人就在放学后把它修好；到军事博物馆参观，我会默默地擦去玻璃展柜上的灰尘；在新华书店，我会自觉地整理放乱的图书……每当做完这些事，我都能感受到助人的快乐。

等我们记满一本《红领巾日记》后，就迫不及待地把它寄给福建的解放军叔叔。不久之后，我们收到了解放军叔叔们的来信和他们记的一本《红领巾日记》。那一刻，我们欢呼雀跃，感受到了从未有过的幸福，做好事的积极性也更高了。渐渐地，做好事成了我的一个习惯。

做好事小组后来发展到32人。每次有新成员加入，我们都要去人民英雄纪念碑前庄严宣誓。一次，徐弟鸪叔叔悄悄地观看了我们的宣誓仪式，郑重地说："这是一件好事，但要让大队辅导员知道，在少先队领导下进行。"我们立即跑回学校，找到大队辅导员康文信，一五一十地讲了我们的秘密。没想到，康辅导员听了笑眯眯地说："你们做了那么多好事，以为没人知道，其实我早就知道了。我相信有一天你们会相信我，把这个秘密告诉我。"当时我们好感动啊，觉得康辅导员不愧是全国优秀的辅导员，后来他一直帮我们保守着秘密。直到六年级毕业时官兵到学校来看望我们，《海军日报》报道了我们和解放军的友谊，秘密才在学校公开了。

这段经历对我来说是刻骨铭心的。现在回想起来，感觉到自己的爱心正是在做一件件小事中形成的。最终，我成了一个热心社会公益事业的人。

正因为如此，在帮助那些烦恼缠身的孩子们时，我常常不去安慰他们，而是让孩子们去做好事、做善事。1990 年，我参与发起了"手拉手"活动，让城市和农村的孩子、富裕地区和贫困地区的孩子、健康和残疾的孩子、汉族和少数民族的孩子结成"手拉手"好朋友。20 年来，全国千百万少年儿童参加了"手拉手"活动。"手拉手"活动让孩子们从小窗口看到大世界，从对比中看到自己的责任，从互助中品尝到助人的快乐，成为全国少年儿童最喜爱的公益活动之一。

第三大财富：友谊

童年的友谊是最珍贵的。

一个人在童年亲身感受到友谊的珍贵，才会乐于融入集体，成年后才不会恐惧步入社会。当今出现一批"啃老族"，十七八岁、二十来岁，不上学，不工作，整天赖在家里，不敢步入社会。这些青年大都是因为童年时被家庭过度保护、过度溺爱，没有享受过集体生活的温暖，缺少与人交往的良好体验。

我感谢小学生活，给了我一个团结友爱的集体生活，使我从小就热爱集体，愿意为集体付出，从小就立下"我要为'史小'争光"的志向。

在小学，班集体的灵魂是班主任。我庆幸，我所遇到的每一位班主任都是那么好，那么爱我们。

我永远不会忘记已故的唐桂林老师。她是我踏入小学的第一个启蒙老师。她的脸上总是挂着微笑，好像我们都是她的孩子。她总是爱穿一件毛蓝上衣，永远是整齐利索。在我眼中，毛蓝色最美，所以后来我的许多衣服都是毛蓝色的。她要求我们讲卫生、懂礼貌。她教我们给水杯做衣服，每天都要检查杯子罩是否干净。她爱班上每一个同学。有一天，我亲眼看见她给一个家庭条件差的、指甲黑黑的男生剪指甲。我记住她说的话：班集体是一个大家庭，班里每一个同学都是我们的兄弟姐妹，每个人都很重要。唐老师的一言一行，让我们知道班集体是我们大家的，人人都要爱护班集体的荣誉。

上三年级，刚大学毕业的刘淑敏老师担任我们的班主任。刘老师年轻漂亮，闪动着一双宝石般的大眼睛，梳着两条长长的大辫子。由于她的亲和与关爱，以及我们的共同努力，我们班被学校评为先进集体。当我们得知这一消息时，全班同学鼓掌了很长时间，手都拍疼了。记得当时三（4）

班的同学喊出这样的口号："追三（3），赶三（3），红旗插在三（4）班！"
我们三（3）班同学听了，更加团结了。女老师过"三八节"，我们用鸡蛋
壳和花布，做了许多漂亮的蛋娃娃。"三八节"那天清早，我们把它们悄
悄放在每一位女老师的办公桌上，给老师们带来了惊喜，她们都在打听这
是哪个班同学做的，当时我们特别开心。

刘淑敏老师后来又担任我儿子的班主任。在她从教 40 年的纪念会上，
我激动地说："三尺讲台哺育了我家两代人，老师真是天底下最神圣的职业！"

对我们人生影响最大的还是五、六年级的班主任张效梅老师。当我们
进入高年级、思想逐渐成熟起来时，非常需要一名思想的领航人。张老师
就是最好的领航人。她充分相信我们班干部的能力，放手让我们自己解决
班里发生的事情，学会自己的班级自己管理。

记得我们班里有个男生偷拿了别人的东西，又不敢承认。张老师就把
我和顾湲、夏载屏叫到办公室，对我们说："你们是班干部，要关心这个同学。
这件事就由你们自己处理吧！我相信你们一定能处理好！"

由于老师的信任，我们充满信心。我们立即召集班队干部商量，课后
派几名班干部找这个男生谈心，最后这个男生终于承认了错误。我们在班
会上，把东西交还给失主，并表扬了这个男生勇敢承认错误的做法，但没
有说出他的名字。至今很多人还不知道东西是谁拿的。这件事的妥善处理，
让每一个同学有了安全感，知道了在这个集体中，有了错误是有机会承认
和改正的。从中我也学会了什么叫包容。后来，这个男生和我在一个地区
插队。我还专门去看他，那时他已经是一名乡村小学老师了。

班干部是班集体的支柱。我们的中队委员会是一个团结协作的集体，
每个人都尽职尽责。李平是劳动委员，每次我出板报的时候他都站在旁边，
一个劲儿地说，你怎么那么能写，你画得怎么这么好啊。几句话说得我美
滋滋的，我才知道"男女搭配，干活不累"。有干的，有夸的，效果最佳。

一次，在《北京晚报》上我看到李平写的回忆文章，文章中有这样一
段很好玩：

> "我们是"红领巾"班。中队有 8 个委员。教室后面墙上，有班里
> 的板报。一个委员负责出一期，一个星期有 7 天，这样就多出了一个人。
> 于是，张效梅老师让我和卢勤一起负责一天的班报。说的是两人一起

负责，实际上活儿都是她干的，我不是不想干，而是干不了。我不会画画，字写得不好。放学以后，我只好陪着她。我在一旁看着她用彩色粉笔在小黑板上写字画画，心里就想，这小姑娘怎么这么能干呢？"

你看，他记得多清楚！

在小学生活中，有两件事我也是至今记忆犹新。

百色桌布的故事

五年级我们班进了二层小楼。怎么让教室更美丽呢？我想出了一个好办法。让每个同学从家里带来一块花布头，我和顾溪把布头拿回家，把每块都剪成三角形，顾溪在旁边配色，我再用缝纫机连接起来。上幼儿园时，我就和妈妈学会了使用缝纫机。自己还设计剪裁，做了一件连衣裙呢。有了这些基础，再拼接这些小布头，虽然麻烦点，但也不成问题。几天后，这块凝聚着全班同学友谊的彩色桌布就制成了。当我把它铺在讲台上时，班上响起了热烈的掌声。这块有着特殊意义的桌布，我一直保存着，"文革"中都没舍得扔掉。后来我下乡插队，家里搬家时给搞丢了。但同学们都记得。前不久，我们班聚会，鞠中华还开玩笑说："等校庆那天，卢勤你头上最好顶上那块桌布。"

千人糕的故事

端午节快到了，大队辅导员康文信要求各中队开展活动，我们中队策划了做"千人糕"的活动。

我记得，我和住在干面胡同的崔艺新、张燕多、田枚、鞠中华等同学，来到顾溪家。她家很大，她的爸爸是著名的历史学家，妈妈也很有文化。我们向她妈妈请教怎样做"千人糕"，然后分了工。顾溪负责准备面，我和李楠负责买青丝、红丝。别人干什么我记不清了。我和李楠跑到王府井大街转了好几个店铺才买到。

端午节那天晚上，我们一起制作"千人糕"。可顾溪头天忘了发面，只好找妈妈要了发酵粉。我在蒸糕上用青丝、红丝摆上字和图案。千人糕终于出锅了，每人分到了一块。月光下，我们分享着自己的劳动成果，尽管发糕的面有点硬，但觉得很好吃。

全班制作"百色桌布"和"千人糕"这些事情虽然小，意义却很大。它让我们全班同学的心连在了一起，让每个人的集体荣誉感大大增强。几年前，我们班同学聚会时，张燕多激动地对我说："我昨晚做了一个梦，梦见咱班又得了一个大奖状，大班头卢勤捧在手里。"可见我们的同学是多么爱我们的集体呀！

如今，一些孩子外出比赛，代表的是个人，突出的是自己，结果得了奖，个人骄傲，同学嫉妒。其实个人与集体的关系，是一个孩子在成长过程中必须处理好的一种关系。大家团结起来干好一件事，才会让每个人都有成就感。

雷锋的一句话很重要："一个人只有当他把自己和集体事业融合在一起的时候才能最有力量。"这些深刻的道理，我们通过团队活动，早早就意识到了。在以后的工作中，无论是在中学当干部，还是走上领导岗位，做任何事情都要发动大家来干。我坚信参与的人一定都会体验到集体的力量，分享到成功的喜悦。

第四大财富：信心

信心，是人生最大的财富。有信心的人，可以化渺小为伟大，化平庸为神奇。

最初培养我信心的是杜小川老师。

记得刚上学的时候，杜老师第一天来上音乐课，只见她在黑板上画了两个楼梯，左边画的是从低到高的"1234567"，右边画的是从高到低的"7654321"。杜老师问："这两个'1'是一样的吗？认为是一样的同学请举手。"我举了手，可我发现大家都没举手就犹豫了。我刚想把手放下，只听杜老师说："要对自己有信心，只要认为对就要坚持。"于是，我又把手高高举起，很多同学也都举起了手。老师说，我们对了。

这件事情虽小，对我影响却很大，我开始懂得信心的重要。

在小学生活中，我最大的收获是充满了信心，实践了从"我不行"到"我能行"的成长过程。记得上高年级时，《中国少年报》上登出盲童李学美姐姐刻苦学习的故事。大家都很受感动，决定搞一个中队会，主题是"光辉的榜样"。我记得是我把这几个大字写在黑板上的。

我是中队宣传委员，同学们推选我去邀请李学美。我只知道她在盲童学校，而学校在哪里我却不知道。于是，我买了一份地图，一大早就上了公共汽车，中间倒了三次车，最后一辆汽车开到郊区终点站，下了车我就迷了路。有人问我去哪里？我说我去盲童学校，但北京有好几所盲童学校。最后我拿出《中国少年报》，才知道早就坐过站了。等我赶到那里，已经是下午了。

我浑身大汗，好不容易找到校长室。校长室里坐满了人，他们都是来请李学美大姐姐的。我一看，急了，马上跑到校长面前，一口气讲明我的来历。校长一个劲儿说："别着急，慢慢说，瞧把这孩子急的，汗都出来了。"等我说完，只听校长说："今天来请的都是大人，只有这一个孩子，孩子优先！让李学美先去史家胡同小学吧！"不知是校长的话感动了我，还是迷路的委屈，当时我的眼泪一下子就流出来了。这位校长对儿童的尊重给我留下了深刻的印象，以至在我从事儿童工作后，还常常想起他尊重儿童的态度，想起"儿童优先"的原则。只要孩子出面邀请我去他们学校做报告，我都尽量答应，让这个孩子获得成就感。

中队会举办那天，我再次来到盲童学校，学校派了吉普车把我和李学美大姐姐送到史家胡同小学。我记得队会结束后，张老师、顾湲和我还与李学美大姐姐合了影。这张一寸的黑白小照片，我和顾湲一直都珍藏着。有了这次成功的体验，我的信心大增，我相信"我能行"，以后班里再请什么人，老师和同学都推选我去，我毫不推辞，因为我尝到了成功的喜悦。

人们都说胆子是练出来的，有了第一次成功的体验，就会盼望第二次成功的机会。在史家胡同小学我曾和老师一起拜访过大作家王愿坚、大画家齐白石，独自访问过安业民的战友、海军作家许弟鸪，并给志愿军叔叔写过信。

在中学，我当干部期间，曾组织过许多大型活动，并办起小报。为了学习彩色印刷技术，我带领组员到北京二十八中去取经，使我们办报的技术大大提高。我们女一中的宣传组成了全市先进集体。

在农村插队，我常常一个人走夜路。一次去白城地区开会，在东屏车站下火车时天已经黑了，我发现有人在跟踪我，立即找到车站站长，要求保护。魏站长把我安排到他们家，和他的两个女儿住了一宿。从此我在东屏公社有了一个家。2009年，我参加"吉林省镇赉县北京知青下乡40周年故乡行"活动，重返第二故乡，魏站长的两个女儿找到我说："我妈80

多岁了，非让我们来看你。我爸活着的时候总说，那个北京知青卢勤胆大心细，那么年轻就会保护自己。她将来一定行，她不会总在喇叭（指广播）里说话，她一定会出来说话！你瞧，让我爸说中了，你在电视上说话了！"我听后眼睛里盛满了泪水，这泪水有对往事的留恋，也有对东北老乡深情厚谊的感谢。

我最深的感受是，一个人的童年一定要体验"我能行"的实践。如果在人生留下的只是"我不行"，那他真是寸步难行。对自己有信心，相信"我能行"，那他做任何事情都可以成功。

第五大财富：责任心

一个国家的下一代有了责任心，这个国家就有希望。而责任心是从小培养的。

我在小学担任过6年的班队干部，最大的收获是懂得了人是要承担责任的。我们的中队委员会共有8名成员，女生有：顾瑗、崔艺新、张燕多、赵小沫和我。男生有：夏载屏、王冠英和李平。我们这8个人各有所长，分工不同，每个人都有自己的工作职责，配合默契。其中有一条职责是共同的，就是帮助学习差的同学，不让一个同学掉队。

张效梅老师组织了学习小组，8个班委都担任组长，每个小组里都有几个学习吃力的同学。我的学习小组人最多，有5个成员。这些同学大都学习成绩较差，有的男生还挺淘气。张老师为了让我们明白为什么要帮助这些同学，亲自带我们去家访。当我看到一个女生家里住着8个孩子，屋子里黑漆漆的，才知道，她学习不好是家庭环境差，家务负担太重，于是我心里产生了同情心和责任心，很愿意去帮助她。

崔爱国的爸爸是个军官，比较粗暴，常常因为崔爱国的成绩不好狠狠地打他。我把学习小组从我家搬到他家，帮他听写生字，和他一起读课文。一次，他爸问起儿子考试成绩，我笑着说："崔爱国的进步可大了！"其实，他刚刚的考试并没有及格。他爸一听高兴了，说，卢勤是好孩子，儿子肯定能进步。以后，他不再打孩子了。崔爱国真的进步了。他最后考上一个不错的中学，毕业后承担了十分重要的工作。插队回京后，我和崔爱国第一次见面时，他还感谢我呢，我自己也很有成就感。

1969年，我离开北京去东北插队。三年后我作为知青赴京汇报团回到北京。一天，我走在路上，一名男子叫我的名字，我抬头一看，这不是我的小学同学朱宏俊吗！当时，朱宏俊也是我们学习小组的成员，学习比较吃力，我没少帮他。"我妈请你到我家去一趟。"朱宏俊小声说。他妈是我们学校的温老师，她没教过我，但我认识她。

那天我去了他家。我一进门，只见长方桌上摆了许多大苹果、大香蕉、大鸭梨。

"你吃吧！小时候你尽帮我。"

朱宏俊的一句话让我激动不已。"小时候"都过去20多年了，他还记在心里！那一刻，我又一次感受到助人的快乐！

20多年前，我尽到的是责任；而20多年后，我收获的是快乐和友谊。

听我妈妈说，我去东北插队的那十年，常有我们班的男生来我家帮我妈拉煤、运白菜，他们是谁，我至今都不知道。

北京史家小学建校70周年校庆时，小学同学聚会，阔别50年的尹亚利见了我，搂住我哭了："卢勤，我终于见到你了！小时候我很笨，你不嫌弃我，老帮助我，我可得好好谢谢你啊！"我望着她，她童年的样子又浮现在眼前。我感到50年过去了，岁月抹去了许多记忆，留下的却是别人对自己的好。

和尹亚利一起来的还有徐耀荣，他一见面就说："卢勤，你还记得我吗？小时候，你天天送我过马路！"

我想起来了，徐耀荣，这个淘气包！他总疯跑，把肋骨摔断了，穿上铁背心。张老师怕他出事，就让我每天把他送过马路再回家。我觉得，能帮助同学做点事，是一件十分愉悦的事，于是我光荣地完成了老师交给我的任务。

我发现，人的责任心就是在负责任的过程中逐渐形成的。当你把"这是我的责任"这句话放在心中的时候，你就会觉得这世界有许多要你做的事情。

随着年龄的增长，这种责任心变成强烈的社会责任感和使命感。

几十年前，我和千百万知识青年们朗诵着毛主席那段著名的话："世界是你们的，也是我们的，但归根结底是你们的。你们青年人朝气蓬勃，正在兴旺时期，好像早晨八、九点钟的太阳，希望寄托在你们身上。"我们打起背包，告别北京，奔赴祖国最贫困的农村，和那里的农民同甘共苦，建设家园。尽管那里条件艰苦，生活困难，尽管那时我们并不知道自己能否返城，但我们心中始终一片光明。我们不畏艰难，朝气蓬勃，尽心尽力地为那里的老百姓办事，因为我们知道了什么叫人民，懂得了是谁养育了我们。为改变农村的贫困面貌，我们心中始终怀着一种神圣的责任感和使命感。

当年我插队的地方是吉林省镇赉县东屏公社乌木大队巨丰山生产队，我清楚地记得，那里没有电，光有煤油灯。我就去白城市找到原秋书记，请求他审批安装风雨线，使生产队终于通上了电。

通电的那天晚上，全村老少就像过年一样高兴。我们几个北京知青，兴奋得抱成一团，又笑又跳。村里的孩子放起了鞭炮。

中国农民世世代代在这片黄土地上辛勤耕耘，不就盼望过上好日子吗？如今，他们看到电灯就满足了，而城里人生活富裕了还不满足。回到北京后，每当我看到浪费现象时，就会想起巨丰山的乡亲们。

2009年，是我们下乡40周年。我参加"故乡行"活动时，和当年集体户的陈丽珠、贺谊亮、张民生一起回到巨丰山村。看到赵春等十几位70多岁的老队长、老农民还依然住在40年前的土房里，心里十分难过。回来后，我立即给当地的市、县领导打电话，与乡镇书记沟通，我们四人和我的朋友又捐了几万元钱，帮助15位60岁以上的农民改善了住房。

消灭贫穷，是我们这一代以及我们下一代人的神圣使命。我们有责任去尽我们所能，我们更有责任教育好我们的下一代担负起这份重任。

第六大财富：梦想

小学少先队的生活有一种特殊的魔力，它能让一个普通的孩子萌生梦想，它能让你眼光放远，看到未来。

我从小是看着中国少年先锋队队报——《中国少年报》长大的。我是中队宣传委员，收订和分发《中国少年报》是我最乐于干的公务。我亲手缝了一只小钱袋，用来盛收来的报款。每一期新出版的《中国少年报》，就是通过我的手，一张一张传递到同学们手中。寒暑假，我按同学们住家远近，组成四个联络网，按时把每期报传送下去。我还是中队、大队的板报员，把队报上的重要内容登在黑板报上，报头的图案大都是照《中国少年报》上的插图画的。每一件具体工作的成功，都让我有一种成就感，让我对这份报纸的感情越来越深。

1960年，《中国少年报》上出现了一个专栏人物"知心姐姐"。她梳着两根小辫子，戴着红领巾，脸上挂着亲切的、从不收起的微笑。她总是耐心地回答着少先队员提出的各种问题。我一下子爱上了"知心姐姐"，每期报纸来，都先找"知心姐姐"栏目看。

有一天，我悄悄给"知心姐姐"写了一封信，大意是："我在《中国少年报》上看见许多学校少先队活动见了报，我们中队的活动也搞得很好，怎样才能见报呢？""知心姐姐"很快给我回了信，而且在信中称我为"卢勤小友"。第一次给《中国少年报》"知心姐姐"写信就收到了回信，而且被称为"小友"，我心里美滋滋、甜蜜蜜的，有一种从未有过的成就感，走起路来脖子都挺得直直的。不久，我按"知心姐姐"说的办法，以"北京史家胡同小学五（3）中队"名义投了稿，我们中队的活动果然上了《中国少年报》。小小的成功，让我产生了大大的梦想。从此，我便成了"知心姐姐"的追星族。11岁时，我立下人生第一个志向：长大后到《中国少年报》当记者，当"知心姐姐"。

为了实现这个美丽的梦想，我开始向着"知心姐姐"的目标迈进。

小时候，我一直梳短发。为了形象能够像报花上的"知心姐姐"，我悄悄留起长发，也梳起了两条小辫子，又特意去北京照相馆照了一张"标准像"。取照片那天一看，哪里像"知心姐姐"，倒像一个光秃秃的小和尚。我很不满意，问照相馆的人怎么照得这么难看，照相馆的人说了句："长什么样，照什么样！"我第一次照标准像，就受到打击，心中有点不快，但又觉得人家说得有道理。回家照镜子看，发现"知心姐姐"头发多，自己头发太少。于是，就把头上方的短发梳了两个小辫儿，下面再梳两根长辫儿，有点像了。但端详着照片，总觉得还少点什么？仔细看，才发现自己缺少"知心姐姐"那可信可亲的微笑。于是，我见人就笑，还热心帮助同学解除烦恼，时间长了，就有了"亲和力"，微笑也成了我与人交往的"见面礼"。记得六年级快毕业时，《北京日报》著名记者司马小萌来校采访我，还拍了照片。不久，报上登出了我戴着红领巾画黑板报的照片，文章题目是《全面发展的卢勤》，第一句写的是："卢勤总是笑眯眯的……"从那时起，我学会用"太好了"的眼光看世界，笑容就没离开过我的脸。前不久，医生还说我是个不把病放在脸上的人。

15岁那年，我成了北京女一中初二年级的第一批共青团员，当了三年团支部书记和校团委会委员。我下午放学经常到故宫后海边与同学谈心，你说我听，我听你说，我再一次体会到"知心"的感觉真好！初三毕业时，我做出慎重的选择：高中毕业考入大新闻系，毕业后去《中国少年报》当记者，当"知心姐姐"。

我清楚地记得，中考作文题目是《我在五星红旗下成长》。看到这个题目，我心里热热的，举笔有无数话要说，眼含热泪一直写到收卷。判卷老师正巧是我的班主任，后来对我说："就算卷子是密封的，我也知道卢勤写的作文字里行间洋溢着对祖国的热爱，对少先队的热爱，看得我热泪盈眶。"

1969 年，我和千百万知识青年一起上山下乡。我担任大队团支部书记，成了农村青年的"知心姐姐"。下乡 3 年没回家，带领青年组成剧团，春节期间去各村演出，深受欢迎。我带领的知青集体户被评为"全国先进集体户"，我还参加了赴京汇报团。4 年后我调到白城知青办工作，并担任了地区知青办副主任的职务，又成了知青的"知心姐姐"。我关心着他们的住房、吃饭、恋爱、婚姻、就业等问题，为他们办起《知青通讯》。1975 年，我光荣地加入了中国共产党，成为白城的团地委委员。

1978 年 11 月的一天，我从广播里听到少先队恢复、《中国少年报》复刊的消息，按捺不住内心的激动，连夜给报社写信，表达我童年的心愿。1979 年，我的愿望终于实现了，我踏入了朝思暮想的中国少年报社。那一天，我流泪了。我没有想到一个孩子的梦想，真的能在未来实现。我下决心要为孩子工作一辈子。那时我 30 岁。

我开始重新学习。我一边工作，一边在中国新闻学院、中央党校、社科院研究生院的新闻系，用 8 年的工作之余时间进行系统的学习。我的收获不仅仅是拿到硕士文凭，更重要的是我深刻理解了"韬奋精神"，并且把"为孩子说话、说孩子话、让孩子说话"作为为孩子办报的宗旨牢记在心。我当了二十几年的"知心姐姐"。对我来说这是一项天底下最有魅力的事业。1996 年我担任了《中国少年报》报社的副总编。2000 年，《中国少年报》报社和中国少年儿童出版社强强联合，组建了中国少年儿童新闻出版总社，我先后担任了副总编辑、总编辑的职务。

2000 年 9 月 12 日，就在我度过 52 岁生日的那一天，我又一次从广播里听到一个好消息：我荣获了第四届中国新闻工作者的最高奖项——"韬奋新闻奖"。激动的泪水再一次流淌下来。

我从事儿童新闻工作 30 年了，韬奋先生无私奉献的精神一直激励着我尽心尽力为孩子们服务。我觉得人生追求的不是成功，而是幸福和快乐。

我对幸福的理解是："干我所爱，爱我所干。"正因为我干了我最爱干的事业，所以我一生是幸福的。

梦想是心灵的阳光，目标是人生的动力。童年，是梦的故乡。信念是人生的火把，它能最大限度地点燃一个人的潜能，引导他飞向梦想的天空。

我感谢少先队，感谢小学生活。正是因为少先队丰富多彩的活动，帮助我放飞了梦想；我感谢《中国少年报》，正是这个小窗口，打开了我的大世界，让我找到一生奋斗的目标。这梦想，这目标，犹如在心中播种了一个太阳，一个给人希望、给人力量的太阳，它会把你带进光明的世界，让你每天乐在其中。

第六章

青年成长期

龙生九子，子子不同

有一次，我去一个地方作家教报告，还没进会场，只见门口有个大红拱门，上面各有两条飞龙，我马上想到一个词：望子成龙。

正在这时，一个中年妇女急匆匆地跑过来问我："望子成龙的讲座在哪儿？"

我笑了笑，指指会场大门："就在那儿！"

报告会一开始，我问台下的听众："男孩的父母请举手！"台下一半人举起手。

"女孩的父母请举手！"另一半人又举起手。

"望子成龙、望女成凤的父母请举手！"

我的话音未落，全场的人都举起手，有人举了两只手！

"可见大家'望子成龙、望女成凤'的心有多急切！"场上爆发出开心的笑。

这种场面可以说场场如此，无一例外。

中国的父母渴望孩子"成龙""成凤"是人之常情，谁不想自己的孩子有出息呀！

可是，大家想没想过，"龙生九子，子子不同"。传说龙有九个儿子，有会呼风的，有会唤雨的，有爱负重的，有爱戏水……他们各有神通。龙妈妈很会培养孩子，她把善于负重的龙儿赑屃派到庙里驮碑，虽然很辛苦，但赑屃很乐意；她让喜欢戏水的龙儿蚣蝮当水神，守护在河边防止水患，虽然劳累，但蚣蝮很开心；她让善于四处观望的龙儿螭吻站在房檐上保平安，虽然每天风吹日晒，可螭吻总是喜笑颜开……龙妈妈根据每个儿子不同的兴趣爱好，委派了不同的工作，发挥着不同的作用，所以龙儿们又高兴又不负众望。

这个传说里龙妈妈的方法叫：因材施教，扬长避短。

培养孩子也是一样的道理：孩子都是不同的，各有各的特点，各有各的长处，各有各的兴趣。

有的孩子可以是"音乐的孩子"。音乐响起，他或专心地欣赏，或翩翩起舞，或情不自禁挥臂指挥。舟舟就是一个属于音乐的孩子。

舟舟是不幸的，一生下来就是一个残疾的孩子。他讲话含混不清，走路跌跌撞撞，四五岁时连鞋带都不会系，别的小朋友都叫他"小傻子"。

作为父亲，舟舟的爸爸和其他爸爸一样望子成龙。但是不同的是，舟舟的爸爸知道"龙生九子，子子不同"，自己的儿子与别人的儿子不一样，老天没有给他一个健康的肢体，就一定会给他一份不一样的礼物。于是他用父爱的目光，极力去发现那份"不一样的礼物"。

有一天，舟舟的爸爸忽然发现，儿子拿着手中的筷子，学着乐队指挥使劲挥舞，神情十分专注。

爸爸心中大喜：原来儿子对指挥有兴趣！

看到儿子指挥的样子那么认真，那么投入，父亲给儿子买了一根真正的指挥棒！舟舟欣喜若狂，从此迷上了指挥。

终于有一天，在乐团练习厅，关爱舟舟的叔叔阿姨们，让舟舟走上了指挥台。舟舟从容不迫地在大家面前表演起来，获得了第一次成功。

终于有一天，舟舟登上了真正的舞台，身穿燕尾服正式亮相，好心的观众给予他雷鸣般的掌声。这鼓掌声像惊雷，完全唤醒了他心中沉睡的巨人，他感觉到"我能行"！

终于有一天，舟舟作为中国残疾人代表团重要成员赴美国演出，在国际舞台上获得了圆满成功！

没有压力，没有功利，没有恐惧，没有杂念，舟舟有的只有热情。原来，这就是老天给舟舟的"不一样的礼物"。

有的孩子则是"图画的孩子"。他们的右脑开发得较早，形象思维能力较强，想象能力也比较强，脑海中经常出现一幅又一幅图画。

上海有个 15 岁的中学生，叫武毅恒，他用普通铅笔画成一幅长 4 米、宽 50 厘米的《世界畅想图》，上面有古罗马斗兽场、北欧风车、悉尼歌剧院、美国自由女神像、法国埃菲尔铁塔、意大利比萨斜塔以及中国的长城等。这些景物都在作品中呈现。武毅恒还把幻想画入图中：在美洲和欧洲之间的大西洋上架起一座跨海大桥，高耸入云的建筑物中穿行着机器人，天空中飞翔着航天飞机、卫星……这幅畅想图创下"上海大世界吉尼斯纪录之最"。

现在，用图画记忆的孩子越来越多，这种孩子一般创造力都比较强。

我自己也常用图画记忆，别人讲的事，书上看到的事，自己想的事，常常在我的脑海中出现一幅幅的图画。所以，我讲话从来不拿稿，我是把我心中的图画描述给别人。如果写好稿再讲，常常会欠生动，影响沟通。

有的孩子是"文字的孩子"。这种人有"过目不忘"的本事，他们的眼睛像摄像机，看一眼就全部"拷贝"下来。

我有一位朋友，是领导干部，他具有这种能力。他说他一边工作一边攻读硕士学位，每次考试，只要他看过的书，就会在脑海中留下很深的印象，答题时，就好像书放在旁边抄一般。

有的孩子是"数字的孩子"，这种人逻辑思维较强，想问题深透，表达问题严谨。

我大哥就是个从小喜欢数学的孩子。他做数学题，就像在做游戏。我很少看他写作业，可他后来告诉我，各种数学题他都做过，经常是在学校里就做完了。他在小学、中学、大学里的成绩一直名列前茅，中学时参加全国数学竞赛经常获奖。他是中国第一批研究生，并在美国获得计算机硕士、数学博士学位，还做过博士后，现在是美国一家环保部门的计算机中心专家。

我大哥手很巧，他只用一根枣木的椅子腿，竟刻出了一把小提琴；他用两个小纸盒和一条铜线，竟给我和二哥做了两个"电话机"；他还能用一个凸镜做一架望远镜。

我妈让他去买西瓜，他从来不挑，抱一个就回家，理由是：反正西瓜都会卖出去。但切西瓜时，他总是琢磨：怎样少切几刀，多切几瓣。

每次买西瓜，我妈都让我陪他去，因为我从小就会挑西瓜。

我大哥的脑瓜很灵光，饭做得又快又好；剪裁衣服，面料算计得很准确，剩下的布头都没有超过一寸宽的。

正是因为他不是书呆子，生活能力很强，所以他三十多年前去美国留学时，在又没钱又没熟人，英语都不会几句的情况下学有所成，成绩卓著。他的领导说他是"少有的天才"和"难得的专家"。

我问他成功的秘诀，他只说四个字——勤能补拙。

我觉得，我的妈妈是一个了不起的教育家，她虽然没有受过高等教育，可她懂得"子子不同"的道理，她从不拿她的六个孩子互相比较。她从不和我说："你瞧你大姐多棒呀，北医高才生！你大哥多棒呀，洋博士！你二姐多棒呀，北京市优秀辅导员！你二哥多棒呀，上小学就演过电影！你小妹多棒呀，算账算得那么快！"也从不和别人说："你看卢勤多棒呀，老上电视，得了那么多奖！"

妈妈的口头禅是："三百六十行，行行出状元。干什么都有出息，只要你爱干，好好干，都能干好！"

妈妈临终前，曾对小保姆说："我给我的每个孩子送一个礼物。"

"您送我二姨什么礼物呀？"小保姆好奇地问。

妈妈说："我送她一把锁，她会看家！"我二姐是当老师出身的，干什么都极为认真，她办的事都记得十分清楚，我们都把家里钥匙放她那里保管。

"那您送我三姨一个什么礼物呀？"小保姆又问。三姨就是我。

我妈说："我送她一个喇叭，让她到外面吹去吧！"

知女莫如母！我从小就好说，上幼儿园时，经常在家表演，上小学时就开始"做报告"。

上中学时，我担任校团委会委员，常常给低年级同学上团课，去别的学校介绍办校报的经验；去农村插队时，我们巨丰山北京知青集体户被评为"全省先进集体户"。我作为户长到县、地、省级的大会上做汇报，后来参加"北京知青赴京汇报团"，在北京工人体育馆面对千人演讲，那时我20岁出头。从那时起，我可以不用讲稿演讲了。

后来到《中国少年报》报社工作，我做了"知心姐姐"，演讲已经成为我工作中的重要部分。

如今，站在讲台上，我感受到的不是辛劳而是快乐。我觉得能把自己亲身的体验、学习的收获、思考的感悟与他人分享，是一件十分幸福快乐的事情。演讲靠的是激情，而激情来自于热爱。

你看，我这个普普通通的家庭，普普通通的六个兄弟姐妹，每个人都干着不同的工作，发挥着不同的特长，享受着各自的快乐，品味着各自的幸福。幸福是一个简朴又深刻的东西，不需要和别人比。

这就是生活，平常、平静的老百姓的生活。

一个家庭是这样，一个班级、一所学校不也是一样的道理吗？

人与人之间是有差异的，兴趣爱好各有不同，所从事的工作也会不同，那为什么要把他们比来比去呢？你家孩子是"龙"是"凤"，与人家孩子没有关系。不要觉得人家孩子成绩比你家孩子好，人家孩子考上的大学比你家孩子考上的大学名气大，所以人家孩子就是"龙"，你家孩子就是"虫"。

我们应该做的，是尊重每个孩子的天性，发现每个孩子的优势，挖掘每个孩子的潜能，培养每个孩子的兴趣，帮助每个孩子确定好人生的目标，让他们成为知识渊博的人、心胸开阔的人、兴趣广泛的人、敢于创新的人。

做到这些，你的孩子必是"龙"，必是"凤"，因为他做了最好的自己。

热忱能激发潜能

每个人的身上都蕴藏着一份特殊的才能，那份才能犹如一位熟睡的巨人，等着我们将它唤醒，这个巨人就是"潜能"。

一个天生智力低下的男孩，竟然能登上国际大舞台，成为一个天才的乐队指挥；一个连话都说不清楚、最简单的算术都不会的"傻孩子"，竟然能指挥国家乐团，演奏出震撼世界的名曲，赢得中外听众的阵阵掌声！

是谁开发了舟舟的潜能？

是谁创造了人间的奇迹？

是舟舟的妈妈，是舟舟的爸爸，是一切爱舟舟的人，更是舟舟自己！

舟舟的妈妈爱舟舟，她的爱与众不同。

看到儿子笨手笨脚，被别人耻笑，被别的孩子欺负，做母亲的谁不心疼？但是，舟舟的妈妈却没有因为怜悯儿子、心疼儿子，而替儿子包下一切，去做儿子的保姆，什么都为儿子干。她想得更长远：如果有一天自己离开人世，儿子独自怎么生存？他必须有本事才能活下去。于是，舟舟的妈妈狠下心，让儿子学会自己生活。

最初，她让舟舟学习系鞋带。舟舟总也系不上，妈妈不放弃，一遍一遍地教，舟舟一次一次地练。终于有一天，舟舟自己系上了鞋带。妈妈很高兴，走近一看，原来系的是死扣。妈妈有些生气，刚想说儿子几句，但是当她看到儿子看着自己的"杰作"嘿嘿地笑时，她的眼泪流淌了下来。她明白了，世界上没有任何东西能比得上自己努力换来的成果所带来的快乐！对孩子来说，只要是自己亲手做的，哪怕再不好，也是一种成功！

在以后的日子里，妈妈就是用这种爱孩子的办法，一次次地激发着儿子的潜能。

可以说，是母亲的爱唤醒了舟舟的潜能，让舟舟找到快乐的源泉。

热忱是世界上最大的财富。它的潜在价值远远超过金钱与权势。热忱就像发电机一样能驱动人、引导人奔向光明的前程，能激励人去唤醒沉睡的潜能、才干和活力，它是从心灵深处迸发出来的一种力量。人一旦遇到让自己热血沸腾的事情，潜能就会迸发出来。舟舟遇到了，当他登上乐团的指挥台时，他达到了"忘我"的状态。他热血沸腾，所有的神经都处于兴奋状态，去完成自己内心渴望的事，不受任何干扰，于是，他的潜能充分地发挥出来了。热忱正是舟舟成功的原因。正像著名作家爱默生所言："有史以来，没有任何一项伟大的事业不是因为热忱而成功的。"

热忱，让人在自己的兴趣爱好中不断地体会着快乐。并且，这份热忱还能够感染他人，给他人带来快乐。

舟舟的成长，值得我们每一位父母探究；舟舟的成功，值得我们每一位父母思考。

热忱，能激发潜能；爱，能创造奇迹。

每个人都有自己的潜能，当一个人成功做到一件事时，他的潜能就会释放出来，感到"我会做得更好""我能行"。这股能量，会让人快乐地接着做下去。

遗憾的是，我们有些父母都忘记了激发孩子潜能比什么都重要的道理，恨不得什么都替孩子干，嘴里还喊着："只要你能考上大学，什么活儿都不用你干。"结果呢？事与愿违。

爱孩子，就不要怕孩子吃苦。身在苦中不知苦，长大才能少吃苦；身在福中不知福，将来必定吃大苦。做人要有"两不怕"，一不怕吃苦，二不怕吃亏，这样的人才能获得幸福。父母过度的保护，只能带来孩子的无能。

爱孩子，就要放心让孩子去经历人生的困难；爱孩子，就要让孩子亲身体验劳动的快乐。人的潜能开发过程，其实就是自信心培养的过程。人只要相信自己能行，勇敢去实践，潜能就一定会开发出来。

这种爱，是相信孩子能行，并且给孩子展示"行"的机会，唤醒孩子的潜能，而不是包办一切，让孩子认为"我不行"。

这种爱，是观察孩子学什么最感兴趣，激发孩子学习的热情，找到适合自己的目标，而不是拿自己的孩子与别人家孩子作比较，对孩子不满意，摧毁孩子的热情。

这种爱，也是对孩子价值的尊重，让孩子对自己的目标全情投入，不受任何干扰！与其说成功取决于人的才能和特长，不如说它取决于人的激情和热忱。

　　舟舟的妈妈在临终前用心写下一本书——《舟舟》。她想告诉天下爱孩子的父母：每个孩子都有一份"不一样的礼物"，大家快帮孩子找到这份礼物吧！

舍得"用"，孩子才能成大器

"只知怜惜孩子，不舍得使用孩子"，这是当今父母的爱的误区。这使我想起了"触龙说赵太后"的故事。

故事发生在春秋战国时期。

公元前265年，秦国进攻赵国，攻取了三座城市。因为赵王刚刚即位，所以由赵太后执掌政事。赵国向齐国求救，齐国答复："必须以赵公子长安君（赵太后的小儿子）为人质。"赵太后不肯，齐国也就不发救兵。赵国大臣一再劝谏太后，赵太后发怒了，说："谁要再来说让长安君去做人质，我老婆子一定往他脸上吐口水！"

左师（官名）触龙求见太后，太后怒气冲冲地等着他进来。触龙小跑着进来坐下，道歉说："老臣我的腿不灵便，很久没有来看望太后了，又担心太后身体有什么不舒服，所以还是恳求来拜望太后。"

太后说："老婆子我只能靠人推车来往了。"

触龙又问："饭量减少了吗？"

太后说："只是喝粥而已。"这时太后的不悦之色稍退去了些。

触龙说："我的儿子舒祺，年岁最小，又不大成器。而我老了，私下里最怜爱他，希望能让他补个黑衣卫士的空缺去护卫王宫。所以，我冒昧地不顾犯死罪的危险向您提出请求！"

太后说："可以。他多大了？"

"十五岁了，虽然还小，我还是希望在自己入土之前把他安排好。"

太后问："大丈夫也会疼爱小儿子吗？"

触龙回答说："比妇人还厉害呢！"

太后笑道："还是妇人厉害。"

触龙却说："我私下里觉得老太太您疼爱女儿燕后胜过爱小儿子

长安君。"

太后说:"你错了!我疼爱燕后远不如爱长安君。"

触龙说:"父母疼爱子女,就要为他们做长远考虑。当初燕后出嫁时,您抓住她的手直掉眼泪,想到她嫁到那么远的燕国,心情十分悲伤。燕后离开后,您不是不想她,但祭祀时您却祷告说:'千万别让人送回来(送回娘家表示被休)!'这难道不是做长远考虑,希望她的子孙能在燕国相继为王吗?"

太后点头说:"是的。"

触龙又说:"从现在上推到三代以前,赵王的子孙当中那些被封侯的,现在还有没有继承人在位呢?"

太后回答道:"没有了。"

触龙说:"这就是说,封侯者太近的,灾祸会殃及自身;封侯者太远的,灾祸会殃及子孙。难道说君王那些封侯的儿子都不成材?只是因为他们地位尊贵而无军功,俸禄丰厚而无劳苦,又享有许多国家的宝器。如今您提高长安君的地位,封给他良田美地,又赐给他很多宝器,却不让他现在为国立功,那么,等您去世后,长安君靠什么在赵国立足呢?"

太后醒悟道:"好吧,随你去安排吧!"于是下令为长安君准备一百乘车,去齐国做了人质。

齐国随即发兵,秦国军队撤退了。

触龙说得对,"父母爱其子,则为之计深远",父母疼爱子女,就要为他们做长远的考虑。让孩子从小学会做事,建功立业,长大才能担当国家之大任;如果只是一味呵护,百般怜爱孩子却舍不得使用他们,就会让他们"位尊而无功,奉厚而无劳",虽"挟重器多也",却担不起任何责任,这样不就害了孩子吗?

所以,爱孩子,就要舍得用孩子。

一个人在被他人需要和使用时,才能感受到自己的价值。

一个孩子被大人需要和使用时,才能感受到自己幼小的生命是多么伟大,进而感悟到一种深深的爱意,并且产生强烈的责任感。

你舍得用,孩子很容易体会到他的价值所在,这会让他的自信心大大增强;

你舍得用，孩子不再纸上谈兵，而是在实干中得到锻炼，加强他们适应社会的能力。

如果希望孩子将来对祖国负责，对人民负责，那么从小就要培养他对家庭负责，对父母负责，对自己负责的意识。而这种崇高的责任感的产生，是需要动力的。这动力便是父母的需要。

有的父母把儿子当"宠物"养，什么都替孩子干，从不让儿子为自己做点什么。有些人从小给文弱的男孩起女孩的名字，穿女孩衣服，但对淘气的男孩，非打即骂，很少有肯定和鼓励。不少妈妈还常常当着儿子的面对外人讲"我的儿子胆小""怕黑""像女孩""什么都不行""笨得要命"，久而久之，胆小无能且没有责任感的男孩就被她塑造出来了。

其实，母亲对儿子的肯定，最能激发男孩的潜力。为了给妈妈一个惊喜，儿子可以创造奇迹，这种动力能使一个弱小的男孩成为勇敢的男子汉。

那么，父母该如何使用孩子呢？我在许多书中都表达了感受：享受儿子，对儿子说"有儿子就是不一样！"

我是一个男孩的母亲，我从儿子小时候起就常对他说这句话。儿子3岁时，有一次我抱他挤公共汽车，不料腿下一软，我没挤上车，差点摔在路边。儿子马上关切地问我："妈妈，您怎么啦？"我认真地对儿子说："妈妈下乡插队时，把膝盖摔坏了，抱着你上不去车。"

儿子一听，马上跳到地上，用小手为我捶腿。我抚摸着他的头，欣慰地说："有儿子就是不一样！"儿子十分得意，以后再也不让我抱了，而且经常为我捶腿。

儿子上小学二年级的那个盛夏，一天我下班回来，儿子兴冲冲地端上一杯茶："妈妈，您喝茶！我为您倒的。"茶已经凉了，我胃不好，不爱喝凉茶，但我仍一饮而尽，然后知足地说："有儿子就是不一样！如果茶再热一点就更好了！"第二天，我就"享用"了儿子倒的一杯热茶。

父母的"享用"，能让孩子体验到他为我们提供服务的价值，于是，他的服务意识会大大增强。

儿子上四年级时，一天，他爸爸要出差，儿子高兴了，我却为难地对他说："你高兴了，我可惨了，下了班还得急忙回家为你做饭。"谁知，儿子拍着胸脯，神秘地说："爸不在，还有我呢！"看他那样子，我仿佛有了"依靠"，马上"恍然大悟"："对！对！还有你，你也是个男子汉！"

出乎我意料的是，第二天，放学后他早早地回到家，炒好两盘菜，放在盘子里，还用碗盖上。我一回家，儿子马上说："妈，您快去洗手，我给您盛饭去！"

我特别"听话"，洗了手，就在饭桌前坐着。儿子盛来饭，我大口大口吃起来。

儿子在旁边看着，用电视广告里的语气问："味道怎么样？"

"味道好极了！"我也用了"广告语"。

"和我爸做的菜比怎么样？"

"比你爸炒的菜强多了！"我夸张地说。其实，他的手艺比他爸差远了，菜还有点不熟呢！但几年以后，儿子就是炒菜的好手了。

儿子上大学了，每次陪我出去买东西，大包小包全是他拎着，什么都不让我拿，他说："您把钱包拿好就行了！"妈妈走在前边，儿子拎着东西跟在后面，感觉真好，好像在向人们显示："有儿子就是不一样！"

儿子工作了。有一年过春节，他爸爸回东北了。儿子住在10层，我住在13层，初一那天，儿子给我打电话："12点下来吃饭。"我准时去赴约。儿子做了一桌好吃的，我吃得很开心，儿子问："吃饱了吗？"我说："吃饱了。"儿子问："好吃吗？"我说："非常好吃。"儿子说："那您可以上去休息了，我来收拾。"我说："那太好了。"我擦擦嘴就走了，心想，一个女人被两个男人爱着，多幸福呀！

一次我在温州讲学，当地团市委的一位女书记带着9岁的儿子来听。我讲了上面所说的故事。第二天，这位书记对我说："我儿子长到9岁，从未帮我做过任何一件事。昨天儿子破天荒地帮我背包，一路上，他一边走一边不停地朝我看。我问他：'你怎么老看我？'儿子说：'您还没说，有儿子就是不一样呢！'"

你看，不是孩子不愿、不会替父母做事，而是孩子从未受到过父母的肯定和鼓励，从未体验过帮助父母做事的快乐。就像前文所说的，一个人只有被他人需要时，才会产生动力，产生真正的快乐。

尚秀云是北京市海淀区人民法院"少年法庭"的著名法官，少年犯都亲切地叫她"尚妈妈"。一天，我对她讲了上面的故事，她竟遗憾地说："我虽然鼓励过许多少年犯，却从来没有赞美过自己的儿子。我儿子对我特别好，他已经去上海工作了，家里的电器大部分是他买的。"

一天晚上，尚秀云打来电话告诉我："有一天，儿子从上海回家来，我情不自禁地说：'有儿子就是不一样！我一开洗衣机，一开电冰箱就想起你，有儿子真好！'"

"没想到，儿子听完这番话，双眼放光，对我说：'妈，您把刚才的话再说一遍！'"

"我又讲了一遍，儿子马上说：'妈，您等着！我再扛一件电器回来让您看看！'"

电话里，我俩开怀大笑。笑着笑着，我发现，我的眼泪淌下来了。

儿子多么渴望被母亲需要，被母亲肯定。母亲之于儿子的伟大，不在于能否让儿子上大学、出国留学，而在于让儿子有一种成就感，找到自信，找到自我，找到父母和社会对他的需要！当他找到了父母和社会对他的需要，他便找到了一种责任，一种幸福。

有一次，我在电视节目里阐述了这个观点。事后，一个上中学的男生对我说："我妈听了你的话，天天朝我喊：'有儿子就是不一样！'我可惨透了，我们家的活全由我包了！"

我问他："你爱听这句话吗？"

"当然爱听了，我听了心里美滋滋的，累点也高兴！"他得意地说。他说这话的时候，好像又沉浸在被母亲需要的幸福之中。

真正爱孩子的父母，要在儿子面前表现得弱一点，给孩子一点爱他人的机会。别总把自己看成高山，视孩子为小草，让孩子靠着你、仰视你、畏惧你；更不要当大伞，视孩子为小鸡，为孩子遮风挡雨，让孩子弱不禁风。

母子换个位置、换个形象吧！让儿子做高山，儿子就会长成山；让儿子当大伞，儿子就能顶天立地！

关于"使用"女儿，我也有一句话：欣赏你的女儿，对女儿说"有个女儿真好"！

小时候，每当我为父母做了点事，他们总是会说："有个女儿真好！"这句话让我觉得，父母最需要我、最欣赏我。其实，在父母眼中，6个孩子都好。

长大了，因为工作的需要，我常常外出采访，没有时间陪伴爸妈，心里觉得很内疚。所以，每次去外地都会买很多好吃的给他们。妈妈逢人就讲："有个女儿真好！坐在家里就能吃到全国各地的好吃的！"于是，我采购的积极性更加高涨。我总是希望能带给爸爸妈妈一份快乐，让他们享受幸福的晚年，我也能从父母"有个女儿真好"的赞叹中得到满足。

"有个女儿真好！"是父母对女儿的欣赏，也是对女儿最大的鼓励，它能使女儿看到自己存在的价值，充满乐观与自信，学会善良与关爱。

一个女孩，如果从小能够得到父亲的关爱，有助于培养她良好的性格、开朗大度的胸怀以及擅于交往的能力。相反，一个从小失去父爱的女孩，在择偶时容易选择一个父亲般的男友，或者总是对男性心怀仇恨。

有父亲爱的女儿是快乐的，有女儿爱的父亲也是幸福的。

一位年轻的爸爸对我说："一天，妻子不在家，我生病了，独自躺在床上。我5岁的女儿轻轻走到床边，用手摸摸我的头，细声细语地说：'你发烧了，别哭，我给你拿药去。'她拿来两片小孩吃的果味维C片，倒了一杯凉开水，说：'乖，吃药。这药不苦，好吃。'我乖乖地把'药'吃下去，眼泪却不知不觉流了下来，我的心中涌起一种幸福感：有个女儿真好！我把这句话说了出来，后来，女儿对我更加关心。"

父亲和女儿说这句话的时候，要轻轻地、柔柔地，不要粗声粗气地说，让孩子觉得你傻乎乎的。

父亲经常地"使用"女儿、依靠女儿，父亲就成了女儿心中的牵挂。她会时刻想着你、惦记你。

世界射击冠军王义夫的女儿曾是北京崇文区一所小学的学生。一次王义夫要去参加一个重要的国际比赛，王义夫的女儿这天连课都没上好，一直在走神儿，老想着爸爸的比赛会怎样。中午放学后，她跑到一家商店，看许多人在看电视，她也挤过去，忽听有人说道："王义夫才得一块铜牌！"她哭着跑回家，家人问："怎么了？""没事儿，挺好。"她说完头也不回地走进自己的房间，写了一篇日记，上面写着："没拿到金牌，爸爸也是最棒的！"

王义夫对我说："看到女儿写的这句话，我的眼泪一串串往下流，女儿就是我心中的金牌。每次比赛的时候，只要想到我的女儿，我就感到非常有力量，真的觉得有个女儿真好！"

如果说母亲是大地，那么父亲便是一片蓝天；如果说大地能够创造生命，那么蓝天就应该包容世界。天地合一，万物才能和谐健康地生长、繁衍，这是自然界发展的规律。天下的父母都该用博大的胸怀去接纳自己的女儿、欣赏自己的女儿，陪伴女儿在人生的道路上长大。

"有个女儿真好！"这句充满感情色彩的赞语，如果能被父母经常使用，那么你的女儿就会发生奇妙的变化。

父爱、母爱，都是天然的黄金，天然的钻石，没有人会去怀疑她。

大胆地"使用"你的孩子吧！

儿女会从你的"使用"中感受到你的信任。他们肩虽小，但是他们未来的责任重大。让孩子稚嫩的肩膀，先承担一些力所能及的事情，这也是一种宝贵的关爱。

"用"习惯了，你便会成为儿女心中永久的牵挂！

儿子给您挣回来了

一天，上高中的儿子扛着一个纸箱回到家，兴致勃勃地对我说："妈，儿子给您挣回来了！"

"挣回什么啦？"我好奇地问。

"挣回一箱方便面！"

"你怎么挣来的呀？"我有点不安。

"今天去和同学打保龄球。保龄球馆搞活动，能正好打到100分，就可以得到一箱方便面。我很幸运，正好打了100分！"儿子很得意。

"多一分、少一分都不行？"我故意问。

"不行。必须是100分。"儿子很自豪。

"哇！你可真不简单！能正好打到100分难度可够大的！你妈最爱吃方便面了！"我由衷地说。只见儿子一脸的成就感，我心中顿时盛满感动。不为他的技术，而是为他的孝心。

过了一些日子，儿子又扛回一箱方便面："妈，儿子又给您挣回来了！"他又打了100分！

"得一次容易，得两次可难了！"我羡慕地说。

又过了些日子，当儿子第三次扛回方便面时，我说："儿子，别再挣了，挣到了也别往家扛了，这些方便面咱家一年都吃不了啦！"

儿子的行动让我明白一个道理：处在青春年华的少年，需要找到自我价值。当他们能用自己的劳动，为父母做点事情证明了自己价值的时候，他们会真正品尝到劳动换来的快乐。所以，充分地信任孩子，大胆地"使用"孩子，尽情地享受孩子，才是真正地爱孩子。用悦纳的心灵去帮助孩子认识自己，是青春期父母的必修课。

15～17岁的孩子，正处在青春期中期。他们必须在情感上跟父母分开，确认自己能够独立做事。如果我们不明白这个道理，对他的行为挑鼻子挑眼，就会引起他们的反感。

如果儿子兴致勃勃地扛着一箱方便面回来，兴奋地说："妈，儿子给您挣回来了！"

你用怀疑的口气说："从哪儿挣来的？不是偷回来的吧？"

儿子辩解："是打保龄球打了 100 分挣回来的！"

你一听，气不打一处来："你不好好做作业，打什么保龄球？考试考不好，看我怎么收拾你！"

"妈，您不是爱吃方便面吗？"儿子已经不高兴了，强忍着愤怒说。

"我爱吃我不会自己买去呀！要你挣？你能考上大学我就烧高香了！"

儿子无语，回到自己房中，把门"嘭"地一关，冷战开始了！

难道我们与上中学的孩子的话题穷得只剩下"考大学"了吗？处于青春期的孩子，更需要的是理解，是信任，是"我的青春我做主"，而可怜的你只是抢答："我都是为你好！"用良好的意愿作借口，忽视孩子的情感需求，定会造成他与你离心离德。

"儿子给您挣回来了！"这话洋溢着一种男子汉的阳刚之气，听起来多爽。其实在生活中，"挣"的机会很多，可是，我们有些父母却不相信孩子能行。

一次，我去某市开会。返京那天，市妇联主席带着上中学的儿子去机场送我。

一路上，这位主席在儿子面前，一直不停地向我讲述她怎么疼爱儿子，可儿子如何胆小无能，如何不会与人相处，以及她对儿子的种种担心。

我只是听，一句话没说。

一到机场，我拿出机票、身份证及 20 元钱，从容地交给她儿子："我还有事要和你妈说，劳驾你帮我去办一下登机牌，另外买一份保险，谢谢啦！"口气就像拜托一位老朋友。

"行！"孩子爽快地答应了，刚要接过机票，机票却落到了她妈妈手里："还是我去吧，我儿子哪行呀，他从来没办过！"说完拔腿就要走。

"回来，回来！"我拦住她，"他不试，怎么知道他不行呀！"

我重新把机票、身份证及钱交到孩子手中："你快去吧！我相信你行！"

我拉住她坐在长椅上，和她谈论刚才发生的这一切，而她却六神无主，东张西望，坐立不安："我儿子从来没来过机场，他哪找得到地方？万一走丢了怎么办？"

"坐下，坐下！"我硬拉她坐下，"你就放手让他去吧，不会有事的。你看你儿子都比你高，16岁了，我像他这么大的时候都下乡插队去了，再说我们就在这里等着有什么不放心的？"

时间一分一秒地过去，仍没见孩子的踪影，妈妈急得像热锅上的蚂蚁，我硬拉着她，没让她去找孩子。

又等了一会儿，孩子终于回来了，兴冲冲地把登机牌交到我手中并对我大声说："办好了！只是买保险耽误了点儿时间，人多，得排队！"

"你真棒！我没告诉你去哪里办，你怎么就找到了？"

"问呗！"

"你的办事能力真强！"听了我的夸奖，孩子满脸自豪地朝她妈妈一笑，说道："你看，我行吧！"

妈妈擦着满头大汗服气地说："没想到，我的儿子还真买回来了！说实话，我从来没相信过他！"

处在青春期的少年，当他们独立完成一件事之后，他们所获得的愉悦会超过获得一个好分数、吃到一顿美餐、看到一部好电影，因为那是用他们自己的劳动创造出来的。

商量是沟通的好方法

许多父母可能都听说了豆瓣网中出现一个小组，名为"父母皆祸害"，其中涌动着大量控诉父母的声音。小组于 2008 年初创立，数万人聚集在一起控诉自己的父母，让人看得触目惊心。

其中，许多怨恨都与亲子沟通不畅有关。

一位网友说："有时候总有这样的感觉，本来我很想跟父母好好聊聊，但是一跟他们说话时，或者我还没说几句话，他们一张口，我就觉得，好吧，就到这儿吧，没有再进行的必要了。"

另一位网友说："只要我说了自己的观点，他们会一边说'我们尊重你的想法'，一边不停地说我的想法怎么错误，他们想法怎么正确，一再强调父母不会害自己的孩子，父母不会让孩子走弯路的……不停地说，还说我不听他们的话就是不孝顺，没良心，不识好人心。也正是因为这种原因，他们习惯了我的听话，习惯了安排我的生活。

"不过，90 后的我长大了，当我要追逐梦想的时候，才发现路已经被安排好了。我想反抗，可是不接受的结果就是要背负不孝的罪名。在选择的路上，我输给一个'孝'字，我听从了父母，却被别人说成要靠父母养的人。"

…………

众多人的"控诉"，反映出一个共同的原因：他们都因为与父母沟通不畅，心灵受到了伤害，产生了怨恨才集合在一起的。

沟通是非常重要的，它关系到家庭幸福，关系到亲子关系的密切，也关系到社会的稳定。

所以，亲子沟通是必修课。

沟通主要有两个目的，一个是分享，一个是建立共识。

一般人都以为沟通是"我与对方分享我讲话的内容"。但事实上，沟通过程中，讲话内容占的比例很低，而你跟别人互动过程中所送出去的讯息，包括你的脸色、表情与讲话的口气、方式，这些所占的比例非常高。

所以，亲子沟通中单纯让对方"听话"是达不到沟通的目的的，但"商量"是个绝好的方法。

在这方面，我挺佩服儿子。

从小到大，儿子从未和我顶撞过，有事总是好说好商量。一方面是因为儿子懂事有涵养，另一方面是因为我知道"强扭的瓜不甜"。

这话听起来，有老王卖瓜的嫌疑，可回想儿子成长的历程，记住的都是"商量成功"的故事。

记得上高中时，有一天，儿子对我说："妈妈，和您商量一件事。"每次有重要的事情时，他都会这样说。

"新年就要到了，周六我们三个男生要去另一个男生家住一个晚上，欢度中学的最后一个新年，一起听听新年的钟声。"儿子委婉地说。

"不行！"我口气坚决，"前几天开家长会，老师说了，不让到同学家过夜。"

儿子看我态度坚决，没有再坚持。（你看他多聪明，时机不到，他打住了。）

过了几天，儿子忽然问我："妈妈，您写的书没有人看怎么办？"

我以为他指的是那本《写给年轻妈妈》，便很有把握地说："有人看，这本书发行200多万册哪！"

"我是说，假如没人看，您会是什么心情？"儿子换了一个角度提出问题。

"那我当然会伤心的。"我坦白地说。

"这就对了，"儿子一拍大腿，"您想想，同学的妈妈听说我们要去住，屋子都收拾出来了，晚饭也准备好了，可我们又不去，人家白准备了，一定很伤心的。是不是这个道理？"儿子显然比小时候更能说了。（他掌握了沟通最重要的技巧：以他人为主导。这让人听了心里痛快。）

"道理是这样，可学校开家长会时说了，有几个同学去别人家过夜，家长有意见，告到学校去了。所以，我不同意这样做。"我一再申明反对的理由。

"那几个同学是不对，事先没和家里人商量好，让家长着急了，家长当然反对了，我这不和您商量嘛！"儿子耐心地解释着，等待我的回答。（他使用了沟通的另一条技巧：召唤同理心，建立共识。）

听到"商量"这个词，我心动了。是啊，儿子为了达到目的，真是煞费苦心，他用"商量"来说服我，我有什么理由拒绝他呢？再说，他已经快18岁了，有行为能力了，我干吗要管那么紧呢？于是，我问清到时都有哪几个同学一起活动后同意了。我要求他告诉每一个同学，让他们事先和家长商量好，并嘱咐他早一点回家。

儿子乐了："我早知道妈妈是个明白人！"他自己有一种成功的喜悦，还不忘给别人以赞美，让别人也有成功的喜悦。（他使用了沟通第三条技巧：分享成功。）

从儿子的幼儿时期到高中时期，以至今天，我和儿子一直用"商量"的办法相处。"商量"使亲子之间增进了信任，增强了感情，避免了冲突和对抗；"商量"使儿子从小学会了从别人的角度来观察事情，思考问题，学会民主和平等，学会包容、尊重和友谊，同时也锻炼了他的说服力，使他具备作为领导者的能力。

父母不要跟孩子"较劲"，认为"我是父母，你就要听我的"，这种武断只能把事情搞砸。孩子会认为你是成心和他们对着干，阻止他们的好事。心理上的反感，会让他们背着你去做事，回来你们大闹一场，也会是两败俱伤，无济于事。

父母不能用命令的口气或者盛气凌人的口吻跟孩子讲话。我们和孩子之间，应该像成年人那样，进行互相尊重的交谈，用"商量"的口吻说话。诚然，许多处在青春期的孩子从来都不愿意接受父母过多的指导，但是这并不意味着他们没有从谈话中受益。

孩子与你商量他想做的事，你不能一味地反对，也不能一味地支持，而是要冷静地提出建议。

当你考虑是否允许孩子去做一件事情的时候，应该问问自己：这件事安全吗？合法吗？它是否会违反你们的核心道德准则？你的孩子考虑到后果了吗？他是自愿这样做的，还是因为别人（老师或同龄人）对他施加了太多的影响？集中考虑了这些问题之后，你就能做出最好的判断，也能帮助你的孩子做出明智的选择。

2011年第一期《知心姐姐》杂志的"生存智慧"栏目里，发表了一篇专题策划，题目是《超越对父母的"控诉"，完成自我成长》，为孩子解惑：既然控诉不能让我们彼此靠近，那有什么办法才能让我们和父母坦诚相对呢？

"知心姐姐"给青少年朋友支了三招：

第一，使用"非暴力沟通模式"：阐述事实、表达感受、提出需求、发出请求。

了解自己——确定我们内心想要的；

了解父母——理解父母为何会这样；

让父母了解自己——敞开心扉，把自己的感受讲给对方。

第二，在"心理天平"上增加3枚"理性"砝码。

第一枚：当父母脾气暴躁时，学会克制和控制自己的情绪；

第二枚：宽容他人、原谅他人、让自己内心变得更强大。

第三枚：开始自己的生活，不依赖别人。

第三，在索取时，别吝啬付出。

生活需要办法，沟通需要智慧。我想每一位父母和孩子沟通，都有自己的方法。如果能互相多交流交流，该多好。

过程比结果重要

在过去的日子里，我参加过 N 次颁奖会，一开始是别人给我颁奖，后来是我给别人颁奖。可以说，各式各样的颁奖会我经历了许多，一些热闹的场面至今还历历在目，然而让我大为感动的却是在日本东京出席的一次颁奖会。

2007 年 3 月 9 日，我带领两名中国孩子去日本东京领奖，参加了由日本旺文社主办，日本的内阁府、文部科学省、环境省承办的第 50 届全国学艺科学比赛的颁奖仪式。

旺文社是日本一家有影响的出版社，坚持在日本青少年中举办以科学与环境为主题的书法、绘画、摄影、文学作品、创新设计学等多种学艺类别的才艺比赛，每年大约有十万青少年参加。自 2004 年起，旺文社开始邀请中国孩子参加比赛，并请中国少年儿童新闻出版总社的活动部作为中国的组织者。每年都有一名获奖的中国孩子去日本参加颁奖典礼。

这一年与以往不同的是，中国有两个男孩都获得了此奖，一个是 13 岁的广东中学生陈润辉，他自幼学习中国东晋书法家王羲之的字，字写得清秀有力；另一个是 10 岁的河北小学生杨健，他的作品是一幅充满儿童情趣的中国画。

颁奖仪式于 3 月 9 日下午在日本皇宫附近的一座写字楼里举行。按会议要求，当天中午 11 点 30 分，我们陪获奖孩子一起步入会议厅。主办者宣读注意事项，然后进行颁奖彩排。

午餐是简单的日本料理盒饭，饭盒一律是木制的，餐后全部回收。日本对资源的利用与回收全世界闻名。

下午 3 点，我们步入颁奖大厅。大厅金碧辉煌，三面墙壁上挂满了孩子们的获奖作品，中国孩子的作品悬挂在进门处最显眼的位置。

会场最前方是舞台，舞台布置得庄严肃穆，会标上写着"第 50 届全国学艺科学儿童表彰会"。

舞台上只有五排椅子没配桌子，坐在台上的是 50 多名获奖的中小学生。他们一律着深色的西服，两个中国孩子坐在第一排正中央。而 30 多名官员、校长等人却坐在舞台左侧面对观众，有的是白发苍苍的专家教授，有的是职位很高的领导。台下坐的是家长和记者，个个面带微笑，无人交头接耳，无人接打手机，场上的气氛显得十分庄重。

颁奖会开始了。领导讲话只有几分钟，接下来开始颁奖，主持人依次叫获奖孩子的名字，每次两个。两个孩子站起来，站在舞台右侧。随着主持人的介绍，获奖孩子的作品随之也出现在大屏幕上。

接着，一位长者上台，其中一个获奖的孩子站在他对面，双方恭恭敬敬地鞠躬。长者接过礼仪小姐手中的奖状，然后一字一句地庄严宣读。宣读完毕，双手授给孩子，并向孩子鞠躬，孩子双手接过奖状，也向长者深深鞠躬。

第二个孩子上来领奖，程序完全一样。

长者发完两个奖，向观众鞠躬，走下台。

另一位长者上台，为接下来的两个孩子颁奖，程序也是一样。其中一个个子很矮的一年级小男孩，上台有点胆怯，长者特意请他走得近一点，也同样恭恭敬敬地鞠躬，一字一句宣读奖状。

这样的程序持续了整整两个小时，我的心中充满了感动。

让获奖孩子坐在台上，长者上台恭恭敬敬对孩子鞠躬，一字一句为孩子宣读奖状，每一个细节，都体现着他们对孩子的尊重，也感染着每一个中小学生。他们都端坐在台上，神情庄严，他们知道自己此刻是个重要人物！当长者宣读奖状时，他们目不转睛地看着长者，恭恭敬敬地鞠躬接过奖状，所有的孩子都训练有素。

看着看着，我忽然感受到了尊重的力量！

想起我们在国内举办的颁奖会，大多是理所当然地请领导坐在台上，获奖孩子坐在台下，然后排大队等着上台领奖。很多时候，奖状上的名字和领奖孩子的名字对不上。主持人会说："先拿回去再找老师换。"

强烈的对比，让我心中产生了内疚。

作为一个儿童教育工作者，我们重视的是获奖的奖品，而忽略了颁奖的过程。

不难想象，一个经过努力而获奖的孩子，当他看到一个德高望重的长者恭恭敬敬地向他鞠躬，认认真真宣读他的名字和他所获得的成绩时，他的心中是多么神圣！多么光荣！多么难忘！

也许，这一次的成功，会成为孩子一生成功的第一块基石；也许这次获奖，会成为孩子尊重人格，看重自己人生的第一次起航。

一位日本老校长对我说："孩子的心是纯洁的，当他们被尊重时，他们也会尊重别人。"

孩子在被尊重的环境中成长，他会获得健全的人格。人格健全的人，他们必然会尊重每一个遇到的人。

我想，回国后，下次颁奖会我也要这样设计。

同年4月15日至17日，全国中小学生"知荣明耻学做人"活动颁奖大会在北京举行。在策划颁奖活动时，我把在日本参加颁奖会的感动和大家进行了分享，提出不要只把颁奖作为一个形式，而要作为一个教育的过程，充分体现以儿童为本、尊重儿童、实现自我教育的原则。

大家热情很高，在颁奖大会之前，准备先开展一个"寻找颁奖人"的活动。全国13万中小学生参加了本次活动，3000多人获奖，其中25人进京领奖。获奖的孩子来到北京后，立即组成8个小队，走上街头，在各个岗位中寻找心目中的"八荣"榜样，并邀请他们第二天到人民大会堂参加颁奖大会为自己颁奖。

孩子们的积极性空前高涨。16日清晨5点，寻找"以热爱祖国为荣"的颁奖人的颁奖小队的三个孩子出发了。他们来到天安门广场，看升旗仪式，每个人右手行队礼，左手拿着一面小国旗。升旗时，他们看到国旗班的翟叔叔，挥动国旗时的姿势特别漂亮。中午吃饭时，护卫队的其他叔叔去吃饭和午休，翟叔叔一动不动守在一个巨型国旗旁。李泽华同学好奇地问："为什么您一直站在这里？"翟叔叔说："这里有国旗，只要有国旗的地方，我们就要守护。"

孩子们被感动了，于是他们把请柬正式递给了翟叔叔。

"为你们颁奖，我一定会去！"翟叔叔欣然同意。

甘肃的三个孩子，第一次来北京，第一次参加这种大型活动，也是第一次进行街头采访。他们寻找的是"以辛勤劳动为荣"的颁奖人。清晨，他们在北京东城区小街车站的马路上停下来，一位年轻的女清洁工迎面走来。

"姐姐……"闫虹同学正要提问。

"稍等，我先把那张废纸捡起来。"

还没等孩子反应过来，这位清洁工姐姐已经走到马路对面，用一个小夹子动作利索地捡起了地上的纸片，放到垃圾袋里，才转身回到孩子身边。

"姐姐，你多大？"

"我18岁。"

"你年纪不大，为什么要选择做清洁工呢？"

"如果我把这份工作做好了，就很满足了。"清洁工姐姐轻松地说。

孩子们决定请她做颁奖人。当清洁女工接过人民大会堂的请柬时，又惊又喜："呀！我不行！我刚参加工作，什么都没干，你们干吗要选我呢？"

孩子们说："因为你比较成熟。"

这段录像在会场播放之后，场上笑声一片。

我笑着笑着，心中再次涌起一种感动，八个小队的采访都很成功。颁奖大会上，孩子们的采访感言、颁奖人的感言都十分感人。

有个参加采访的孩子说："我原以为'八荣八耻'离我们很远，现在我知道，'八荣八耻'就在我们身边。"

另一个孩子说："以前我心中的偶像，只有舞台上的歌星、影星。今天我明白了，那些为祖国辛勤工作的人，都是最闪亮的星，都是我们学习的榜样。"

寻找颁奖人的活动，尊重了孩子的创造力。最大的价值在于，他们在寻找的过程中，认识到什么是真正的"星"，谁是最可爱的人。让我们没有想到的是，他们请来为自己颁奖的人，不是他们过去崇拜的明星，全都是在平凡的劳动岗位上默默无闻工作的人。这对孩子来说，是比奖状更重要的。

一声叹息让孩子心碎

在合肥飞往北京的航班上，我心里一直惦念着一个女孩。

2009年11月23日中午，我在安徽亳州举办了一场"21世纪我们怎样教育孩子"主题报告会，结束以后许多学生和家长还迟迟不肯离去，他们拿着我的书排起长队等待着签名。眼看快到下午1点了，主办单位的一位领导走过来，悄悄地告诉我："一个高中女孩等了你三个小时了。她拿了户口本准备去北京找你，结果听说你来了亳州，便一大早跑来等你，非要见见你。她说，只要你抱抱她就行。"

在后台，我见到了这个女孩。她和我一般高，长得胖胖的。见到我，女孩的眼泪一下子落了下来，她激动地说："知心姐姐，我好想你！"

我走上去，紧紧地拥抱了她。

"你遇到什么难事了吗？"我掏出纸巾，一边帮她擦眼泪，一边轻声问。

"我没有考上一中……"话没说完，女孩的眼泪又一串串地掉下来。

亳州一中是当地很有名的一所重点中学，也是很多"尖子生"的奋斗目标。

"你成绩很好，但中考失误了？"我一边安慰她，一边问道。

没想到，女孩不假思索地回答："不好，在班里一直是中下等。"

"那考个普通中学不是更合适吗？你现在在班里学习怎么样？"

"不好，中等。"女孩答道。

我拍着女孩的肩膀说："你在普通中学是中等，到了重点中学学习岂不是更吃力了吗？"

这时，站在一旁的女孩的妈妈悄悄地告诉我，女儿因为没有考上一中，还吃了耗子药。

"我觉得活着真没意思。"女孩又一次泣不成声。

我心疼地对她说："你来到这个世界上是有责任的。你还没为自己的亲人、自己的国家做点什么就死了，多可惜啊！"

"可是，妈妈为我付出了一切，已经没有了自己的生活！我觉得对不起她。"

妈妈看着痛哭流涕的女儿，眼睛里也含满了泪水。

看到这一幕，我心里有千言万语，但是航班起飞的时间快要到了。我把女孩拉到身边，说："我把我的手机号给你，但你要帮我保密，有空咱俩通电话。"

女孩满足地笑了。我拥抱着她照了张相，才匆匆告别了这对母女。在车上，透过玻璃窗，我看到好几位家长围着女孩要我的手机号，她遵守诺言，说什么也不给。

"妈妈为了我已经没有了自己的生活。"女孩的这句话像重锤一般敲击在我的心上。这位母亲或许怎么也想不到，自己全心全意的付出，竟然成了女儿心里沉重的负担。这个女孩明明知道自己的成绩不可能考上重点中学，但为了妈妈她偏要去考。以她的学习成绩，考不上重点中学本来也属正常，可她却觉得对不起妈妈，甚至为此自杀。

可见，教育孩子并不是一味地付出就会有丰厚的收获，不合理的爱也会酿成悲剧。

那么，优秀的孩子又是怎样培养出来的呢？

教育家李镇西老师以他的爱心和师德闻名于教坛。他对女儿的培养目标是：让女儿一生善良、快乐和勤奋。

李镇西老师的女儿李晴雁小时候是一个非常普通的孩子，胆小、腼腆，学习的领悟力也一般。但是，李镇西老师一直非常注意保护她的快乐感，因为在他看来学习的快乐比学习成绩更重要。

一次，李晴雁因为期中考试成绩不理想而烦闷，她感到很难过，觉得自己是一个"差生"。于是，便对父亲说："爸爸，你的女儿没有考好，给你丢脸了！"

李镇西老师很爱自己的女儿，他为女儿的话感到心痛和不安，他不希望孩子因为一次失败而看轻了自己。于是，李镇西老师郑重地对女儿说："你没有考好，在今天看来，你也许会觉得这是个灾难。但是，再过5年、10年、20年……当你真正在精神上成熟并经历了更多的人生挫折之后，再回过头来看今天的这次期中考试，你会觉得这一次挫折不过是人生长河中的一个小漩涡而已，简直微不足道！孩子，我愿意和你一起再次高声朗读一位诗人的话：没有比人更高的山，没有比脚更长的路！"

面对考试失利的女儿，李镇西老师最常说的话是："孩子，爸爸允许你下次考试失败！"

李晴雁在父亲的鼓励下，成为一个不怕困难、不怕失败的坚强女孩。她在四川大学读书时，在《中国青年报》上发表了一篇文章——《80后：我们是一群昏迷的宠物》，引起了当代大学生及家长、教师关于青年人价值观的讨论。人们在思考的同时，无不赞赏这个女孩思想的正直纯真和文笔的洒脱。

关于李镇西老师教育女儿的事，清华附小副校长、教育专家窦桂梅深有感触地说："李老师对于女儿品质的守望远甚于学业！"

可是，今天有的父母对孩子的成绩永远不会满意。在内心深处，这些父母总是把自己的孩子看成是天才，而没有把孩子看成一个普通人。孩子的每一次考试，父母都理想化地认为应该得到满分，因此父母永远对孩子表示失望。然而，这种失望对孩子的自信心而言，无疑是最具杀伤力的武器。父母的一声叹息，让孩子心碎。尤其是对自尊心很强的女孩子，她的成长之路多么需要鼓励，她多么希望看到父母脸上满意的微笑啊！

我们的孩子各有不同。让学习较为吃力的孩子去考重点中学，不也是强人所难吗？我真想对那个女孩的母亲说，你的女儿在普通学校里成绩尚属中等，到了重点中学学习不是更吃力了吗？假如她永远排名最后，失去了自信，那么孩子的损失比现在更为惨重！

现在，素质教育已经成为学校教育的主流，学校评价学生的标准也已经发生了改变，"以分为本"正在逐步转变为"以人为本"。而社会对学生的选择，也更加看重学生的道德、心理素质和适应社会的能力。在这种情况下，父母对孩子的教育，也要改变一下了。

坐在飞机上，我越想心里越激动。我一定要告诉那个女孩："你没有考上重点高中，但你并没有走错路。适合自己的才是最好的！你要勇敢地去做最好的自己！你的妈妈很爱你，从她的目光中，我能看到她很善良，她很理解你。你不要为她活着，那样很累，为自己活着多好！只有你快乐，你的妈妈才会快乐！擦干眼泪，没有过不去的火焰山，一切都会好起来的，属于你自己的生活就在眼前！"

处于青春期的孩子，神经是很敏感的。有时父母的一声叹息，就会让懂事的孩子心碎。为父母的面子而学习，成了许多孩子沉重的负担。

当孩子为你的面子生活时，孩子便失去了自我，孩子的人生已经开始支离破碎。这是一个重要的信号，需要当心。

面对中学生，尤其是即将参加中考、高考的孩子，父母千万不要过分关心、照顾，让他们觉得，考不上好学校就对不起父母，那只会成为他们前进路上的障碍。

一个人只有为自己的目标奋斗的时候，才会无所畏惧、轻松前进！

在这个世界上，适合自己的才是最好的！

男孩女孩一起走

父母对孩子最不放心的是：放学、上学，男孩女孩一起走。

儿子上五年级时的一天早上，我无意中顺着五楼的窗户往楼下看，只见儿子正站在别人家的单元楼下，伸着脑袋往上看呢。一会儿，楼里出来一个女生，两个人骑车走了。

晚上，我问儿子："你一大早到女生家楼下伸着脑袋往上看，女生她妈在楼上往下一看，有男生等她女儿，她能放心吗？"

儿子拍脑袋说："哦！我得换个地方等！"话题一转，"妈，她是六年级的一个女生，我俩只是一块儿上学说说话！"

我说："你妈不在乎，女生她妈妈在乎，在乎她的女儿是跟男生一起上学还是和女生一起上学！你是男生，要有责任感，替人家想想！"

以后，儿子上哪儿去等，我不闻不问。让我欣喜的是，我儿子成为一个很有责任感的男人。

试想，如果我去跟踪他，那我们之间的关系会恶化到什么程度！谁小时候没有过上下学时男生女生一起走的经历呢！

据我们小学同学"坦白"：上五年级时，我是女班长，另一个班长是男生。一天下课，我们俩在教室里收作业本，没想到全班同学都出去了。我们俩一点没发觉。几年前，我们小学同学聚会时，一个男生"交代"说："那天，我把门反锁上了，我们在门外喊：'两个班头结婚了！'"大家在门口鼓掌、奏乐，我们都全然不知。

到了50岁才知道这个秘密，我对他说："你怎么不早说呀！那个同学都过世了你才说！"

这就是童年。男孩女孩一起走，建立的是纯真的友谊。

儿子上中学了。一天我去开家长会。年轻漂亮的女班主任笑眯眯地对我说："你儿子很有眼力，看上我们一个女生，这女生学习又好又漂亮，可这女生没看上他，你儿子很苦恼。"

听了这话，我也有些苦恼。我想我儿子那么好，她怎么没看上呢？另外，儿子有烦恼也不和我说，这让我有些失落。

怎么办呢？

直接查问儿子，他一定认为是老师在"告密"，影响他对老师的信任；不闻不问吧，又觉得不够意思。思来想去，我写一个纸条放在他的电脑上，上面写了三句话：

> 一个国家强大了，别的国家会跟你建交；
> 一个人强大了，别的人会跟你友好；
> 一个男人强大了，好的女人自然会来找你。

以后，我们俩再也不说这事。

我发现，儿子变得更加豁达、宽容。

几年前，中央电视台《面对面》节目中，主持人王志问起这类的事，我把这三句话说了。没想到，让中央电视台做公益广告的杨洋听到了，非要做一个沟通内容的广告，让我儿子"出山"。我坚决反对："这是我儿子的隐私，不能说。"

杨洋说："你把你儿子电话告诉我，我跟他联系。"

没想到，当时正在上海工作的儿子竟然同意了。"五一"节放假，他特意从上海回到北京录节目。

录制开始时，我悄悄地问儿子："你怎么同意拍了呢？"

儿子俏皮地说："我以为你同意了呢，我是为了支持你工作呀！"

你能想象得出，我当时心里有多感动！我理解自己的儿子，他早已从那种青春浪漫中走出来，成长为一个成熟、魅力十足的男人了。

孩子处在青春期中期时，异性对他们有着强烈的吸引力，他们必须适应自己在与异性交往时产生的矛盾情感，同时控制自己的行为。这时候，如果父母强烈反对他们与异性交往，他们会抱怨父母给他们的自由太少，进而会在情感和行动方面与父母产生强烈的对立。

快要成年的孩子坚持自己的权利是自然的事情，父母应提醒自己，孩子正在变化，孩子正在长大。这时候，友善的朋友般的关系，会比亲子强烈的对抗关系更佳。

我一直在和父母说，不要心急，要耐心等待，长大是一个过程，到了18岁后，孩子会发生质变。

18岁到21岁，是青春期末期。这期间，孩子跟父母之间的冲突就开始缓和下来了。他们的注意力开始转向事业发展，之后会尝试发展一段更有意义、更为长久的感情关系。他们开始准备去迎接新的挑战了，寻找自己的新的道路。

和孩子说"情感"这样重大的问题，父母要坦然一些，不要害怕孩子觉得自己保守、守旧或者太难以忍受，就小心翼翼地把自己的观点掩藏起来，控制自己不去管教孩子的举止。这种做法也是不对的。父母如果能和孩子随意交流，那才会对孩子更有帮助。既可以说明自己的观点，也可以把自己年轻时的事情告诉孩子，这样孩子就会觉得你尊重他，你是他的朋友。

记得有一次，我去广西接"知心电话"。有个六年级女孩打电话问："我喜欢我们班一个男生，我能和他结婚吗？"

"不行！"我斩钉截铁地回答。

"我到你住的地方和你面谈行不行？"她问。

"行！"我答。

20分钟之后，她来了。坐在我对面的床上，就问："为什么？"

"因为人会变。我先问你，你喜欢他什么？"我也直截了当。

"他学习好，个子高高的，脸白白净净的。"

我给她讲了我认识的两个男生，一个是小学同学，一个是刚参加工作时认识的男生。这两个男生后来发生重大变化。小时候长得又白又高的男生，长大后又黑又矮；而那个20岁出头的男生，本来不高不白，可长到30岁却是一表人才了。

"你看，他们变了吧。男人在没成熟之前，都会发生很大变化。"

"那我们快毕业了，我能告诉他，我爱他吗？"

"不行！你告诉他，他就吓跑了，因为他还没长大。你把他留在心中，可以和他保持联系，到了该结婚的年龄，你觉得你还喜欢他，可以告诉他，'我爱你！'"

听完我的一番话，她哭了："我妈要像你这样知心就好了。我妈自从知道我喜欢他，就坚决反对，还骂我不要脸。我很伤心，也很生气，我想我非要和他好，看你能把我们怎么样！知心姐姐，你的话我听进去了，你放心吧，我会照你说的去做的，做个出色的女孩！"

青春的路上，我们和孩子应该是朋友。

青春是一段美好的记忆，这种记忆的美好，源于我们对它的尊重。我们要信任孩子，相信他们的人格，只有他们的人格被尊重了，他们才不会越过道德底线，做出让我们担心的事。因为，人格被尊重的孩子，他们会非常珍惜他们的纯洁和纯真。他们相信自己是感情美好的人。

留给孩子一个纯情的青春年代，让他们在老年时去回忆吧。

从男孩女孩，到男生女生，再到男人女人，这是一个人长大的必经过程，任何人都不可回避。认识异性，是成长中的必修课。这一课，父母应该和孩子一起上，尤其应该让父母与孩子一起学习青春期性教育知识。

自制，做情绪的主人

中学生容易冲动。培养自制力，做自己情绪的主人，对他们来说是至关重要的。

浙江金华的一个少年，在母亲的重压和责骂下生活了17年。他一直忍着。

他没有考入前三名，妈妈大声吼他："你是猪脑子呀！"他忍了。

进入高中，妈妈不让他听广播、看电视、看报纸，更不让他打球、踢球，说："考大学也不考这个！"每天只让他写作业，还经常去学校"监视"他。一天，他去打球，被妈妈发现，妈妈用扫帚打他，扫帚都打断了，他又忍了。

终于有一天，他忍受不了了，情绪的火山爆发了。

一天中午，他回家吃饭，看见妈妈正在看电视，也凑过去看上几眼，却被妈妈看见。妈妈歇斯底里地吼着："我告诉你，我不会给你第二次考大学的机会，你要考不上大学，我就打断你的腿！反正你是我生的，打死也没关系！"

他想忍，可再也忍不住了，他愤愤地想："我已经很努力了，你干吗老和我过不去？"越想越冲动，就往家门口走，内心里已经憋得像一座火山，突然看见家门口的鞋柜上有一个榔头，情绪火山一下子爆发了。他失去了理智，拿起榔头，冲进屋里，朝妈妈后脑勺重重地打了几下，妈妈倒下了。

他冲出了家门，在大街上疯跑了两个小时，脑子里一片空白。忽然，他想起，那是我妈，我得去救她。等他跑回家，已经晚了，妈妈已经死了。

此时的他，已经完全失去了理智。

他发现家里有一个装衣服的大箱子，就把衣服从箱子里拿出来，把妈妈的尸体装进了箱子。

他回到学校，在自习课上坐了两个小时，同学们都没有发现他情绪异常。

平时他就很少讲话，同学们很少注意他。

当天晚上，他来到一家旅店住下。他以为自己在做梦，第二天，当他清醒过来，才知道发生了什么事，一切都来不及了。

第二天，在铁路工作的爸爸要回来，他只好硬着头皮回家了。他和爸爸说，妈妈出差了，他想，先熬一天算一天吧！

爸爸一走，他再也不敢回家了。他去同学家住了几天后，就跑到义乌，刚进旅店，就被公安局抓走了。

在看守所，我和他面对面谈了 100 分钟。他痛哭流涕，追悔莫及："我是个畜生，是我亲手把我母亲送走了，我十分后悔……"

中级人民法院以故意杀人罪，判处他有期徒刑 12 年。

2000 年，他走进了少管所。

从那年开始，我年年去看他。我决心帮助他用自制力战胜冲动，走出深渊，做情绪的主人。

他每次见到我，都会流泪。他告诉我，今天他才知道，天下的母亲都爱孩子。他慢慢恢复了理智。

他表现好，少管所把一个成人高考名额给了他，他不敢去。我买了一件红色的 T 恤去看他，告诉他，穿上这件 T 恤去考试，一定能考中。他穿着去了，真的考上了。其实，他不穿也能考上，他只是需要积极的心理暗示。

我给少管所几千个少年犯做过一场报告，题目是《为了明天，从今天开始》。我讲了三个问题：

第一，从今天开始，珍爱生命；

第二，从今天开始，珍惜时光；

第三，从今天开始，珍重自己。

讲完，千人会场发出经久不息的掌声。

一个男生站起来，激动地对我说："我能喊您一声'妈妈'吗？"我说："可以。"

"妈妈，我对不起您，我过去做了许多坏事，今天我想做好人，您能相信我吗？"他哭着说。

"妈妈相信你！"我大声说，泪水涌出我的眼眶。

台下一片哭泣声。我看见了他，他埋下头，呜呜地哭着。我知道，此时他是最痛苦的，因为他已经失去了生他养他的妈妈！

会后，少管所的孩子来信说："妈妈，我从来不知道什么叫感动，我流过血，没有流过泪。今天，我听您的报告，流了三次泪。"

之后，我两次给少管所送书。

2004年，我把刚出版的专著《告诉孩子你真棒！》送给所长一本。所长说，那些孩子进来时，我们少管所不足1000人，而短短三年，已经有2500人了。

当年10月，我被团中央、教育部等十个部委评为"为了明天，预防青少年违法犯罪工程"形象大使，我给这个少管所送去2800册《告诉孩子你真棒！》。这本书的责编、出版界大腕金丽红和我一起送了书。

2005年，我为孩子们写了《告诉世界我能行！》，我送给这家少管所2800册。所长拿到书，流着眼泪对我说："姐姐，我这里的少年犯已经超过3000人。"

我无言以对，心如刀绞。

少管所的孩子给我写了许多信。

一个孩子说："回到监舍看你的书，越看越后悔。早一点看，我就不至于犯罪了，现在我可能在读高中呢！"

另一个孩子说："我第一次听到做人的道理。我从来没想过怎样做人，我只会做题，不会做人。"

金华的那个少年由于表现好，多次立功，提前六年被释放。2006年6月26日，他走出了少管所。他打电话告诉了我这个消息，本来我想去接他，后来我想，他是自己走进去的，还是让他自己走出来吧！我让他出来先去看看妈妈。

他来到妈妈墓前，献了鲜花，讲了许多忏悔的话。

两周之后，我帮他安排了工作。为了帮他找工作，我花了一年的时间。我常去清华、北大总裁班讲课。我对总裁们说，谁愿意帮助这个孩子？

总裁们的态度都很积极，浙江的一个女企业家表示愿意接收他。可我发现，他不适合留在浙江，家乡的山山水水都让他十分内疚，他至今不敢去姥姥家，觉得无脸见亲人。

正在这时，我结识了一个极有爱心的女士。她是一个公司的首席执行官，在沿海城市某个规模很大的高科技企业任职。在她的支持下，我亲自把他送去了。走时，我拥抱了他，才发现，他身体硬硬的，长这么大，从来没有人拥抱他。我想，要融化他心中的冰雪，还要很长的时间。

我仍然年年去那个企业看望他，尽管那里离北京很远。他很努力，三年后成为一个中层管理者，还交了一个女朋友。

2009 年，他来北京参加我们组织的纪念汶川地震一周年活动。临走时，我和他长谈。他告诉我，他压力很大。领导越是信任他，他越感到自己能力差，压力大。

我给他讲了个故事：

> 我一直很奇怪，为什么宇航员上天时，宇航服被认为是特别重要的？
>
> 博士大哥从美国回来，我就问他。大哥说，人在地球上为什么能生存？因为地球有吸引力，大气有压力，可人去了太空，没有引力又没有压力，人就有可能爆炸，朝四面八方爆炸，最后变成粉末。所以，人必须穿宇航服上天，一旦宇航服漏气，人就会面临死亡。

我明白了，为什么把宇航员称为"宇航英雄"，因为上太空有生命危险。

讲完这个故事，我对他说："你只有两个选择：一是在地球上承受压力，二是去宇宙面临危险，你选哪一个？"

他笑了："当然要选第一个，承受压力。"

"是的，不仅你要承受，我要承受，地球人都要承受压力，因为在地球上，没有压力的地方不存在。"

第二天一大早，他飞回工作的地方。给我一个短信："知心姐姐，请你放心，我一定勇敢地承受压力，做一个顶天立地的男子汉！"

2010 年，我再次去他所在的企业看他。他眼含热泪对我说："妈妈，10 年了，你从来没有放弃我，是你救了我，帮了我，才使我有了今天！"

我对他说："真正救你、帮你的只有一个人，就是你自己！人是自己情绪的主人，是自己情感至高无上的统治者。自制使人充满自信，也会赢得他人的信任。能够支配自我、控制情感、欲望和恐惧心理的人，比国王更伟大、更幸福。无论是谁，只要能下定决心，决心就会为他自我克制提供力量和后援。衡量一个人的力量，必须看他能在多大程度上克制自己的情感，而不是看他发怒时爆发出来的威力。自我克制会给人一生带来平静的幸福。

"你要记住，不管多么难堪，你都要忍耐；不管遇到什么挑衅，你都要心平气和；不管有多少重担压在你身上，你都不要叫苦；这样你就在心理上战胜了自己，增加了自信，赢得尊敬，成为一个杰出的管理者。"

故事讲到这里，你可能要问，他是谁？他就是他自己，他已经长大成人，我想平静的日子对他更重要，所以，我不想告诉你他真实的姓名。

他在哪里？

我只能告诉你，他在路上。

理解了，就长大了

儿子上了中学，最突出的变化是更理解父母了。

儿子 15 岁那年，我正好 45 岁。

9 月 12 日是我的生日，那天是星期天，我早把过生日的事忘得一干二净，儿子却记得。

一大早，我还没起床。儿子轻轻推开门，小声说："妈妈，我给你的东西放在外面了。"说完，他轻轻关上门，走了。

"儿子给我什么东西了？"我好奇地想，立刻爬起来，跑到客厅去看。只见桌子上有一个生日礼袋，里面放了一张大大的生日贺卡，打开贺卡是《祝你生日快乐》的歌曲。贺卡上写了一句话：

> 妈妈，儿子 15 年生日的祝福都凝聚在这小小的卡片上了。
>
> 儿子：悦悦

贺卡上的儿子签名下方，画了一个男孩，男孩嘴里吐出一句话："明天会更好！"

感动的泪水从我眼中流淌下来。

"15 年生日的祝福"儿子都记在心里了，而我自己却忘记了。"明天会更好"，哪位母亲不是把美好的明天都寄托在孩子身上呢！有了孩子，明天怎能不好呢？

我又一次尝到做母亲的甜蜜。从那以后，儿子对我关心备至。他真的长大了！每一年过生日，他都不会忘记向我祝福。在我和他爸爸一起过 60 岁生日时，他亲自设计，定做了一个生日蛋糕，中间有大大的数字"60"。一边写"爸"，一边写"妈"。看得出，他是用心设计的，又简明又温馨，让我不忍心去吃。

我发现，15 岁是人生一个重要的转折点。从 15 岁开始至 18 岁，孩子会陆续发生许多重大变化，其中最突出的，是他们开始从"自我"中走出，开始理解父母，悦纳别人。

能理解父母是十分不容易的。青春期的孩子往往与父母之间产生许多误解，有的变成"火山"，一触即发；有的变成"冰山"，"冷战"不停。我把这种关系总结为"青春期碰撞更年期"。对家庭来说，其实就是"不太平"时期。

缓解这种关系，最重要的是理解。

正像卢梭所言："当一个妇女不是不给孩子以母亲的关心而是过于关心时，她也可以从一条相反的道路上脱离自然……她希望他不遭受自然法则的危害，于是使他远离种种痛苦，可是不曾想到，由于她一时让他少受一些折磨，却在遥远的将来把那么多的灾难和危险积累在他的身上。"

孩子最初的性情是比较容易塑造的，因而在最初的阶段，人们应让儿童接受必要的锻炼。

电影《唐山大地震》为什么让观众潸然泪下？就是因为两个字：理解！

23 秒的地震，带来母女之间 32 年的误会！当误会解除时，已经付出 32 年生命的代价！"没有了才知道什么叫没有了"，影片中的这句话让人感悟到：要珍惜拥有的一切。

生日，给孩子写封信

到孩子青春期时，父母会发现和孩子的沟通越来越难了。尤其和孩子说话时，孩子常会不屑一顾，有的甚至会用挑衅的眼神看着父母说："你们能懂什么？"这个时期的孩子自认为自己长大了，不喜欢父母指手画脚，非常叛逆，家里常会烽烟四起，让父母感到无助。

用什么办法才能和青春期的孩子沟通呢？

我的好友清瑕一直有给孩子记录成长日记的习惯，在孩子青春期时，她和孩子沟通交流的最好方法就是书信。

她给我看了她在孩子青春期14至17岁给孩子的生日信，我细细读来，沉醉其中。

孩子成长中的快乐，父母在分享；孩子成长中的痛苦和矛盾，父母在分担。薄薄的小纸片中包含着父母对孩子的祝福和期待，让孩子在生日这一天体会生命。多好的一种做法呀，在征得清瑕同意后，我将其中一封信附在文后，与大家分享。

给十五岁儿子的信

晗儿：

时间过得真快，转眼又迎来了一个秋天。我的孩子，你已经15岁啦，生命又增加了一圈年轮。作为母亲，我为你的长大而自豪，为你的成长而骄傲。

2005年，对你来说，是不平凡的一年，既要面临人生经历中的第一次挑战——中考，还要面对初、高中学习和生活的衔接，这一切对你而言非常重要，因为人生的决定权从现在开始已经掌握在你自己的手里，你必须面对。让我感到庆幸的是，你不仅正确面对了，而且做得很好！

在你中考的日子里，作为母亲，妈妈的心是焦急的。因为，丰厚的经历让妈妈更知道社会竞争的残酷，更了解中国社会的特有游戏规则，而孩子你要战胜这一切只能凭借自己的实力。过去如此，现在如此，未来同样如此！

你清醒地知道着一切，坦然面对着一切，默默地完成着你的学习和生活，用你独有的学习方法，轻松应战。即使在最紧张的日子里，妈妈也能听到孩子你充满磁性的歌声。临考前，年轻的你还是有一些紧张，你让妈妈替你准备儿时的枫叶手绢。妈妈知道，那不仅仅是为了擦去考场中的汗水，那是你对家庭亲情的依恋，是妈妈的心陪伴你度过每个风雨的见证。妈妈一针一线地绣着、缝着，绣进的是母亲对孩子的深深祝福，缝进的是母亲对孩子的必胜信念。你带着全家的希冀自信地走进考场，虽然发挥的不是最佳水平，但是人生处处都有残缺的美，更何况你所付出的努力已经开出了绚丽的花朵。考入实验班不就是对你实力的最好证明吗！

今年，你有了独自的第一次外出游历。年轻的你，远离父母在名山秀川里穿越，即使台风袭击，飞机在陌生的机场停靠，耽搁旅程，你依旧神情若定，给父母报回平安的消息；旅途中，你用短信不断给家人带回欢笑、带回你快乐的声音。一次远行或许是简单的行程，但它恰恰是你"人生财富"的积累过程，一次次简单与复杂的叠加也便形成了人生。

刚进入高中的你，父母担心你的不适应，时时处处不断叮咛。你坦然自若，不让父母担心，要依靠自己的实力在高中打拼属于自己的天地。尤其让妈妈骄傲的是你这次参加校级运动会，面对自己的弱项，敢于挑战，用正常的心态面对，正如你们桑老师所说：只要跑下来就是成功！要知道，你这是一次心灵的胜利，是你未来走进生活的心理奠基！

孩子，每次看到高大而帅气、冷静而理性的你，妈妈都特别得意。生理和心理同样健康的你，是父母人生最好的作品，无论他人如何评价，你在妈妈心里都是精美绝伦的。但我们更应该清醒，人生的路对你而言才刚刚开始，父母只是你人生路中的一个辅助者，长大的你更要多和书本交流，让自己保持一颗良好的心态，到书本里去寻找你未来的人生。和书交流就是和大师对话，他们会用他们的阅历告诉你人生该走好的每一步，告诉你学习必须掌握的每个知识点，生活要注意的哪些问题。书会让你去除烦躁，洋溢生命的活力；会把司马迁的坚忍、屈原的高洁、玻尔的友爱、爱因斯坦的正直、居里的勤奋注入你自己的心灵中去，进而让你不断地提高自己，发展自己，完善自己，成为一个拥有高尚道德和健全心灵的人。读书，能让你多一些书卷气，少一些霸气；多一些豁达大气，少一些狭隘小气。

孩子，实验班是个紧张而快乐的地方，也是充满挑战的地方，强强相遇，"勇"者胜！知识改变命运，心态决定成功。心有多大，天就有多大！未来的路还要靠你自己去把握，"革命尚未成功，同志仍需努力！"

妈妈为酷爱音乐的你准备的生日礼物是一把吉他，因为你现在时间紧张，所以妈妈想在假期再拿给你，那样你又会拥有一个快乐、弥漫着音乐旋律的充实假期。

为你的成长祝福，生日快乐！

永远爱你的妈妈

2005 年 10 月 22 日

过生日的时候，给孩子写封信，的确是一种亲子沟通的好办法。尤其是对于青春期的孩子来说，他们需要人生的思考。在自己过生日的时候，收到母亲一封充满深情的来信，会引发他们对生命的思考，会深深地感到，长大不容易，自己要珍惜。

孩子在青春的路上，会遇到种种困惑，当他们百思不解的时候，收到父母这样一封来信，感受到的不仅仅是亲情的珍贵，而且是朋友的理解和帮助。

书信虽然是很古老的方法，但是会让人保留得更加长久，会引发人们更多的思考，加深亲子之间更深的理解。

在孩子过生日的时候，给他写一封信吧！这可能比请他吃饭、送礼物更珍贵。

美丽世界的"孤儿"

四川有个男孩叫杨阳，他有父母却没有家，流浪在街头。

第一次见到杨阳，我简直不敢相信他是一个流浪儿。只见他衣着整齐，面带微笑，脸上洒满了阳光。

在北京电视台《知心家庭·谁在说》电视节目录制现场，我作为嘉宾主持人和杨阳"面对面"交流。我听到了一个感人的故事。

杨阳原名叫赵友伟，出生在四川一个小山村。一岁多的时候，妈妈因爸爸赌博成瘾而离开家，一去不回。爸爸把他放在姑姑家。

被父母抛弃的杨阳，从此和姑姑一起生活，他和姑姑感情很深。长到16岁，他不想再给姑姑增加负担，带着几十块钱，独自去江苏找妈妈。

因路费不够，他步行了一天一夜才来到妈妈生活的小村子。可是那时妈妈已经成了家，有了两个孩子。他万万没想到，当他激动地叫出"妈妈"时，换来的却是母亲一记响亮的耳光！

"你爸是浑蛋，你也是！我和你没关系！"这一记耳光打碎了杨阳心中最后一丝对亲情的渴望！他悲痛欲绝，跪拜了妈妈，扭头离开，从此开始了流浪的生活，从四川来到北京。

他白天找活儿干，晚上露宿街头。公园、医院、网吧、取款小屋他都住过。由于他有严重的心脏病，干不了重活儿，一次次被辞退。茫茫黑夜，杨阳常常跪在地上哭泣："我有父母，可我怎么没有家！"他想有个家，有个妈妈！他想成为国家栋梁，因此悲愤地写下一首诗："满腔热血，报国无门；天下之大，难容七尺之身。"

一个好心的姐姐给他起了个名：杨阳，希望他像杨树那样挺拔，像阳光那样灿烂！杨阳想起自己报国的梦想，脸上有了微笑。每天早晨当太阳升起的时候，他都会去公共洗手间洗脸刷牙，把脏衣服洗一洗，放在阳光下晾干。

杨阳酷爱读书，在流浪的日子里，他天天写日记，还通读了《莎士比亚全集》。他试着和外国人学英语，也想在 2008 年为奥运做贡献。他说，他要做好人，决不学坏！

一次，他昏倒在街头，被好心人送进北京同仁医院。急诊室主任付研阿姨救活了他的生命，每天还精心照顾他。杨阳多想喊她一声"妈妈"，可他没有勇气。出院后，杨阳不止一次去医院门口等付研阿姨，还悄悄跟她去病房。他多想再见付研阿姨一眼，可他不知道该用什么来报答这位救命的妈妈。

在《知心家庭·谁在说》演播现场，杨阳的愿望实现了。他见到了付研阿姨，两人相拥而泣！

杨阳对大家说，他现在已经原谅了他的父母。妈妈有了新家，又带着两个孩子不容易。爸爸生活贫困潦倒，也不容易。

节目最后，杨阳深情的话语感动了每一个人：

"世间的万物都需要包容，我会永远原谅别人所犯的错误，会怀着一颗感恩的心，去感谢世界，感谢帮助过我的人。"

我流泪了，付研阿姨流泪了，场上的人都流泪了。这样一个不幸的男孩，心中却充满了阳光。

我带头捐钱帮杨阳尽快做心脏手术，许多热心的人都伸出援助的手……

节目播出时，许多热心观众打来电话想帮助杨阳。中央电视台青少中心的林布谷和北京四中的教师都把电话打到我家，表示要捐钱为杨阳治病。11 月 10 日，"知心姐姐"工作部在中国少年儿童新闻出版总社的多功能厅举行了"热心观众与杨阳面对面"的活动。

那天的场面十分动人。八十多岁的老奶奶来了，二十多岁的大学生来了，几位"义务妈妈"也来了……我和大家一起共捐出了近三万多元钱，当即送到同仁医院作为杨阳的手术费，其余的手术费由医院的员工捐钱补足了。

三天后，杨阳被推进手术室，手术很成功。在杨阳住院期间，很多素不相识的好心人带着营养品来看杨阳，整个病房里充满了爱心。几位"爱心妈妈"精心准备了饭菜，轮班照顾杨阳。

杨阳被大家的爱心深深感动。他知道一个人只有自爱，才能得到别人

的爱。手术后没几天，当杨阳听说一个叛逆的少年想自暴自弃，很需要他的帮助时，他拖着虚弱的身体从医院出来，再次走进《知心家庭·谁在说》的演播室，在现场用自身的感受，鼓励这个迷途的少年振奋起来，找回自己。杨阳说："我得到了救助，又活过来了。生活又是崭新的一天，我要感谢大家，感谢那些善良的人，那些帮助我们的人，那些不放弃我们的人。深深感到我们的国家是个温暖的大家庭。"

不久，杨阳康复出院。有一位阿姨把杨阳接回了自己的家，杨阳管她叫妈妈。

2007年春节，我和杨阳一起参加了央视举办的《爱心盛典》节目。杨阳的三个"妈妈"也来到现场，大家讲了同一句话："像杨阳这样自爱的孩子我们就得帮！"著名节目主持人李湘在晚会后资助杨阳上了大学，并每月给他生活费。

我们把他的故事改编成话剧《美丽世界的孤儿》，杨阳自己演自己，在首都剧场演出15场，感动了许多人。后来，杨阳把别人资助给他治病的钱，转送给更需要帮助的孩子。

剧中的杨阳最后有一段内心的独白："冬天过后就是春天，大雨过后就会有彩虹，这就是希望。希望和我有一样经历的孩子，尽快地找到属于你自己的那一方天空。希望享受幸福的孩子，永远都不要去流浪。希望所有帮助过流浪儿童的人，继续伸出你的双手，去温暖那一颗颗即将变冷和已经冻僵的脆弱的心。"

话剧《美丽世界的孤儿》给人们一种心灵的震撼。对这些流浪儿童，拉一拉，他们会成为有益于社会的"好人"；推一推，也可能会成为有害于社会的"坏人"。父母和孩子一起观看，话剧会通过特有的沟通方式，帮助父母和青少年走出误区，加强相互理解，预防犯罪。

彩排时，看到杨阳活泼可爱的样子，我在想：爱有一种神奇的力量，一个人只有自爱，才肯奉献爱，也才会得到爱。人在认识自己的过程中，千万不要忽视自爱的力量，这是成长的规律。父母不仅要给予孩子生存的本领，更要培养孩子自尊、自爱的力量。

任何一个时代都有"苦孩子"，一种是生活在苦难中的孩子，一种是精神世界处在痛苦中的孩子。

苦难能滋养人，也能扼杀人。想战胜"苦难"，走出"痛苦"，需要尊严，杨阳的行动告诉我们：人可以生活在社会的最底层，但不能没有尊严；人可以被打倒，但必须站立起来，挺起腰杆站着，有尊严地活着。

构筑成功的大厦，除了自信的水泥、自强的红砖之外，还离不开那种名叫自尊的钢筋。

尊严，打工子弟不可少

高慧娜，是一个河北宣化新兴街小学六年级学生，在"倾听儿童心声"的大会上，她走上了人民大会堂的讲台。

几年前，她随父母从农村进了城，父母以卖菜为生。个子小小的慧娜说出了憋在心里很久的话："进城后，同学们因为我爸妈是卖菜的瞧不起我，我觉得我好渺小。"说完，她流下了伤心的泪水。

慧娜来自心底的哭泣声震撼了场上许多人的心。人们为她被伤害的心流泪。

坐在"知心团"里的江苏省总辅导员华耀国老师激动地站起来，说："我真想上台抱抱小慧娜！"

华老师早在几年前就开始关注进城务工人员子女的成长，他组织了许多关爱孩子们的活动。华老师对慧娜讲了进城务工人员为城市建设做出的巨大贡献，鼓励她以父母为傲。

央视著名主持人敬一丹是这次大会的主持人，她眼含热泪搂着小慧娜说："以后再有人嘲笑你爸妈是卖菜的，你就对他们说，卖菜的怎么啦？你们家不吃菜呀？"一句话把小慧娜逗笑了。敬一丹看见她美丽的小酒窝，便称她为"酒窝女孩"。

我告诉"酒窝女孩"，一次，我和团中央书记一起去北京安民小学组织少先队工作，刚一进校门就看见一个小男孩，虎头虎脑，眼睛亮亮的。我被他吸引，便走到他身边问他："你叫什么名字？"

"邓楠辉。"

"你爸爸是干什么的？"

"卖煎饼的！"男孩的声音"气吞山河"。

"你妈妈是干什么的？"

"也是卖煎饼的！"男孩自豪地说。

就凭这句充满豪情的话，我俩成了好朋友！

后来我见了男孩的爸爸，我问他是做什么工作的。

他爸说："我是经商的。"

他不好意思说自己是卖煎饼的，他不如他儿子实在！用敬一丹的话说，卖煎饼的怎么啦？没人卖煎饼，我们上哪儿吃煎饼啊？

我对小慧娜说："在我们国家，工作不分高低贵贱。你们的父母，为城市的建设做出了不起的贡献，你看，由于有了你父母这样起早贪黑的卖菜工，城市人有新鲜菜吃了；由于有了邓楠辉父母不辞辛苦地卖煎饼、炸油条、做包子，城市人的早餐丰富了；由于你们的叔叔阿姨中有建筑工人，城市人有房住了；由于有了清洁工，城市的大街小巷干净了。只要你为自己的父母而自豪，你就不会觉得自己渺小了。人是伟大还是渺小，不看个头大小，而看他是不是自信，是不是有尊严，是不是能抬起头走路！"

大批进城务工人员子女随着父母从农村迈进城市的大门，他们的父母正经历着从农民转化为工人的身份变化，他们自己也正经历着一个从熟悉的农村进入陌生的城市的适应过程。

中国，正在发生着这种变革。

变革中的农村孩子，最需要的是人格的尊严。

当他们不再自卑，而是坦率和自豪地告诉别人"我是进城务工人员的孩子"时，他们就自由了；

当他们了解了父母的工作价值，并以自己的父母而骄傲时，他们就融入了；

当他们立下志向——长大为自己的新家做贡献，将自尊感和自豪感建筑在自己劳动成就的基础上时，他们就成了真正的公民了。

一个人只有喜欢自己、珍爱自己，才谈得上有尊严。如果我们不爱自己，又怎么能够去爱别人？而且如果我们不爱自己，别人又为何来爱我们呢？因此，无论别人怎么看待我们，而我们必须看重自己。

人不仅要对自己有信心，而且也应该对自己生存的世界有信心。建立信心都要先从喜欢自己着手。

留守，农民工孩子的新考验

记得 2010 年 10 月 22 日那天晚上，我走进建国饭店的一间会议室。一群孩子正围坐在一起，交流他们的体会，诉说他们的烦恼。他们中间有小学生也有中学生，有留守儿童、农村孩子的代表，也有来自大城市的少年儿童代表。第二天，他们将去人民大会堂参加"知心姐姐"50 周年庆典，有的人还要在"倾听儿童心声"大会上发言。

我坐在他们中间，静静地听着。几位城市的孩子在抱怨父母给的自由太少、管得太多、不让玩游戏机；留守儿童抱怨父母不能陪自己……这时，一个中学男生霍地站起来，情绪激动地说："你们能不能不抱怨父母呀！他们也不容易！"

在场的孩子都呆了，场上鸦雀无声。

"说说你的故事吧！"我请他坐下，我知道他一定有故事。

他叫康远飞，是农村留守儿童的代表，在陕西岐山中学读高二，也是《知心姐姐》杂志的小记者。他的父母在北京打工。他一直在农村和奶奶生活在一起。他向大家讲述了自己从怨恨父母到理解父母的心路历程：

> 老爸是 10 年前去北京打工的，那个时候我还在上学前班。
>
> 过了几年，妈妈也去了北京，帮老爸开了个小门面。我开始隐约地了解到他们离开我、离开这个家，是去为生活奔波了。
>
> 小学的时候，我对"留守"这个词的概念还很模糊，只记得学校在登记"留守学生"名单时，我总要在名册上歪歪扭扭地写下自己和爸妈的名字。那时候，每次老爸打来电话总说他们那里生活很苦，嘱咐我要好好念书，千万不要辜负他们的期望。
>
> 很苦的生活？直到上初中我都不理解，父母在北京怎么会过着很苦的生活呢？

我只记得，自己和大两岁的哥哥一起在田地里吃力地拉着农车，肩膀上被绳子勒出一道深深的血印，汗水流到那里就会一阵刺痛，这对我来说才是很苦的生活。

我只知道，我必须独自忍受生活里的一切——繁重的学习、家里的农活和缺少亲情的创伤。所有的一切，我都咬着牙挺了过来。

10年时间，一个人。

在这样的寂寞中，我一度变得很消沉。初二的时候，班里组织"亲子体验"活动，几十个同学和他们的爸妈都报名参加了。而我作为班长，在动员同学们去参加之后，第一个选择了弃权，把自己归类到了"不愿与父母沟通"的行列里。其他人去参加活动的那个晚上，我在宿舍里哭了一整夜。当眼泪顺着脸颊流进嘴里的时候，我尝到了咸涩的滋味。我想，这才是很苦的生活吧。

慢慢地，对父母的怨恨在我心里扎了根，我在和他们谈话时表现出的强烈不满和逆反，也让他们乱了阵脚。千里之外，妈妈整天嚷着要回家来，她说怕我会出什么事。

初二快放暑假的一个晚上，我在电话里和爸妈大吵了一架。所有的怨恨一下子爆发出来。我哭着斥责他们为什么没有给我开过一次家长会，我多想在自己领奖的时候，他们就坐在台下看着我。我哭诉着，下雨天很多同学都有爸妈打伞来接，而我只能淋着雨狂跑回家……理智被愤怒和委屈彻底冲垮，我不给他们说话的机会，便狠狠地挂上了电话。铃声紧接着急急地响起，我拿起话筒歇斯底里地大喊了一句："我不想活了！"然后，拔掉了电话线。

老爸火急火燎地从北京赶了回来。我从他的皮包里翻出一张凌晨到达的机票。往常恨不得骑着自行车去北京的老爸，竟然坐着飞机赶回来，一种淡淡的悔恨开始在我心里蔓延。

放暑假了，家里夏收的农活也都做完了，老爸去县里的邮局排了几个小时的队买到两张去北京的火车票。要去北京的前一个晚上，我兴奋得睡不着。老爸提着几瓶酒，带我去了门前的打谷场。

那天晚上，天气好得出奇，一点也不闷热。一阵晚风吹来，几棵大树沙沙作响。我和老爸并排静静地躺在一张破凉席上。说实话，我和他的交流一向少得可怜，做了这么多年的父子，我甚至连他的性情都没摸清。但直觉告诉我，老爸有话要对我说，而且特意挑选这个时间和地点。

果然，老爸一边喝酒一边问道："你真的想死啊？"他的语气很淡然，好像在问我明天是不是想去县城一样。可是，我又分明嗅到了他语气里的一丝威严。

"对，你说呢？！"孤单的生活让我养成了桀骜不驯的性格，听到老爸提起这件事，我心里有些不痛快。

老爸似乎听出了我的挑衅，却没有发火："我不想给你讲什么大道理。我知道，你会说这个早就过时了。我就用你们90后的话来说吧：人要么好好活着，要么就赶快去死！"

我完全没想到，老爸竟然会这么说，这是在激我吗？没等我回话，他又说："你现在遇到一点问题就要死要活的，有什么意思？还算不算是男子汉啊！"

老爸有点激动，我也压不住了，大声反问他："你们一年才回来几天？我的委屈和伤害有谁懂啊？你知道吗？你这样真的很不负责任，你把整个家都扔下了！"我越说越激动，眼泪夺眶而出。

老爸没有安慰我，他站起来把空酒瓶重重地摔在地上，酒瓶落在松软的黄土地上没有摔碎，但我还是感觉到了他十足的怒火。"好，是我不负责！那以后你出去打工赚钱，有本事你来养家，我去替你上学！我辛苦工作为的是什么？！你太让我失望了！"

说完，老爸把拖鞋甩到一旁，坐在草席上喝闷酒，不再理我。我一边掉眼泪一边低头摆弄着手边的小石子，这时，老爸的双脚引起了我的注意。那是怎样的一双脚啊！黝黑、干裂，几道深红色的伤疤依稀可见。这个细节刺痛了我的神经，我突然有了一种隐隐的负罪感。

爸妈在北京生活得一定比我好，这是我一直坚信的。可看着老爸的这双脚，想到他每次回家都穿着同一身衣裳，还有他越来越多的白头发……爸妈到底在北京过着什么样的生活呢？我现在真的没法想象了。也许只有去了北京才能找到答案吧！

老爸似乎看出了我的心思，他恢复了平静，语重心长地对我说："小飞，现在你的职责就是读书，而我的任务是养家。你长大了肯定也会像我这样忙着赚钱养家，甚至也会顾不上自己的儿女……"这样的话，我听过很多遍了，换作以前我一定会反驳："我才不会像你那样！"可现在，我只是默默地听老爸讲着，让这些话慢慢地流进我的心里。虽然我不确定自己将来会是什么样子，但老爸说的也许是对的。

第二天，我和老爸一起踏上了去北京的旅程。一路上，我都在期待着北京的那个家，尽管我知道那是租的；我也向往着城里人的生活，尽管我还是要回到农村。可我也有一点害怕，我怕老爸说过的那些"油桶""三轮车""木箱子"就是爸妈生活的全部……

走出火车站，我和爸爸一起搭乘公交车，一路从繁华的城市主干道晃悠到了一个位于城乡边缘的小村子。这里好像是被城市抛弃的一角，完全没有大都市的繁华，有的只是泥泞拥挤的街道和街边叫卖的喧闹。

刚到北京的第二天，老爸所在的工厂突然停水，一下子急坏了老板。他用命令式的口吻没好气地催促老爸快想办法。我很看不惯他那样对待老爸，却猛然发现，好像自己就总是这样命令和指责老爸，质问他为什么不为我做这做那。

我看到老爸焦急地在院子里踱来踱去，心里突然酸酸的。他不断地用手机打着电话，一会儿喊别人"某哥"，一会儿又喊"某总"，终于有一个人答应借水给爸爸的工厂。老爸不敢耽误，立刻开着小货车去拉水。因为工厂的用水量太大，老爸从上午到深夜一直不停地往返于两个工厂之间，我也跟着他一直忙到了深夜。我们俩的衣服在抬水时弄湿了，就像被大雨淋过一样。

抬完最后一桶水，我和老爸喘着粗气蹲在地上，我感到很累很委屈，哭着对老爸大吼："好不容易来北京一趟，还要跟你干这些！"

老爸抹了一把汗水，低声说："儿子，对不起。"那声音里满是疲惫和愧疚。我伸出手臂紧紧地抱着他，这是我这辈子第一次拥抱他。老爸全身被汗水浸透了，我就那样抱着他，轻轻地拍打他的背。我突然想到，原来小时候老爸一直都是这样抱着我，而此时我们竟然互换了角色。

回到住处之后，老爸一直向妈妈夸我有多能干，但我只是沉默着。我只做了一次这样的工作，仅仅这一次陪老爸辛苦、流汗，可我的老爸，那个可怜的老爸、坚强的老爸，他几乎每天都要这样不分昼夜地奔波。如果我再像以前那样蛮横和幼稚，怎么能算一个儿子，一个好儿子？！

在老爸租的那间漏雨的板房里，在那个酷热难耐的夏天，我仿佛一下子长大了。要回老家的那一天，我对老爸老妈只说了一句话："我终于知道我最需要的是什么了，谢谢爸妈！"

在火车上，看着站台上爸妈的身影变得越来越小，我终于知道，一家人最需要的是彼此的信任和爱。

这次通知我来北京开会，我爸和我妈可高兴了。听说明天要去人民大会堂，我妈非要去给我买双新鞋。

今天下午，我妈带我去买鞋时，非要给我买一双质量好的旅游鞋，我不要，我知道他们挣钱不容易。可我拗不过我妈，还是花了一百多元买了这双鞋。到晚上，我才发现，妈妈的脚磨破了，那双夹脚的鞋这几年她一直穿着，舍不得去买一双新鞋。

我流着泪抱着我妈说："妈，我一定多写稿，赚到稿费给您买一双不夹脚的鞋！"

讲到这里，康远飞放声大哭。在场的人都哭了，我的泪水也止不住往下流。

了解需要付出代价。一个男孩，留守农村 10 年，抱怨父母 10 年。

10 年后，小男孩长成 17 岁的大男生。终于，误解变成理解，抱怨变成悔恨。当他真正了解父母为什么要离开家，离开孩子去城市打工，真正了解父母为了孩子美好的未来，不惜牺牲自己的健康而拼命挣钱时，他才从心底里原谅了父母，他才感受到自己双肩沉甸甸的责任。

长大真的不容易！

康远飞长大了。千千万万的留守儿童正在长大。

我不希望看到，用一代外出打工父母的血汗，在换取一座座高楼大厦崛起的同时，也换来抱怨的一代，怨恨父母的一代。

我记得一次去四川德阳与当地留守儿童一起做电视节目时，一个女孩哭着问我："我父母去上海打工 5 年了，他们为什么不回来看我？"

我对她说："你把父母工作单位告诉我，我去上海把他们找回来看你，如果妈妈真的回来了，你对她说什么？"

出乎我意料的是，女孩气愤地说："我要问问他们，你不是不回来吗？回来干什么？"那一刻，我从她眼中看到了仇恨。

　　从那天起，那双仇恨的目光总在我眼前出现。我曾多次去农村看望留守儿童，对他们说："孩子，如果有一天你能去深入地了解父母的工作，你就会发现：城市的高楼大厦，哪一座没有你们父母的心血？城市宽敞的马路，哪一条没有你们父母的汗水？他们是了不起的现代化城市建设者，他们是改革开放的功臣呀！不要怨恨他们。没伞的孩子，下雨要跑着回家。父母不在身边的你，要好好照顾自己，别让父母为你担心！"

　　康远飞的成长，让我看到，让孩子学会面对生活的艰辛，比同情他们的命运更有效；让他们自己走出孤独，比抱着他们长大更有利；让他们从抱怨转化成为报恩，才会让他们找到真正的幸福。

　　不抱怨的人是最快乐的人，没有抱怨的世界一定最令人向往。

坚强的力量

假如你问我，最想送给孩子的人生礼物是什么？我的回答是：坚强。

2008 年"5·12"汶川大地震发生后，我去四川德阳开展"知心第一课"，作家霞子给我讲了一个神奇的故事。

当地一家农户养了一头 300 多斤重的大母猪。"5·12"大地震发生时，它被压在了猪圈里。36 天后，救援人员在清理废墟时发现地下有生命迹象，扒开碎石一看，原来是一头猪。这头猪瘦得只剩下一百来斤。原来，这 36 天，它是吃着木炭活下来的！这头猪后来被网民称为"猪坚强"。

一只猪被压在废墟下，没吃没喝也不能活动，竟然存活了 36 天，得经受多少肉体上和精神上的磨难啊！

当年夏天，我们到河南省信阳市鸡公山"中国少年儿童手拉手"营地，组织了一期"坚强夏令营"。全国各地的很多小朋友参加了这次夏令营，灾区的小朋友代表也应邀参加了。

在夏令营里，我给孩子们讲了"猪坚强"的故事，孩子们也被深深感动了，立刻喜欢上了"猪坚强"，并且很快编排了一个小品在联欢会上演出，非常受欢迎。

短短几天的夏令营，这些从小在家娇生惯养的孩子，一个个都变得坚强起来。在体验"爬大深沟"的活动中，他们爬了几千级台阶上山。小脚板磨疼了，孩子们也咬牙坚持下来，他们说："坚强，就是在感到'不行了'的时候咬牙挺住。"

我忽然意识到，"猪坚强"的故事不再是一个单纯的传奇故事，它必将成为一个"坚强"的精神符号，深深融进人们的记忆里。它的奇迹也像一面镜子，时时警示着我们，在人生的道路上，无论遇到什么艰难险阻，一定要坚强。坚强，就是希望。

2008 年高考，四川考生的作文题目就是"坚强"。大家都明白，这是让那些经历了灾难的孩子们找到坚强的理由，勇敢地走过灾后这段艰难的日子。

可就在震后 5 个月，各大媒体却传来了四川北川干部董玉飞自杀的消息。地震中，他心爱的儿子和家人遇难。从那天起，他拼命地投入抗震救灾工作中，不敢停下来。5 个月后，上级领导为了照顾干部们的身体健康，命令他们必须正常休假。董玉飞停下手中的工作，却无法忍受失去亲人带来的痛苦，竟跳楼自杀。这让我意识到，坚强这一课，人人都需要。

坚强是什么？坚强是面对灾难、面对疾病和死亡保持乐观的心态和不可动摇的信念。

一次，我去全国少工委开会，偶然听北大附小王丽萍老师说，她有一个不幸的学生叫子尤，小小年纪得了癌症，可是他很乐观。当得知自己得的是纵隔肿瘤（据说是妈妈生子尤时将畸胎留在了子尤的胸部）时，他笑着对妈妈说："这么好的故事你怎么不早跟我讲，你太不理解我了！我二分之一的时间都和他一块儿玩，我只会高兴，会大笑！"手术后，他写了一本书《谁的青春有我狂》。

天下竟有这般乐观的男孩！我简直不敢相信自己的耳朵，决定立即去采访他，也许他书里有治"烦死了"病的药方。

匆匆吃了午饭，我就和王老师一起去看子尤。王老师告诉我，子尤长期卧床，血小板数值只有 2000（正常值是 10 ~ 30 万），随时有生命危险，出院后一直住在一楼的姥姥家。我想他一定是个弱不禁风、无精打采的男孩。

见到子尤，我惊呆了！

眼前的子尤虽然半卧在床上，可满头乌黑的鬈发映衬着一张美丽的脸庞，脸上没有忧愁，只有微笑。看着他甜甜的微笑，我紧张的心一下松开了，好像阳光洒进心田。

"子尤长了个弯弯笑眼，特别爱笑。笑起来，收不住。"这是妈妈的评价。

"子尤，能告诉我你为什么那么爱笑吗？"我问。

"从小我脑子慢，小学上得懵懵懂懂，可说相声、学卓别林走路倒有一手，这些在日后深深地影响着我。比如关于卓别林的文章我每年都会写，每年都有新体会。"

"我有一个自创的精神世界，在那里可以高兴地编故事，并用积木一个个地把人物演出来，生活在我眼中就是一场大戏……"

子尤滔滔不绝地讲起自己的美好回忆：说相声，演小品，阅读幽默小说，写电影故事，办"月亮文学社"，用DV拍电影，写小说……

"想干的事我都干成了，你看我有多快乐！学校每周评'笑星'都是我。"

看到子尤满脸的幸福，我也笑了。

"做那么大的手术，你不怕吗？那时还笑得出来？"我不解地问。

"我是触摸到了死亡温度的人，连死都经历了，还怕什么？缝针、拆线时，我自己举着镜子看，医生都吓坏了。能有分享这种体验的机会是多么难得呀！"

妈妈打开日记本，上面记载着子尤手术后对妈妈说的话，每段都让我感动。

2004年6月29日，手术后第四天。

我不怕死。我这14年过得多么生机勃勃、波澜壮阔，在哪方面我都没有遗憾。

上天准备今年送一个金灿灿的肿瘤给一个人，他怕胆小的人支持不住，所以就准备送给一个乐观的人……于是，他送给了我。我是超越一切的，我把这叫享受。

我一下子明白了，子尤的微笑来自他对生活的热爱，对生命的理解，对自己的信心！微笑，正是治疗"烦死了"病的最佳药方。

几个月后，子尤微笑着离开了这个世界。

为儿子送行那一天，子尤的妈妈特意穿了一身大红的衣服，脸上没有泪水，只有平静的微笑。她和儿子有约，送行那天，不哭。

听到这个消息，我哭了。

我被母子俩的坚强深深感动！面对绝症，母亲给予孩子的不是安慰，不是眼泪，更不是焦虑，而是坚强，是乐观！这是多么伟大的母爱！

面对诀别，儿子留给母亲的，不是悲伤，不是抱怨，更不是胆怯；而是坚强，是自信！这是多么深切的爱！

一个孩子从呱呱坠地，到长大成人，一路上不可能不遇到坎坎坷坷和艰难险阻，他们必须学会面对。

　　谁能够保证自己的孩子一生不遇到灾难与痛苦？做父母的只有给予孩子坚强，才能让他们乐观面对，用微笑战胜恐惧，用大度驱走烦恼。

　　坚强是什么？坚强可以是不怕黑、不怕冷、不怕难看、不怕孤独、不怕饥饿……也可以是不怕挫折、不怕失败，甚至不怕艰难地活着。

　　坚强，就是敢于面对，是自信，是乐观，是坚持，是不灰心，不放弃……

　　当灾难不可抗拒地来临时，我们失去了很多很多，可我们不能白白地失去，我们必须向灾难讨要代价。这个代价就是通过这些灾难，让人在精神上得到升华，让我们变得更加坚强、更懂得关爱和珍惜生命。

　　坚强不但包括勇敢，还包括找回自己失去的快乐。

积极面对父母离异

有位妈妈问我："我和我丈夫离婚了，我该不该告诉我的孩子？"

"当然应该告诉你的孩子！他是家庭重要成员，他有权知道。"我说。

"可他还是个孩子，我怕伤害他。"这位妈妈为难地说。

"正因为他是个孩子，他最需要的是信任。你隐瞒了他，他早晚都会知道。当他从别人嘴里知道自己的父母已经离婚了，父亲不是出国了，而是和妈妈分手了，他的感受会是：妈妈欺骗了我，妈妈不信任我。这时你才真正伤害了他，他的反应将是强烈的，他甚至会恨你。

"如果你平静地告诉他，爸爸妈妈感情不好，在一起生活都很痛苦，所以分手了，法律上讲叫离婚。你虽然判给了妈妈，但爸爸还是你的爸爸，他每月会给你抚养费，你放假还可以去爸爸家玩儿，这样你就有了两个家。

"孩子明白了真相，心情就会放松。平时住在妈妈家，周六日住在爸爸家，觉得很好玩，并没有受到伤害。"

这位女士连连称"是"。

最后我嘱咐她："不要在孩子面前说他爸爸半句坏话。记住：播种仇恨的人收获的将是仇恨。"

奥巴马小时候，父母就离异了。他的父亲是个酒鬼，可他的母亲一直在维护爸爸的形象，告诉奥巴马，他的爸爸是个了不起的黑人英雄。在奥巴马心中，他十分崇拜他的父亲，觉得爸爸是个英雄。正是这"英雄"的种子，培育出了美国的黑人总统。

当下社会，离异的家庭越来越多。我去过一些学校，父母离异的孩子已占30%。这样的事实，我们的孩子必须面对，不可回避。如果拥有了积极的心态，这也没什么大不了的。

有一次，我去一所中学给初二的学生讲座。我对他们说："人生不会是平静的、一帆风顺的，一定会遇到风浪，遇到变故，甚至是不幸。我们一定要积极面对。痛苦是人生的一部分，这是不容置疑的事实，不可避免的，只有去接受它，才不会给你带来伤害。光是忧虑是于事无补的，所以绝对不要陷入烦恼。"

人的内心有两个世界，一个是"太好了"，一个是"太糟了"，跟着"太好了"走，你将走进一个光明的世界；如果跟着"太糟了"走，你将走进一个痛苦的深渊。

我给他们讲了一个故事：

有一个叫西鲁曼的女人，去沙漠找丈夫。她的丈夫受命前往沙漠附近的军事基地，当她的丈夫到沙漠去演习的时候，她就一个人留在小木屋里。那里非常热，虽然有仙人掌遮暑，气温仍在50℃上下，而且连一个说话的人都没有，情景近乎凄惨。

在无法忍受之下，她写了封信给父母，说明自己想回去的心意。父亲给她回了信，但只有两行字，这两行字使她改变了自己的人生态度：

两名囚犯由铁窗往外眺望时，

一个看到的是地上的烂泥，一个看到的是天上的星星。

西鲁曼说："我反复地读着这两句话，觉得很过意不去，于是决心要为自己找出好办法，让自己也能眺望星空。首先我和该地的土著人成为好朋友，当我对他们付出关心时，他们把编织品及陶器赠给我当礼物，并且教导我认识仙人掌及丝兰等植物的特征。据说，这儿甚至还可以找出好几百万年前的贝壳。"

到底是什么力量使西鲁曼改变了呢？

这里的沙漠没有变，印第安人的个性也没有变，变的是西鲁曼的心态。她把凄惨的人生体验当作一种惊奇的冒险，通过新世界的刺激，她的人生态度变得认真起来。

讲完这个故事，我对同学们说："改变心情就改变了世界。无论发生任何不幸，你都要积极面对，把它当作一次人生的挑战。每当忧虑来临时，你大声地喊一声'太好了'，承担着它，这样，你将学会如何与忧虑共处，而不会再去忧虑你所不能改变的事实。"

散会后，我找了十几名初中同学谈心。话题主要围绕人如何拥有"太

好了"的心态。

有个文静的女生一直没发言，最后她一鸣惊人。

她说："我的父母离婚了，我要说声'太好了'。"

同学们都用惊奇的眼光看她。

"说说理由。"我平静地说，用温和的眼光看着她。

"我的父母感情不和，已经冷战好几年了。虽然他们很少在我面前吵架，可他们双方都很痛苦，我看得出来。最近，他们终于离婚了。我觉得'太好了'，因为他们双方都解脱了。我对他们说，只要你们觉得幸福了，我就幸福了。现在我反而觉得轻松了。"

同学们为她的真诚鼓掌。我把她紧紧搂在怀里。"你是幸福的天使，你真棒！"我轻轻地对着她的耳朵说。

父母离婚和家庭的变故，对一些孩子来说，是必须面对的现实。既然已经发生，就积极面对吧！任何的经历都是人生的财富，关键是要有积极的心态。

公益心把世界点亮

记得那是一个漆黑的夜晚，我的一位朋友、美籍华人黄丹玲从美国打来越洋电话，告诉我她的女儿国璁聪在美国孟菲斯中学读书，她读了我写的书，知道中国农村还有一些渴望读书的贫困孩子，她很想帮助他们，但需要我的支持。

像是夜空里升起了明月，我眼前一亮："太好了！"我脱口而出。

接着，电话那端传来一个女孩儿甜甜的声音，国璁聪的中文显然不如她妈妈流畅，可是很动听。"您书里的故事我都看了，很感动。我想发起一个援助云南贫困学生的项目，动员美国人每人少喝一杯咖啡，去帮助中国贫困孩子阅读，您能帮助我实现这个计划吗？"

"完全可以！我会全力支持你，让你的梦想在中国实现！"此时，我的心里盛满了感动和欣慰。我没想到，我带领《中国少年报》的小记者去云南、湖北等贫困地区采访后，写的这些贫困地区孩子渴望读书的故事，会让生活富裕的海外华人和美国孩子感动，会激发他们的爱心，会让他们发起一个援助项目！

文字有国别，故事无国界。国璁聪正是用这些真实的中国故事感动了她的美国同学，而她的伙伴又用这些故事感动了自己的父母、亲友和社会上许许多多有爱心的人，点燃了爱的火种。

于是，云南"希望之桥"项目开始了。

在这个世界上，有什么比分享你的故事更令人激动的呢？

国璁聪和她的伙伴们真是了不起，他们克服种种困难，凭着爱心和勇气，超出预期地完成了募捐任务，在当年五月底就募集到了 13000 美元！

"六一"儿童节，国璁聪和另外几位美国中学生及他们的父母、老师来到中国，带来了美国人民对中国西部教育的关心，带来了在美华人对自己祖国的赤子之心。也就是在那天，国璁聪成了中国孩子喜爱、追逐的明星，

她被要签名的孩子们围绕得水泄不通。国璇聪像一位有经验的老师,让孩子们排队,一一为他们签名。

让我难忘的是,我在北京宴请这些美国客人时,每位美国孩子的脸上都挂着微笑,那一双双大眼睛美丽动人。看得出,他们生活的环境都很优越,他们是一群幸福的、快乐的、无忧无虑的孩子。

但是,当他们从云南西双版纳回到北京时,我在座谈会上再次见到他们,他们的脸上没有了微笑,一双双大眼睛里盛满了泪水。他们说,他们见到了从未见到过的情景。

贵州凯里是少数民族聚集地,交通不便,很多人一辈子没走出过大山。美国客人们沿着沙嘴小学的学生平时上学的路往上走,刚下过小雨的泥泞山路窄得只能容下一只脚,路越来越陡。好不容易到了村子,这个叫"沙嘴村小学"的建筑更让人目瞪口呆,两层破旧的吊脚楼,上下总共两间教室,用一尺宽的木楼梯连接,房顶为了防止漏雨铺着一层陈旧的塑料膜。上下楼和坐在教室里,都得弯腰低头。每间教室里有十几张已经辨不出颜色的课桌。老师正在教室里给三个年级的二十多个学生上课。

当孩子们拿到了崭新的书报时都舍不得放下,小心翼翼地翻读着。有一个孩子说这是他第一次看到这么多新书,第一次看《中国少年报》,第一次看到外国人。老师带着孩子们用山里的竹木打制了一个书架,成立了这所学校建校 50 年来的第一个图书室。

"希望之桥"项目这次还直接捐助了 10 名特困生。他们来到其中一个名叫张送应的小男孩家里。这也是一座二层的吊脚楼,一楼是厨房和猪圈,二楼有两间昏暗的卧室,这个 9 岁的小男孩只有 1.2 米左右,爸爸外出打工挣钱,妈妈已因病去世。为了给年迈的奶奶减轻点负担,他在放学后喂猪打柴,做家务。一块一尺来宽的木板就是他的"书桌"。

正在大家为张送应的处境感到难过时,他却变魔术般拿出一大捧美丽的野百合,含笑默默地送给每一位客人。美国孩子的心情一下被这些花儿点亮了!

在座谈会上,他们的脸上没有了微笑,他们被云南大山里的孩子深深感动了。他们说,自己常把好好一双名牌鞋遗弃,而云南大山里的孩子却光着小脚丫去上学;他们说,他们自己花起钱来眼睛都不眨一下,可山里的孩子好几个月没有几元钱,每天自己煮饭吃;他们说,当他们把书报文具送给云南的孩子时，云南的孩子回馈他们亲手做的项链和亲手种的芒果；他们说，他们最难忘的是中国山里孩子脸上的微笑，虽然生活那样贫困，但他们却是那样乐观，那样热爱生活，而自己却常常为一点点小事烦恼。农村孩子虽然物质贫穷，但是精神却是富有的，而这一切却是自己所缺少的！他们在问自己："如果他们有我这样的机会该是怎样？"

第一次来中国的乔纳森说："中国学生在学习上的专注和投入给我留下深刻的印象，我会更加努力去募捐。"

李小宝是亚特兰大州的项目主席："世界只有一个，任何一个成员需要，我们都有责任去帮助他。"

我流着泪听完了他们的讲述。我突然发现，眼前的这些孩子虽然与我分别不到一周，却仿佛长大了许多，他们的身上多了一份担当，他们眼中多了一个世界，他们心中多了一份牵挂。他们长大了！

是公益心让这些中学生成长为一名优秀的世界公民。他们明白一个道理：助人永远都是快乐的。予人玫瑰，手有余香。帮助别人，实际是在帮助自己。你给了他物质的帮助，他给了你精神的享受；你给了他一个梦想，他给了你一个希望。这不正是中国倡导的"手拉手"互助活动的精神吗？弘扬"手拉手"精神，这对富裕起来的下一代人来说是多么重要呀！

这些美国中学生回国后还写了一本叫作《分享》的书，我帮他们写了题为《分享把世界点亮》的序。这本书由中国少年儿童出版社出版，有中英文版本。在写序言的时候，我仔细阅读参加云南项目的学生、老师、父母写的体会和评论，我发现，这个世界由于分享而显得格外明亮。

这些不同肤色的中美孩子，为了同一个目标——"让更多中国贫困儿童受到良好的教育"——团结起来，他们走上街头，走进餐馆，开展募捐活动。这些在家很少劳动的富裕家庭的孩子，走进餐馆当服务员，为的是募捐到更多的钱。他们心中最强烈的愿望是，让蓝天下的孩子都能共同分享阳光，分享快乐！

这些孩子的父母、老师，自觉加入了孩子的行列。他们不仅赞赏孩子的善举，而且尽其所能奉献自己的爱心。最令我动心的是，这些孩子的父母、老师，关注的不是孩子考试的成绩，而是孩子心灵的成长，他们评价一个好孩子，首先看他有无公益心。

正如一位参加云南项目的学生的母亲所言："杰茜经历了一次心灵的成

长、了解与关爱的旅行。她带回了一颗她拥有的、可以给他人希望的并且可以让世界变得美好的同情心。"

黄丹玲告诉我，女儿国璁聪被美国哈佛大学提前录取，理由是她热心从事公益活动，曾获公益奖项。据黄妈妈说，有个美籍华人的女儿，各门功课都是第一，但什么公益活动也不参加，今年考大学，分数很高，但美国五所最著名的大学都不录取她。

翻开《分享》这本书，你会发现，这些不同肤色的孩子，都有着共同的经历，相似的荣誉：在儿童医院、红十字会、流浪者的避难所……做过义工，荣获美国义务工作者总统奖……

中国有一首人人都爱唱的歌——《爱的奉献》，歌中唱道：只要人人都献出一点爱，世界将变成美好的明天！

公益心，把世界点亮；分享，把世界变小。

理想，给力

有位雕刻家正全神贯注地工作，他用手中的刻刀一刀一刀地雕刻着一块大石头。

一个小男孩在一旁如痴如醉地看着，渐渐地，雕像从石头中显示出了马的形状，高昂的马头、矫健的四蹄、飞扬的尾巴……最后，一匹骏马呼之欲出。

小男孩惊讶万分地问雕刻家："你怎么知道石头里藏着一匹马？"

雕刻家认真地对孩子说："石头里什么也没有，但我心里有马，就把它雕刻出来了。"

心里有什么，将来就能成为什么。雕刻家讲出了人生的真理。

雕刻家心中的"马"才是他全神贯注刻马的动力。

今天我们面临的挑战，并不是让孩子怎么生活得更舒适，也不是看他们智力水平有多高，而是我们的孩子缺少动力，不知道活着究竟有什么意义，他不知道学习究竟为什么。

有一位少年，他身材高挑，相貌英俊，是学校的三好生、班长。可他平日苦恼却很多。

有一天，他看到一个电视节目：记者现场采访了一个偏僻乡村的放牛娃。

"你在这儿放牛做什么？"

"让牛长大！"

"那牛长大以后呢？"

"卖钱，盖房子。"

"有了房子又做什么？"

"娶媳妇，生娃儿。"

"生了娃儿呢？"

"让他也来放牛呗！"

没有想到，这几句简单的问答，却诱发了这个少年的死亡念头。自杀前，他在日记中写道："看了电视，我想到了自己——我为什么读书、考大学？考上大学又为什么？找一份好工作。有了好工作又怎样？找个好老婆。然后呢？生孩子，让他也读书，考大学，找工作，娶媳妇……生命轮回，周而复始。"

"这样的生活没有意义，这样的生命没有价值。"这个 14 岁的少年得出了这样的结论。夜里，在与父母一墙之隔的自己房间里，他服毒自杀了。

他的死告诉我们：决定一个人命运的，不是分数，不是金钱，而是理想。

当"自杀"像瘟疫一样在青少年群体中蔓延时，当一批批"宅人"出现时，我们最先关注的是当代青少年心中有什么？他们人生的目标在哪里？他们的动力又是什么？

在"2010 年搜狐教育年度总评榜暨搜狐教育年度盛典"颁奖典礼上，我见到了一位老朋友，时任新东方教育集团董事局主席和首席执行官的俞敏洪。我们二人一同获奖，我荣获"中国十大杰出女性教育家"奖，俞敏洪荣获"中国杰出教育家"等多个奖项。

记者采访时，我们相遇。我说："俞校长，你是获奖专业户，名副其实，你为中国教育做出了巨大贡献！"

俞敏洪却说："大姐一辈子用心教育，大姐的贡献才是最大。"

俞敏洪太谦虚了，我很佩服俞敏洪，他不仅仅创造了在美国上市成功的"新东方"的奇迹，更是创造了中国贫苦的孩子为实现理想不屈不挠，最终奋斗成功的人生奇迹。

许多年前，我和他一起参加了一个关于理想的电视访谈节目，下面的观众都是十五六岁的中学生。

那天，大名鼎鼎的俞敏洪穿着极为朴素，他手里拿着一张照片。照片中，在灰暗的天空下有一座孤零零、破烂不堪的茅草屋。

"这就是我小时候出生的地方。"俞敏洪指着这所小房，开始讲述他奋斗的故事：

　　我是个穷孩子，小时候生活很清贫。我的父亲是个木匠，村里的人经常找他帮忙盖房子。每次在回家的路上，看见路边有砖头，父亲总会捡起放在篮子里带回家。看着父亲每天不辞辛苦地重复着这种劳作，我很不理解，只是觉得家里的院子内渐渐长出了一座小山，本来不大的院子变得更加狭窄拥挤，没有了自己玩耍的地方。

直到有一天，一间四四方方的小房子在院子里拔地而起，父亲把本来在外面到处乱放的猪和羊赶进了小房子后，我这才明白父亲的良苦用心，同时也看清了一件事情的奥秘：一块砖头没有什么用处，一堆砖头也没有什么用处，如果心中没有一个造房子的梦想，哪怕你拥有天下所有的砖头也是一堆废物；但是如果你只有造房子的梦想，而没有造房子的砖头，那梦想也永远无法实现。

从那以后，父亲捡砖头的形象就定格在了我的脑海里。不论做什么事情，我都会问自己两个问题：一个是我做的这件事情的目标是什么——"就像父亲捡砖头一样，知道砖头将来可以盖房子"；另一个是我需要多少努力才能够把这件事情做成，"也像父亲捡砖头一样，知道捡多少砖头才能盖成房子"。

人类最神奇的力量，莫过于理想了。

正是凭着父亲给俞敏洪的"捡砖头"的人生信念，他成功地为自己建造了一座"漂亮的房子"，那就是今天享誉全国的"新东方"。

但是这个"捡砖头"的过程却是艰辛的。

1978年，他参加高考，英语只考了33分，落榜了。但他不甘心，第二年再考，英语得了45分，再次落榜。第三年，俞敏洪"捡砖头"捡出了经验：他把恢复高考后连续三年的英语试题，归纳成300道练习题，并且把这些题的答案一一列出。他用了整整一个月的时间，把800个句子背得滚瓜烂熟。他的英语成绩一路飙升，从班上倒数第一上升到正数第一，最后考上北京大学。

在北大"捡砖头"也是十分不容易的。

由于他从小在农村长大，乡音很重，英语口语不敢张嘴，听力更不行，他很郁闷，但他没有放弃。他一有机会就戴着耳机待在实验室里，他还买了一套《新概念英语》，抱着一个硕大的录音机，钻到偏僻的小树林里，开始疯狂地学习。他杜绝一切人情来往，一天十几个小时狂听狂背。疯狂两

个半月以后，他终于成了一个不仅能听而且能讲英文的人。

他心中"房子"的雏形，也是在屡次失败后逼出来的。

俞敏洪说大学毕业后，他留校当了教师，不久结婚生子。为了挣钱养家，他业余时间在校外办了一个补习班，因违反学校有关规定受到记过处分。于是，他离开了北大。他想出国留学，但几次申请留学都失败了。不过在接触留学事宜的过程中，他对出国考试和出国流程熟悉起来。他心中产生这样的念头：既然不能出国留学，那就办一个能够让学生出国的学校吧！就在这时，俞敏洪心中的房子已经浮现，就是现在的"新东方"。

开始，俞敏洪并没有看清自己能达到的目标，就像马拉松赛一样，即使是起跑之后，他所见到的也只是前面不远的道路。他不是靠着高挂在天上的星星指路，而是靠手上的火炬照亮脚下的路程，但他信心百倍，毫不畏惧，一直跑下去。尽管远方的路笼罩在暮霭之中，但永不熄灭的火炬，让他看清了眼前的路。

建造"新东方大厦"需要许多的砖头。俞敏洪心里明白，砖头不是金钱，而是千百万大中学生出国留学的梦想。只有把他自己心中的梦，变为千百万学生心中的梦，"新东方大厦"才能真正崛起。

俞敏洪出了奇招，他打出免费的招牌："二十多堂课，一分钱不收。"

免费的诱惑力是巨大的。在北京图书馆可容纳 1000 人的大礼堂里，一下子来了 3000 多人，俞敏洪只好把课堂临时转移到礼堂外的操场上。没有做一分钱的媒体广告，仅仅通过这 3000 多个学生的口耳相传，"新东方"在北京居然一炮打响。"新东方"逐渐成为千百万大中学生出国留学的"敲门砖"。

"新东方"给予学生的，不仅仅是学习外语的途径和方法，而是一个可以实现的梦。

一个人有希望，再加上坚韧不拔的决心，就能达到持之以恒的目的。

"新东方"能"火"起来，正是因为它帮助那些迷失方向、没有目标，不知为何学习，出国留学无门的青年学生，在他们心中描绘出一个美丽的房子。有了这个"房子"，那些混日子的孩子才开始拼命学。那时，中国出国留学的学生中，新东方的学生占据了 70%。

我说俞敏洪对中国教育的贡献是巨大的，正是因为他把"理想"的种子播撒在大中学生心中，他们正处在立志阶段，他们太需要梦想了。

回想一下，中外历史上对世界最有贡献、最有价值的人，就是那些目光远大，有先见之明的梦想者。

人有了理想，才有希望，才能激发潜能；人有了理想，思想和情感会变得坚定不移。理想具有鼓舞人心的创造力量，它鼓舞人完成自己的事业，它又是才能的增补剂，增加人们的才干，使一切梦想成真。

有理想的人飞得高，有目标的人走得远。

步入大学第一难题：人际关系

儿子上大学第三天，从校园里给我打来电话："我和他们不是一种人，我的幽默他们不懂，我想家。"

我十分诧异。上中小学时，儿子一向以性格活泼、幽默大方、善与人相处而受到老师同学的欢迎，怎么一进了大学，遇到的第一道难题竟然是如何与人相处呢？

于是，我走进这所古老的大学校园，在林荫道旁与儿子促膝谈心。

"遇到什么难题了？"我微笑着问。

儿子讲了三件事：

"第一件事情是，体检那天，每人要交30元，有几个外地同学的钱在银行里，兜里没现金，看他们那么着急，我说，我先借给你们吧，没承想，他们不但没有谢意，反而说我是大款，你说气人不气人！"

我说："你帮错忙了。借钱，要在别人需要而且向你提出来时，才能出手。你主动借给人家钱，人家会认为你有钱没处花了。"

儿子继续说："第二件事情是，一个宿舍6个人，大热天，有个同学把窗户关上，盖着大被子，八点多就睡了，我热得满头大汗，就问他：'你怎么这么早就睡了？'你猜他说什么？他说：'谁像你们北京人，过惯了夜生活？'"

我说："各地人生活习惯不同。有些人习惯早睡早起，有些人习惯晚睡晚起，十几年形成的习惯，哪能刚入大学就改变呢？人与人相处要互相适应。"

儿子说："第三件事情是，第一天做自我介绍时，前面人都千篇一律地介绍自己，我幽默地介绍了自己。有的人说我爱出风头，其实这个人根本不懂什么叫幽默。"

我说："每个人的思维方式不同嘛。爱理工的求相同，爱艺术的求不同。

世界是由各种各样的人组成的，就像彩虹是由七种颜色组成的一样。一个人只有学会与不同的人相处，才能适应未来社会。"

儿子接受了我的建议，开始主动与那些他认为陌生的外地同学交往。军训休息时，他热情地为大家唱歌、表演小品……他幽默的表演受到了同学们的欢迎，还被选为"每周一星"。军训结束后，他还协助系里组织合唱节目，这个节目在全校新生会演中获得了第一名。一周后，他的情绪好了，爱上了这个新的集体，适应了大学的生活。

一个人际关系不错的孩子，进入大学后尚且遇到这么多困惑，更何况那些一直在比较封闭的环境中长大的孩子了。开学三周了，还有十八九岁的男生夜里躲在宿舍的被窝里想家抽泣。有的同学心中没有别人，夜里上厕所时，开门、关门、说话的声音都很大，影响了别人的休息，自己还不觉得。

我听一位朋友说，她家有个远房亲戚的儿子，是当地高考状元，考入一所全国重点大学，入学才两天，就觉得"这个世界太冷漠""没人关心他"，最后因"无法与陌生人合作"而离校出走达数十天。有个大城市来的女生，进入大学以后，因为从小没有去过公共浴池，所以进入大学以后，不敢去公共浴池洗澡，觉得和众多的人在一起洗澡，很不习惯。还有的学校的"高才生"因为不适应新环境，甚至走上了退学、自杀之路……

有个朋友告诉我，他家亲戚的女儿们今年都考上了大学，可她们刚跨入学校没几天就要求退学，理由是："六七个人一个宿舍，太可怕了，这日子没法过！"这三个女孩的家庭环境都很好，习惯了一人一间房，冷不丁和别人同住一屋怎么能适应呢？难怪某位大学校长与新生谈话时，问的第一个问题是："你有过住集体宿舍的经历吗？"

经历就是财富。一个人考入大学靠的是分数，而一个人步入社会站住脚，并取得成功，靠的是能力，是全面的素质。"与人合作"是一个人生存的最基本的、最重要的一种能力。

大学是一个社会的缩影，来自五湖四海的人聚集到一起，首先要学会熟悉人，悦纳人，学会与不同的人友好相处，这样，离开大学，步入社会时才能适应新环境。

人的成功20%靠智商、80%靠情商。情商中最重要的是人际关系的处理，帮助这些在"独生、独养、独门、独户"环境长大的孩子，走出孤独，成为一个适应社会的人，是一个重要的社会课题。

令人担忧的是，80后出现了"啃老族"，90后出现了"宅人"。

"一起打篮球？"

"不去！"

"我们去逛街好不好？"

"还不如去逛淘宝！"

"《哈利·波特7》上映了，我们去看吧？"

"没意思，网上一样可以看。"

…………

遇到这样的人，你会有何反应？很多人会说："你可真够宅的！"

"宅人"已经不是一个新鲜名词，而且是目前很多孩子的生活方式。活泼好动是孩子的天性，现在，他们为什么会喜欢上"大门不出，二门不迈"的生活呢？这些新新人类到底是如何"宅"的？为了回答这些问题，《知心姐姐》杂志知心调查组对274名12至14岁的孩子进行了问卷调查，并且在网络上对一些"宅人"进行了采访。

调查报告中，首先公布了网上流传的一份"宅人鉴定标准"：

> 痴迷于某种事物，动漫、明星、某人或某物；
>
> 依赖电脑，长时间不能用电脑就会很要命；
>
> 依赖网络，干什么都想上网，没事做也挂在网上；
>
> 极少出门，参与一个要出门的活动往往会花很多时间考虑；
>
> 收藏癖，喜欢收藏一种或多种物品，并乐此不疲；
>
> 不想去上学/上班，有时候会很厌恶上学/上班，极度讨厌，但不得不去；
>
> 作息时间不稳定，没有规律的作息时间；
>
> 不喜欢接触陌生人，在现实中与陌生人交流、认识陌生人都会感到恐惧；
>
> 性格具有两面性，在不喜欢的事情面前会掩饰自己内心的想法，得过且过，有时候感觉自己有双重性格。
>
> …………

在本次调查中，有 47.81% 的孩子表示自己是"宅人"。这个接近半数的统计数字表明，"宅"已经成为孩子们生活中的一种普遍现象，"宅人"早已不是少数派。

宅人们表示，他们在家的大部分时间里最喜欢做的事情是：看自己喜欢的书或杂志（46.56%），玩网络游戏（40.46%），看影碟或电视剧（31.3%）。（本次调查采取多项选择）

宅人们喜欢的事情似乎大部分都是"静态"的，即只需要坐着或躺着就可以完成。他们不太喜欢运动，也很依赖电脑。

调查中说，宅人不缺少娱乐，不缺少朋友，他们还可以通过网络了解外面的世界。与其他人相比，宅人似乎没什么不一样的，唯一不同的是他们的生活空间被锁定在了"家"这个地方。

如果我们的一切需求都可以在家里得到满足，那我们还有外出的必要吗？这就是宅人的逻辑，他们可以罗列出一堆理由证明外出完全没有必要，甚至会告诉你："家才是最好的地方，宅着才是最有乐趣的事情。"

在调查中，宅人们喜欢宅在家里的两个占较高比例的理由分别是：对外出活动不感兴趣，还是在家好玩（38.17%）；感觉在家里更舒服、更安全（27.48%）。相比之下，调查中只有 5.34% 的宅人表示自己是因为没有时间而被迫宅在家里的。

那么，家对宅人的魔力从何而来呢？

调查的结果有两个：

第一，网络和娱乐方式的变化，让部分孩子越来越"恋家"。

回忆起童年的快乐时光，70 后也许会说出和伙伴们去看露天电影、跳皮筋、上树掏鸟窝的经历；80 后会回想起自己看过的经典动画片和电视连续剧；而 90 后或许会告诉你，网游、动漫才是他们的最爱。

第二，逃避压力的心理需要，让宅人喜欢躲在家里。

调查发现，宅人似乎格外依赖家带来的舒适、安心的感受，他们对压力比较敏感，甚至有些人认为外面的世界是虚伪而不安全的，只有在家里他们才能得到真正的放松。

对家的依赖是人的正常心理需要。但是过度的依赖，却有可能暗藏着心理危机。

有心理专家声称："适应压力，无论是人际交往的压力，还是工作生活中遇到的困难都是促使个人发展的条件。"过度依赖家带来的松弛感，有可能造成人们责任感的缺失和抗压能力越来越差。

这份调查发人深省。

很难想象，当这些90后的"宅人"长大后步入大学的校门，四五个"宅人"同住一个宿舍朝夕相处时，他们彼此之间会是什么情景？看不惯、不习惯、受不了、想念家，将是他们更大的难题。如果他们步入社会，去一个单位工作，和几十个人在一个空间工作，他们遇到的困惑将更大。

为了孩子的未来，做父母的千万要帮助孩子尽早"脱宅"。让他们早一点在现实生活中结识伙伴，让他们积极面对生活中的压力，让他们早一些掌握与人交往的能力。

友谊是创业的基础，朋友是事业的财富。在这个世界上，没有什么比真正的友谊，可以给我们更多的鼓励。

如果生活中没有友谊，就像地球上失去了太阳一样，太阳是大自然赐予我们最好的礼物，而友谊可以给我们带来最大的快乐。

常言道："多一个朋友多一条路。"

做父母的，不能因为怕孩子结交"坏朋友"，就把孩子锁在家里，以牺牲朋友和友谊为代价是不划算的。朋友圈子的缩小，对孩子的一生来说，损失是巨大的。

选择，生存的本领

懂得选择，是人生存的一种重要能力。

"你到底要什么？"是每个人，尤其是成年之后每时每刻都要面临的问题。

把选择权交给孩子，孩子才能把握自己的命运；

把选择权交给孩子，孩子才会对生活更加充满热忱；

把选择权交给孩子，孩子才会无怨无悔地去生活。

早晚有一天，孩子要走出校园，离开家庭，走进社会，独立地面对择业、择友、择偶，他们能行吗？

不论你有多么焦虑、多么担心、多么不放心，小鹰已飞上蓝天，你够不着，管不着，急也没用了。只有耐心地静观他们跌下去，耐心地等待他们重新飞起来。

儿子离开大学的校园，去上海的一家大型网络集团工作了。

"到上海去你住哪儿呀？"我担心地问。

"妈，这事你不用管，我自有办法。"儿子说着打开电脑，沿着能够抵达公司的地铁沿线发出求租启示。

不出几天，信息无数。儿子从中选中五所房，提前一天出发去看房，那天下午五点多钟，他从上海打来电话告知："租到一套独居房，月租1500元。"儿子说："本来人家要1600元，我说我买一个冰箱，走时我就不带走，送你了。人家同意了。"

一次，我出差去上海，顺便去他租的房看了看，房子朝阳，干净利索，只是冰箱挺小的。"你买的冰箱怎么这么小呀？"我不解地问。

"当时没说多大！"儿子俏皮地说。这小子比我精明，他自己会选房，还要归功于我，因为我买房时一直让他当参谋，这让他多少有点儿经验。

儿子到公司不久，一天中午打来电话："妈，今天老总找我谈话了，给我三个选择。"

我当时正在外地出差，中午东道主在宴请我，一听说"三个选择"，我立刻致歉离开座位，来到走廊急忙问："什么选择？"

"第一，让我去某市一个分公司当副总；第二，给我在大学设计的网站投资，让我搞起来；第三，在公司总部从头学起。妈，您说选哪一个？"儿子说得一清二楚，我却犯了难。

"我看这三个选择都挺好：第一，当副总，这不是你想要的吗？刚去就实现了，不是挺好吗？第二，给你设计的网站投资也很好呀，你那个设计本来就很好，有人投资不是心想事成了吗？第三个也很好，这个公司是新兴行业里的著名公司，你从头学能学来真本事。你也知道，我这个人最不会三选一了。我看哪个都好，还是你自己选择吧！"我连珠炮似的说完。其实我心里偏向选择其中某一个选项，可我不能说，我要把选择权留给儿子。

"当然选第三条了！"儿子看我犹豫，他倒坚定不移了。

"为什么呢？"我问。

"您看，刚去就去给人家当副总，我什么都不懂，人家哪里会服气，过几天还不合伙把我挤出来。"

"有道理。那第二种选择怎么不行呢？"

"办网站，投点钱是不够的。钱烧光了找谁要去呀！还是选第三条路，老老实实从头学！"儿子胸有成竹。

"还是你想得周到，选择留下从头学习才是上上策！"我大声表示赞成。其实我心里早就这么想了，现在他自己做出了选择。

儿子从基层干起，干了三年左右的时间，就被总裁提拔为一个新公司的副总裁了，而且调回了北京。几年后，他选择了自主创业，那位总裁也很支持他。他起早贪黑，十分敬业，从不抱怨。

儿子的这段经历，让我明白一个道理：一个人只有自己掌握自己的命运，才是主动的、快乐的、幸福的。就像马克思所言："如果我们选择了最能为人类而工作的职业，我们就不会被重任所压倒……"

作为父母，你为孩子铺的道路再平坦，他们也会觉得扎脚；

作为孩子，哪怕他们为自己选的道路再坎坷，他们也不会抱怨。

人年轻的时候都会有这样的激情和经历，对人生来说，这种激情和经历是极其可贵的。

几年前，一个叫大北的中学男生立志要搞野生动物研究，竟然在家里养起大蟒蛇。母子发生冲突，走进北京电视台的《知心家庭·谁在说》节目。我是嘉宾主持人，我鼓励大北的妈妈支持孩子的选择，尊重孩子的兴趣。我对她说："孩子自己选的路，就会努力；努力中获得了成就感，就有了动力，最后必定成功。"

有了妈妈的支持，大北的学习积极性大增，现在他就读于北京农业职业学院，中、高职连读，一年后毕业于畜牧兽医系动物学专业。几天前，中科院两栖爬行动物专家黄祝坚老先生极力推荐大北进入"国际野生生物保护学会"（WCS），到中国项目组带薪工作。2010年7月2日，大北18岁生日前，已经加入了"国际野生生物保护学会"旗下的黑豹野生动物保护站，成为一名公益野生动物保护者。

大北的妈妈很感谢我提醒她把选择的权利留给了孩子，才能使大北有了今天的发展。

在成长的路上，有无数的岔路口。

如果我们替孩子把一切想好，可以为父母免去很多因孩子疏忽而带来的麻烦，但同时却剥夺了孩子独立思考的机会。他们将会因为缺乏重要的学习过程，而无法享受到由自己独立选择带来的快乐。

男生怎样选择女友

择友，不易；择终身伴侣，更难。

男生选择女友，要等自己成熟起来之后，才会有更美满的结果。

有一次，我去厦门接"知心电话"。几名大学生打来电话，他们提的问题十个中有九个是关于恋爱的。他们说，夜幕一降临，原本书声琅琅的校园成了恋人相会的"街心公园"。

厦门大学的一名男生打电话告诉我，在他们学校，一名男生因为追求一名女生没有成功，而跳楼自杀了。这件事对男同学们震动很大，他们觉得这个男生太没出息了，于是组织了一个"五草研究会"，一起调侃、总结恋爱的观念和经验，并且提出了恋爱的"五草精神"。

"五草精神都有哪'五草'呢？"我很感兴趣。

"第一草，'天涯何处无芳草'——好女生到处都有，男子不必太着急；

"第二草，'兔子不吃窝边草'——不能找身边的女生作对象，目标太显眼；

"第三草，'疾风知劲草'——不要听女生灌'迷魂汤'就上当，而要经过长期的考验；

"第四草，'好马不吃回头草'——恋爱不成就算了，千万不要强求，更用不着自杀；

"第五草，'老牛啃嫩草'——男子年龄大一些，才能找到好的女子，不要过早地涉足恋爱。"

男生最后补充说："自从我们有了'五草精神'，我们的精神就获得了解放！"

我对他们的"研究"很感兴趣。于是傍晚时，我走进了厦门大学。校园美极了，一排排椰树迎风摇曳。月光下，大地洒满银色的光辉。

我找到了这个"五草研究会"。几个大男生初见到我有点不好意思，但很快我们成了好朋友。他们讲了许多大学生活中的困惑，也讲到谈恋爱的感觉。他们问我，怎样能找到好女孩？

我给他们讲了四个秘诀：

第一，你要靠得住。

"找"字是给女生准备的。男子不是低头"找"，而是要抬头"立"。打铁必须自身硬，女生是先崇拜后爱。无论是"芳草""窝边草""劲草"，还是"回头草""嫩草"，女生喜欢的永远是她崇拜的英雄。你必须挺起你的脊梁，堂堂正正地做一座山，让她觉得和你在一起很安全，很靠得住才行。

第二，你要有目标。

一个成熟的男人，应该知道自己今天干什么，明天干什么，未来的路在哪里。你整天迷迷瞪瞪，今天吃饱了，不知明天干什么，谁能相信你，谁能跟你一辈子？

第三，你要有本事。

过去人们讲"男才女貌"，男人的才就是生存的本事，男人的才也是品德与修养。男人要有根，这个根就是在这个世界生存的技能。你用什么本领让你立足？你什么事都不会，不爱干，干不了，单位不会要你，女人更不会要你！跟着你去喝西北风呀？

第四，你要有智慧。

男人的智慧表现在性格的开朗、幽默上。女人爱笑，幽默的男人逗女人笑，会给女人带来快乐。在压力很大的社会环境中，女人尤其喜欢性格幽默的男人。好日子是过出来的，哪个女人愿意找个男人整天怄气？

几个大学生连声称"是"。

这些话说起来容易，真正做到不容易。

我劝男人们先立业，后成家。

男人有了自己的事业，感觉就不同了。每天生活有奔头，工作有劲头，走起路来就"雄赳赳，气昂昂"，像个男子汉。

男人有了目标，就知道自己喜欢什么样的女人。男人一定要找一个他喜欢的女子，不要去找自己准备利用的女人，这样一辈子才能幸福。

男人要有自制力。和女子交往，要控制自己的感情，不要一时冲动，惹来麻烦。记住！能出手才出手，出手早了，造成不良后果，你要负责任。

祝我的"男友"们，都能找到你喜欢的终身伴侣。

女生怎样选择男友

女人选择男友，是道难题，时机很重要。

太早了，不成熟；太晚了，有些可惜，所以要适时。

其实大学毕业之前，可以考虑找男友了，因为这时适龄男子较多，到了社会情况就比较复杂了。

·女人选择男友，标准很重要

我对很多女青年说："女子选择对象，不是找最好的，而是要找最合适的。道理和买鞋一样，适合最好。你看那双鞋又尖又翘，你的脚丫子又大又肥，穿着挤脚，难受只有你自己知道。世界上没有最好，只有最合适。"

什么叫"合适"？你有的，他没有；你没有的，他有。这种"互补型"的算合适。你好说，他爱听；你爱做饭，他爱吃，或他爱做，你爱吃也行。这种"需要型"的也算合适。合适其实就是"和谐"的表现形式。双方都可以从对方那里获取"成就感"，那么就会有吸引力，这叫"各尽所能，各取所需"。

·女人选男人，是看对方的缺点你能否包容

每个人都有缺点。可是热恋中的女人，常常把对方想成心中的"白马王子"，认为什么都好，不敢正视对方的缺点，相信"爱情能改变一个人"。其实错了，人是不容易改变的，爱情的力量也没有你想象的那么大。在生活中，人的缺点、弱点一定会表现出来，装是装不了几天的。所以，你和他交往之前，一定要想清楚，他的缺点、习惯你能不能忍受、悦纳？比如，他养成了吸烟的习惯，而你怕烟味，那你就不要选择会吸烟的人为你的丈夫。如果你相信爱能让他彻底戒烟，那么你错了！因为烟的诱惑力比你大。

·女人选男人，还要有牺牲精神

一位年轻的女孩曾专程来见我，对我说："我的男朋友是边疆军官，我去过他们部队，他们的首长也挺喜欢我的。但是我却很矛盾，和军人结

婚，就有可能长期两地分居。现在，他提出和我订婚，我不知道应不应该
答应他。"

我真诚地说："当军人就意味着奉献，做军人的妻子，就要有做奉献的
准备。如果你的丈夫为了祖国负伤，你要伺候他一辈子；如果你的丈夫为
了祖国光荣牺牲了，你要担负起照顾他父母的重要责任；如果因公长期两
地分居，也最好不要抱怨。如果能做到这些，你就和他结婚；如果觉得做
不到，就不要订婚，更不要在他面临危险的时刻跟他说再见，那样对他的
打击太大了。"

她感动地说："谢谢您的指点。在这以前，我一直处在很高傲的位置考
虑我们之间的感情，从来没有想过要为他奉献些什么。这个问题，我的确
需要认真地考虑一下。"

在选择对象这个问题上，尊重是最基本的原则，男女双方都要懂得尊
重对方，也要有奉献精神。如果一个人总是想从对方那里获取什么，那结
果可能只有失望。

· 女人选男人，要重人轻物

"有房、有车、有钱"自然好，但是这不是根本，人品和性格是最重要
的。你是和人结婚，不是和房、和车、和钱结婚，那些都是身外之物，只
要这个人有责任感，有能力，肯努力，日子一定会越过越好的。

其中最重要的是要找喜欢你的人，不只是你喜欢的人。如果一味地想
寻找一个自己想象中的"梦中情人"，恐怕这辈子也很难找到！

换个角度看"情人眼里出西施"这句话。无论是你喜欢的，还是喜欢你的，
都要用欣赏的眼光去看待对方，假如能够容忍对方的缺陷和不足，就应该
真诚地陪伴对方，走完今生的路。

祝我的"女友"们，都能找到合适的人生伴侣。

责任心让你成为自己的贵人

"北京第一哥",是"鸟叔叔"对北京出租车司机的尊称。

"鸟叔叔"是谁?他为什么对北京出租车司机有如此深厚的感情呢?这要从去年冬天发生的故事说起。

"姐姐,我的乐器包丢了!""鸟叔叔"急切的声音,打破了北京初冬夜晚的寂静。

"丢在哪儿了?"我急切地问。

"落在出租车上了,而且我没开发票。"他的声音有些颤抖。

"包里都有什么东西?"我又问。

"四件乐器,还有我的简介和名片。"

"别着急!会有好心人送回来的。要是真丢了,姐姐帮你买新的。"我尽力安慰着他。人比东西重要,为了丢失的乐器着急上火,伤害了身体不值得。

"鸟叔叔"是我的老朋友。他的这个绰号就是我起的。"鸟叔叔"的真名叫阎福兴,家住辽宁葫芦岛兴城市。从小家境贫寒,没钱读书,他7岁就辍学帮家里放羊。因为热爱大自然,酷爱聆听小鸟的鸣叫,他和鸟儿们成了好朋友。从少年起,他便练就了用手指当哨子模仿鸟鸣和乐器声的绝活。后来,他更是遍访这方面的名人,专攻指哨吹奏,靠着他的努力开创了指哨与管乐合奏的表演形式,被誉为"中华奇人"。

1996年,一个偶然的机会我认识了阎福兴,并邀请他到"河南鸡公山——全国少年儿童手拉手夏令营"为孩子们演出。为了让孩子们记住他,我给他起名叫"鸟叔叔"。他欣然接受,并担任起了夏令营的营地辅导员。15年来,他每年都到鸡公山为孩子们演出,宣传环保,号召小营员与小鸟做朋友,深受孩子们的喜爱。

一次,中央电视台的记者报道夏令营活动,意外地发现了他,便为他拍了一部专题片。从此,"鸟叔叔"一举成名,他多次参加电视台的节目录制,出访过日本、韩国、美国、新西兰、也门等三十多个国家,进行文化交流,一些国家的总统还接见了他。他一直很感谢我,说我是他的"亲姐",我也很佩服他,便认他做了弟弟。

现在,弟弟有难,姐姐必须帮忙!我知道,乐器是"鸟叔叔"的心肝宝贝,装乐器的大包,他走到哪里都要亲自拎着,坐飞机从来不托运。现在宝贝丢了,他会急成什么样啊!乐器究竟能不能被好心人送回来呢?我忐忑不安,一夜都没睡好。

第二天,在上班的路上,我接到了"鸟叔叔"的电话:"姐姐,让你说中了,真有人把乐器送回来了!"

"真的?"我又惊又喜,让他讲讲事情的经过。

原来,那天他应邀参加中央电视台"科学探秘"节目的录制,一大早便从兴城赶到北京。傍晚,节目录完,"鸟叔叔"要去葫芦岛驻京办事处住宿,和他一起录节目的环保专家郭耕开车捎了他一段路。下车后,他打了一辆出租车,转悠了半天才找到那个不起眼的招待所。

他下了车,便急匆匆地登记入住,这时才发现乐器包不见了!"鸟叔叔"急出一身冷汗,这些乐器是他的命根子!这四件乐器中有一件是外国朋友特意送给他的,花多少钱都买不到。这些乐器就像他的老朋友,陪伴他走过山山水水,走过许多国家,如今却走散了……他越想越伤心,便给我打了电话。我的话虽然给他带来了一些安慰,但是一想到这些失散的老朋友,他的心又揪到一起。那天晚上,"鸟叔叔"连晚饭都没吃,躺在床上辗转反侧,一夜未眠。第二天早上还不到6点钟,他的肚子饿得咕咕叫,便起床走出了房间。

"您是阎福兴先生吧?"前台的服务员叫住了他,"昨天晚上10点多来了一位出租车司机,问有没有一个叫阎福兴的人住在这里。说阎先生是搞艺术的,把乐器落在他车里,他给送来了。"

"鸟叔叔"一下子激动起来,赶紧打听这位司机师傅去了哪里。服务员给他讲了昨天晚上的事:当时,服务员准备上楼去喊"鸟叔叔"来认领东西。但是,司机师傅拦住她说:"别打扰他了,这么晚了,人家可能已经休息了,我在车里等一宿,明早再叫他吧!"听到这样的情况,"鸟叔叔"更加激动了。服务员笑着说:"您出去看看,可能他还在车里等您呢!"

　　"鸟叔叔"急忙跑到门外，只见门前停着一辆出租车，那位司机先生正在车里睡觉呢。他轻轻地敲了敲车窗，司机先生睁开眼睛，一下子就认出了"鸟叔叔"。"您就是阎先生吧。我昨天很晚才发现后座上有个包，几拨乘客上下，都没动。我想可能是您的，就送到这儿来了。"

　　"您昨天没叫我，我一宿没合眼呀！""鸟叔叔"激动得不知该说什么好。

　　"怕打扰您休息，我就想在车里闭会儿眼，等天亮再叫您。"司机平静地回答，好像自己只是做了一件很平常的小事。

　　"鸟叔叔"的眼泪一下子流了出来，他紧紧地拉住司机的手。"我真的遇到好人了！您帮了我一个大忙，我该怎么感谢您呀！"说着掏出几张百元钞票，硬塞到司机手中。

　　出租车司机说什么也不要，很诚恳地推辞道："这钱我可不能要，这是我应该做的！昨天晚上怕打扰您，所以没叫您，今儿才知道您一宿没睡好，真对不起您，让您着急了。"

　　出租车司机的话让"鸟叔叔"感动得泪流满面。他在电话里激动地对我说："这是'北京第一哥'呀！这世界上真的有好心人呀！"

　　我心中也充满感动，立刻拨打北京电视台"新闻热线"，告诉他们这条新闻线索。这样的好人，要让天下人都知道！

　　后来"鸟叔叔"告诉我，他以前对北京人没有什么好印象，感觉北京人瞧不起外地人，尤其瞧不起东北人，正是这个北京"的哥"彻底改变了他对这座城市的错误印象。

　　"一沙一世界，一人一城池。"每一个人都是一张名片，北京出租车司机正是北京的名片。这位出租车司机虽然没有留下姓名，但他美好的形象却深深留在了"鸟叔叔"和我的心中。这位司机先生虽然没收下一分钱，但他会觉得自己十分富有！

　　"北京第一哥"的故事验证了一个简单的道理：在任何平凡的岗位上，都需要尽职尽责的人。

　　从历史的发展看，过去我们用脚"走路"，那是农业；后来我们用手"走路"，那是工业；后来我们用机器"走路"，那是技术；以后我们用脑"走路"，那是电脑；今天我们用心"走路"，那就是服务。谁的服务做到位了，谁就能赢得人心。

　　今天这个时代，是花钱买服务的时代。所以各行各业，都需要服务意识很强的人，这种人最重要的品质，是责任心强。有这样一个故事：

一个大学毕业生，毕业后去南方一个大城市求职，但他屡屡失败，最后穷困潦倒，连吃饭住宿的钱都没有了。于是他以捡垃圾卖废品为生。

一天，他正在街头捡垃圾，一位老人路过此地，看到这个年轻人很特别。一般捡垃圾的人是把要的垃圾捡走，剩下的就扔在一旁，而这个年轻人与众不同，他不仅把自己要的可以卖钱的垃圾捡走，还把不用的垃圾整理得十分整齐。一连几天，他都是这样干的。

这天，老人把一张名片交给年轻人："明天这个公司招聘，你可以来应聘。"说完，老人走了。

年轻人又惊又喜。第二天，他按着名片上的地址，找到这家公司。几百人应聘，他是唯一被录取的人。

这时他才知道，这位老人，正是这个公司的总裁。人们很奇怪，总裁为什么偏偏看中这么一个其貌不扬的年轻人？难道他们有什么特殊的关系？

总裁在全体员工大会上说："这个年轻人捡垃圾都这么负责任，我相信他的工作一定是很负责任的。"

果然，这个年轻人工作极端负责，成绩显著，经过一段时间锻炼后，升入公司核心团队，并担任了副总。

在这个世上留下辉煌业绩和杰出成就的人，都得益于勤奋与负责任的工作态度，不管是工人还是工程师，不管是诗人还是艺术家。

原因也很简单，责任会让人变得有耐性、有毅力。

责任会让人感受到自身的价值，意识到自己很重要，抗压能力强，把"坏日子"过好，把"好日子"过得圆满。

达·芬奇是个乐观开朗、干劲十足又热情洋溢的大画家。每天天刚破晓他就开始工作，直到工作室伸手不见五指，他才离开画布去吃饭休息。这就是他成为世界上最伟大的画家的秘密。

英国画家密莱斯，作画时专心致志，似乎置身于世界之外，很多人把孩子带来，问他是否应该把孩子培养成画家。他总是回答："当然不。"他说，不管这个孩子长大想干什么，他都必须脚踏实地、坚持不懈地努力。从小到大，他要做许多乏味、琐碎的工作，但是他都要耐心对待。

罗斯金也说："听到大家夸一个年轻人前途无量时，我总要问：'他努力工作了吗？'"

作为一个年轻人，即使有过人的才干，如果不采取任何有价值的实际行动，最终也会一事无成。我们做家长的，一定要让那些有侥幸心理的孩子明白，只有勤奋、负责任地工作，才会获得自己想要的东西。

在台湾，我亲身感受到了"责任的力量"。

2009 年 11 月 26 日，我跟随"第 10 届祖国大陆书展团"，乘坐中国国际航空 CA185 次航班直飞台湾。

在台湾，最让我难忘的就是台湾人的服务态度。

"唐导"是我们对第一分团导游唐季和先生的爱称。我们第一分团的人都很喜欢他。唐导的老家在福建，父母都是教师。他已经 56 岁了，没有结婚生子，酷爱音乐，曾经也当过老师，退休后就做起了导游。

"我爱当导游，把自己知道的告诉别人，我很开心。"唐导每天都是微笑着面对我们每一个人，为大家仔细讲解台湾的历史和风光。他的背包里总是放着一叠台币，是为了方便大家随时兑换用的，而且他的兑换价比官方的还要合算。观光时，由于人多，集合起来不容易，但是他不喊不叫，今天吹哨子、明天吹笛子。每当我们听到那优美的乐声，就会立刻跟上他。所以，第一分团总是集合最快，出发最早。有了唐导之后，我们在台湾的旅程变得更加轻松和愉快。

"我能帮你做什么？""不好意思！""谢谢您！"这是我在与台湾人接触过程中听到最多的话。当然，感动我的并不仅是这几句话，而是包含在这些话语之中的态度和精神。

刚到台湾的那个晚上，我发现自己的相机出了问题，便匆匆来到酒店大堂寻求帮助。大厅服务台旁恰好坐着一位年轻漂亮的女士。

"请问，哪里能修相机？"我走过去，急匆匆地问。

"您的相机出了什么问题？"这位小姐关切地询问，让我心中顿时多了一份希望："您会修相机吗？"

"让我看一下好吗？"她接过相机，熟练地取出电池，"让我看看电池有没有问题。"说着，她打开身旁的一个抽屉，里面各种各样的电池总共有十几块，原来她早就为客人们想到了！试过电池之后，她一面安慰我别着急，一面说可以再试一下存储卡，于是又打开另一个放着各种型号存储卡的抽屉。

"电池和存储卡都没有问题。您的相机只能到 SONY 品牌的专卖店里维修了。可是今天恐怕已经关门了。"

"我在台湾还要待 6 天，没有相机怎么行？我去买台新的吧，到哪里去买呢？"我真的有点着急了。

"这附近有个商店，但是比较贵。我们这儿有个叫灿坤的电器商场，东西又好又便宜。"她微笑着回答。

"好，那我就去灿坤吧。在哪儿？"

"我给您写个地址，再帮您叫一辆计程车，大约 70 台币就能到。"说着，她迅速地在酒店的名片上写下一个地址，然后跑到门口帮我叫了一辆出租车，并且和司机讲清楚我要去的地方。这短短的几分钟里发生的事情，已经让我心里暖暖的，可是故事还没有结束。

到了灿坤电器商场，我选中了一款轻薄、实用的相机。

"我要这款蓝色的。"

"不好意思，蓝色的已经卖完了。如果您真想要，我可以去别的店调一台。"一个年轻的营业员态度和蔼地回答。

"那就太感谢了，这么晚为我去取，真不好意思。"他的答复和态度，让我终于从焦急中恢复过来。

可是在交款的时候，我才发现自己带的钱不够，少了 3000 台币。

"如果我现在去酒店兑换，你们能等我吗？"我有些忐忑地询问。

"可以，您去吧，反正给您取相机也需要一段时间。"营业员笑着回答。我看了一下表，已经是晚上 9 点 55 分了，离商场下班时间还有 5 分钟。

再次走进灿坤电器商场的时候，已经是 10 点 15 分了。我惊讶地发现，所有的营业员都在等着我。那位帮我取相机的小伙子看到我，不慌不忙地从包装盒内取出相机，微笑着说道："这是您要的蓝色吧？"

"对！很漂亮！十分感谢！"我惊喜而又激动地回答。

"我帮您试一试，然后帮您贴上保护膜。"他边说边熟练地操作着，最后把相机小心地装进一个蓝色软皮套里递给我，"明天您就可以用了，欢迎下次再来！"那一刻，我心中充满了谢意。

回到酒店，那位大堂服务生依旧坐在大厅里。她见到我立刻露出灿烂的笑容："您的相机买回来了？"我走到她身旁，把相机拿出来给她看。"真不错，是新款，颜色也很好看。"听到她的赞许，我心满意足地笑了起来。

"多谢您了，您贵姓？"我问道。

"您叫我小童就行，我每天都在这里。"她笑着回答。

躺在床上，白天经历的一个个细节像放电影一样从我眼前闪过。我发现，这个故事中的主人公们都是属于台湾"80后"一代的年轻人。他们虽然岗位不同，但是敬业精神和对工作尽职尽责的态度却是相同的。我看到，中华民族的传统礼仪在台湾年轻一代中得到了很好的继承。

离开台北前，我又去灿坤电器商场买了一台摄像机，虽然价格与大陆相差无几，但我把钱花在这里也算是对他们优质服务的一种回报。我知道，消费者的忠诚是对商店最高的肯定。

今天，世界已经变成地球村，地球村的每一个公民，都应该明确自己的位置，明白自己的责任。当每一个人都把自己该做的事情做好时，这个世界就光明了。

第八章

家的影响

把孩子培养成财富

1999 年 9 月 30 日凌晨 5 点 15 分，就在国庆 50 周年大典的前一天，83 岁的慈母离开了我们。

全家人悲痛万分。那些天，我只要看到妈妈生前的照片，想起妈妈慈祥的面容，悲痛的泪水就止不住夺眶而出。

妈妈生前，她房间的桌子有一个抽屉一直是锁着的，钥匙就放在她的衣兜里，谁也不知道里面放着什么"宝贝"。

妈妈去世后，二姐打开了这个抽屉。我们全都愣住了：里面没有一分钱，也没有金银珠宝，只有一个小本子，前三页工工整整地记录着她的每个儿孙的出生日期，既有阳历，也有阴历，甚至精确到出生时的几点几分。

这就是妈妈的"存折"！这就是妈妈的全部遗产！

妈妈生前总是说，她一生最大的财富就是她的孩子，她用她全部的心血来抚育孩子。记得我们小时候，爸爸在外地工作，因为孩子多，家里生活不宽裕。为了抚养我们长大成人，妈妈一直没有出去工作，却千方百计地让我们吃饱穿暖，好好上学，教会我们生存的本领。每逢国庆节，为了让我们参加游行，她总是熬夜给我们赶制新衣服。平时，妈妈不给我们什么零花钱，可是当她知道我考上了北京市少年宫绘画组，每周日要去景山公园学画画时，她立刻为我买了一张月票。

她非常支持我们参加各种公益活动和发展特长的学习，她教育我们从小要诚实做人，不占便宜，想要的东西要通过自己努力去争取，不要企求不付出劳动就能得到……在童年的时光里，快乐和幸福、勤奋与上进总是伴随着我们一家。

我们兄弟姐妹深知妈妈的期望，从小就下决心为父母争气，每个人学习都十分努力，后来工作也很勤奋。我们成人后，为了支持我们工作，年迈的妈妈先后带大了六个孙儿。

妈妈走了。带着微笑走了。虽然她没有给子孙留下一分钱，但是，她却留下了比金钱更重要的东西——教会我们如何做人，如何生存。

妈妈走了。在 83 年的人生旅程中，妈妈没有参加过工作，更没有什么职称，但是，妈妈创造的价值是无法衡量的，她毕生从事的是世界上最伟大的工作——为国家培育人才。

妈妈走了。她的一生辛辛苦苦，没有享受过什么富贵，但她拥有着世界上最大的快乐——天伦之乐。我们在为她老人家送行的花篮上分别写着："妈妈，我们爱您！""奶奶，我们爱您！""姥姥，我们爱您！"

妈妈走了。她那么幸福地走了，走得那么安详，那么无牵无挂——因为，她一生的心愿都实现了，她完成了抚养我们长大、教导我们成人的心愿！

妈妈是一本书。这本书不仅教会了我们怎样做人，还感染了我们的孩子。在我们孝敬老人的日子里，孩子们看会了、学会了关心长辈，他们心中有了老人，同时也有了父母。

母亲去世的那天早晨正赶上国庆游行前一天，医院在戒严区，10 点要戒严。在京的小辈能够通知到的都来了，唯独没有叫我的儿子，因为他所在的大学在中关村，离城里太远了。

好像是有什么感应，那天早上 8 点多钟，妈妈刚刚被推进太平间，儿子就在 BP 机上呼我，我立刻给他回了电话。

"姥姥怎么样了？"儿子急切地问。

"姥姥今天早上 5 点 15 分过世了……"我哭着说。

"……你们为什么不告诉我？"停了半天，电话那边才传来儿子哭泣的声音。

"太远了，你来不了！"

电话挂断了。紧接着我的 BP 机上显示出这样一行字："你们应该告诉我，我能赶回来的！"

我的泪水忍不住又流了下来——我真后悔没有叫儿子赶来见姥姥最后一面，留下了这终生的遗憾！

这时，6 年前，87 岁老父亲过世时的情景浮现在眼前。

父亲去世的那天晚上，我很晚才回到家。一进家门，在中学读书正准备考试的儿子马上关切地问我："姥爷呢？"

"在医院里。"我怕影响他考试，没有把实情告诉他。

"姥姥呢？"儿子接着问。

"在家里。"我含着泪走进自己的房间。

第二天，我去看望母亲，告诉了她这件事。母亲批评我说："你应该把实情告诉他，他已经长大了！"

晚上，我对儿子说："姥爷昨天早上已经'走'了。"

"我已经知道了。"儿子的话让我很吃惊。

"谁告诉你的？"

"今天早上六点多，我骑车到医院去过了，姥爷的床已经空了。旁边病床的大爷告诉我，姥爷一清早就'走'了。"儿子说完，又含着泪补充了一句："我没有耽误考试。"

我的眼泪忍不住涌出眼眶，失声痛哭起来，我为自己失去了父亲而伤心，也为父亲有这么一位懂事的外孙而欣慰。

母亲去世后，我们姐妹几个都有一个共同的感受：孩子们突然长大了！妹妹告诉我，她女儿回家说："爸，我妈没有妈妈了，你可要好好待我妈啊！"

母亲的遗体火化不久，儿子把一个他写的小剧本交给我看，是他刚刚写完的。

其中有一个角色对他表妹说："为姥姥送行的那天，妈妈哭得好伤心，我还从来没见她哭得这么厉害。我一直在她身边扶着她。以后，我要好好照顾我妈……"看到这儿，我的泪水唰唰地流了下来。

自从我父母相继过世后，我发现儿子对我更加关心了。每次打电话回家，听到我的声音有一点儿异样，都会关切地问："妈，您是不是不舒服？"我的姐妹们也说，孩子们在我们一起关心、照顾老人的影响下，学会了关心父母，变得懂事了。

并不是天下所有的父母都能得到这番儿女深情。在医院陪伴母亲的日日夜夜，我亲眼看到一些儿女在父母病床前为了家产争争吵吵，看到一些儿女照顾老人时那不耐烦的脸上布满冷漠……我的心难以平静。一位到了弥留之际的老爷爷生前吃苦受累，一直在为儿子积累财富。可他病重住院时儿子一直没来看他，老人很伤心。一天，儿子来了，待了一会儿就回去了，同屋陪床的人劝他："别伤心了，你儿子不是来看你了吗？"老人老泪纵横地说："他哪里是来看我的，他把我的手表摘走了！"

这一切让我心碎，令我深思。做父母的，是把财富留给孩子，还是把孩子培养成财富，我们究竟应该留给孩子什么呢？

只把财富留给孩子，不把孩子培养成人，那么孩子长大了，便会只认钱，不认父母，到头来，只能是人财两空。只把财富留给孩子，不鼓励孩子自己成才，孩子不会成富翁，倒有可能成为乞丐。

近年来，我去各地演讲的主题多为"把孩子培养成财富"。

我的一位女友，是位成功的企业家，她自己拥有上千万的资产。在一次女性论坛上，我的发言让她泪流满面。会后她激动地对我说：

"事业上我是一个成功者，可是在教育子女方面我是失败者。我失去了丈夫，就把爱全部给了儿子。儿子 17 岁，我就给他买了辆宝马汽车；儿子 18 岁，我又给他买了栋房子；儿子 19 岁时问我：'妈，你知道我哪天最高兴吗？'我问：'哪一天？'他说：'你死的那一天！你死了，你的钱都是我的了！'我伤心极了，气得差点吐血。今天听了你的报告，我才知道自己错在哪里，儿子要是不成人，我给他留下财富就是留下祸害呀！"

"你说得很对！"我肯定地说。过去讲"富不过三代"，现在是"富不过两代"。古今中外，无数事实告诉我们：留给孩子太多的财富，会剥夺他的自我创业、享受成功的乐趣。

只有自己创造财富，才会获得真正的成功感。

我的另一位朋友就十分明智。她是一个巨富。她的儿子上中学时问妈妈："妈妈，你爱我吗？"

妈妈说："我当然爱你，儿子。"

儿子说："你爱我，就应该知道我最喜欢什么。"

"你说说，你最喜欢什么？"妈妈好奇地问。

"我最喜欢名车保时捷了。"儿子不假思索地说，看来他想了很久了。

"我知道了。"妈妈平静地回答。

"那你知道什么时候把这个礼物送给我，我最高兴。"

"什么时候？"

"我过生日的时候。"儿子紧追不舍。

"我知道了。"妈妈依然很平静。

儿子离开屋时，又跟了一句："你可别忘了，我可快过生日了。"

儿子过生日那天，妈妈果然送他一辆"保时捷"，但不是一辆真正的汽车，而是一辆汽车玩具。在玩具汽车里有一张小纸条，上面写了四个字："自

己挣去！"

数年之后，儿子果然用自己的劳动挣来一辆真正的保时捷。我的朋友去欧洲时，儿子亲自驾车带她去旅行，春风得意。

我们把财富留给了孩子，人家把孩子培养成财富，未来谁强，谁弱？不言而喻。

当今，许多富人都赞成这样的观点：留给子女大量的财富并不是在帮助他们，而是剥夺了他们创造财富的机会和能力。

听了这些事例，我的朋友决定，儿子结婚时，将和儿子一起为中国贫困农村的孩子捐资，为他们送去精神食粮。

如今，她的儿子已经步入工作岗位，成为一个自食其力的人。

爱孩子的父母请切记：不要把财富留给孩子，而要把孩子培养成财富。

《陈氏家纲》的启发

"老祖宗留下一句话，家和万事兴，妻贤福星广，母慈儿孝敬，众人拾柴火焰高，十指抱拳力千斤。老百姓就认这个理，家和万事兴。

"老百姓流传一句话，国安享太平，国强民才富，民富国安定，大河涨水小河满，众人栽树树成林。中国人都信这个理，国安享太平。"

这首在老百姓中间广为流传的歌名叫《家和万事兴》，被润丰集团总裁陈水双的家族定为家歌。

一个家族还有家歌？新鲜吧？更新鲜的还在后面呢！

一个偶然的机会，我拜访了风度翩翩的陈水双总裁，也见到了他的弟弟、笑容可掬的北京泉州商会会长陈水波先生。

这两位老总给我的第一印象是谦和、平易、热情、有礼。

后来，我了解到，陈氏家族是个50多人的大家族，四代同堂。四兄弟两姐妹，个个都很成功，堪称做人做事的典范。他们不仅事业兴旺发达，而且人品高尚，口碑甚佳。究竟是什么原因，让一家人团结得这么好，六个兄弟姐妹都事业有成呢？我很好奇。

"治家和治国一样，和谐才能兴旺。"和陈水双总裁交谈不到10分钟，他就谈到了家庭教育的重要。陈总对家教的独到见解，让我觉得他不仅是个出色的企业家，更是个出色的教育家。陈总小心翼翼地拿出一件"家宝"给我看，只见一本红色缎面的纪念册上，端端正正印着四个隶体金字："陈氏家纲"。

我眼前一亮，以前我也见过古人治家的家训家纲，可现代家庭的家纲，我还是第一次见到。

《陈氏家纲》里面记载着陈氏家族治家的方略。有纲有目，有粗有细，有理有法，处处体现了"家和万事兴"的真谛。

常言道："富不过三代。"第一代创业，第二代守业，第三代毁业，第四代失业。现在的说法已是"富不过二代"。现实社会中，富家孩子挥霍无度、不思进取的案例数不胜数。如何在鼎盛时期居安思危，培养好接班人，使家族产业可持续发展，对于一个家族企业来说是非常重要的问题。

陈氏家族目前正处在鼎盛时期，几家大公司发展都很兴旺。他们做到了"前事不忘，后事之师"，铭记历史的教训，成立了陈氏家族理事会，并精心制定了《陈氏家纲》。

细细读来，《陈氏家纲》中有四大特点：

目光远大，居安思危

"家和万事兴"的带头人陈水双总裁在总则中，表达了制定《陈氏家纲》的目的：

> 我家族出身贫寒，生活清苦，过去为生活而奔波的艰辛场景至今仍历历在目，记忆犹新。
>
> 得益于国家"改革开放"的利民政策，更得益于"家和万事兴"之古训，举家上下，同心同德，含辛茹苦，奋斗不懈。所谓"皇天不负有心人"，我们的拼搏和付出，终于有了回报。如今事业基础扎实，发展顺利，家族兴旺发达，我们对未来深具信心。
>
> 时代在变，环境在变，人的思想观念也在变。我们要居安思危，切不可高枕无忧。我们要在时代的变化中奋进，切不可在大环境的变化中消沉……
>
> 国有国法，家有家规。国民的道德水准是一个国一个家安定和谐的基础。为了让每个家庭成员都遵守共同的道德准则，陈氏家族在认真学习"八荣八耻"社会主义荣辱观的基础上，制定了"陈氏家族八荣八耻"：
>
> 以上慈下孝为荣，以不仁不孝为耻；
>
> 以兄友弟恭为荣，以见利弃义为耻；
>
> 以家庭和睦为荣，以家邻分化为耻；
>
> 以忆苦思甜为荣，以爱慕虚荣为耻；
>
> 以自强自立为荣，以不思进取为耻；

以知书达理为荣，以恃才傲物为耻；

以勤劳简朴为荣，以奢侈浪费为耻；

以重视教育为荣，以愚昧落后为耻。

可以想象，一个家族的言行，都统一到这样一个荣辱标准之下，能不和谐吗？我们有些家庭治理不好，其重要原因，是没有一个统一的行为法则和道德水准，荣辱不分，是非不清，大人没有威信，小孩也不守规矩。

以人为本，和睦相处

陈氏家族很重视在家族内外建立和谐的人际关系。《陈氏家纲》中对晚辈与长辈之间、平辈之间，对来访宾客中的亲友故交以及来自五湖四海的员工之间的人际关系都有明确规定。比如，《陈氏家纲》中规定：长辈对晚辈要严宽适度，既不能放任，也不能过分苛责，以利于他们的身心健康发展；身教重于言教，长辈的一言一行都要对晚辈起良好的示范作用，做晚辈的表率；晚辈要尊重长辈，要虚心接受长辈的批评与教育，戒除"娇气"和"骄气"，学好知识，学会做人。

《陈氏家纲》中还规定：平辈之间要互相尊重、互相体谅，兄友弟恭，真诚沟通；所有的宾客都是衣食父母，应给予尊重；公司员工都是事业上的伙伴，要尊重他们的人格……

如果一个孩子从小在这样良好的家庭氛围中长大，那么走出家门与人相处会是多么得体，人际关系会是多么和谐！

提倡勤劳，俭以养德

"成由节俭，败由奢侈"，这是古人治家经验之谈，也是陈氏家族的共识。陈氏家族靠多年的艰苦奋斗，换来今日万贯家产，但他们仍继续坚持艰苦奋斗的精神。《陈氏家纲》中规定：长辈要对晚辈多讲家史、创业史，让晚辈了解创业的艰辛，一粥一饭当思来之不易，不要因目前家境较为宽裕而任意挥霍，衣食标准应按规定严加控制。

至于家族成员生活的衣食住行，经家族理事会细心研究，也制定出了具体的规章。《陈氏家纲》中写道：在吃的方面，我们该节省则节省，该大方则大方，但不主张铺张浪费；在住的方面，我们不能豪华奢侈；在行的方面，我们不可人人随便打车，要讲究节俭。

看重后代，重视教育

陈水双总裁告诉我，制订《陈氏家纲》，目的是为全体家族成员建规立制，确立行为准则，尤其是引导陈氏家庭的未成年人树立正确的人生观和价值观。为此，《陈氏家纲》特别制定了关于"未成年人的教育问题"的有关规定，规定中说：

随着物质生活和精神生活的不断提高，许多因素负面影响了孩子的身心健康，如果不严格要求和加强教育，难免使孩子走向歧途，影响我家族整体素质的提高。面对这一问题，提出几点要求：

·帮助完成未成年人的上学辅导及思想品德教育工作；

·帮助未成年人在就读学校和所学专业上做选择咨询；

·关于学业问题与未成年人沟通；

·帮助未成年人联系工作及参加学校组织的家长会议；

·对未成年人制定相应的规章约束他们，使之思想向正确的方向健康发展：

未成年人不许进网吧、歌厅等娱乐场所；

鼓励未成年人结交品行端正、知书达理的朋友，取长补短，互相提高；

不许骂人、说脏话、打架、斗殴等；

对老师、家长和外人说话要有礼貌；

认真学习，按时完成老师和家长布置的作业；

虚心接受老师和家长的批评；

在家和家人要和睦，在学校和同学要团结；

督促未成年人努力做到德、智、体、美、劳全面发展，成为我家族有朝气、有抱负的接班人。

总之，要创造一切有利条件，使陈氏家族所有成员能够不断地学习、提高、深造，形成多读书、多看报、多了解国内外大事、多向文人贤士请教的良好学习风气。同时，长辈要以身作则，严格要求自己，言传身教，为晚辈树立良好的典范。

拜读完《陈氏家纲》，我感慨万千。

如今，从事各种职业都要有上岗证，唯独当父母缺少上岗证；如今，各行业都在建章立制，唯独治家尚缺乏章法。

拜读完《陈氏家纲》，我心中涌起一种感动。陈氏家族对子女、对事业、对国家那种崇高的责任感，实在发人深省。

在《陈氏家纲》的影响下，陈氏家族日益兴旺，不但事业红火，人丁兴旺，而且为中国慈善事业做出了重大贡献。

仅我所知道的，就有数次：

四川汶川发生大地震的第三天，陈水波家族就通过中华慈善总会，为四川灾区捐款1000万元；

当年"六一"前夕，陈水波领导的北京泉州商会和"知心姐姐"团队一起，组成"知心姐姐陪你过'六一'"慰问团，带着"六一"大礼包，到四川德阳灾区，和灾区孩子共度"六一"。

2009年5月12日，北京泉州商会在四川德阳捐建的"5·12特大地震展览馆"正式开幕，展览馆作为爱国主义基地，长久地保留了下来。

在展览馆里，我不仅看到大地震中那一幅幅惊心动魄的历史照片，看到泉州商会的朋友亲手雕刻的石雕，那上面记录着一个个令人刻骨铭心的历史画面；我还看到灾区孩子画的画，这些画有一部分是曾在国家博物馆展出的"灾区孩子美丽的梦想"的佳作。

2010年福建省发生"6·18"特大洪水灾害，陈氏家族又捐助了1000万元。7月8日，陈水波在赈灾大会上，发表慷慨激昂的演讲："天灾无情，人有情，灾区人民的遭难，无不牵动着八闽大地每一颗善良的心，从省内到省外，我们兄弟姐妹紧紧相依，患难与共，人间大爱凝聚起无坚不摧的力量，这股力量必将更加坚定八闽人民万众一心，战胜天灾的信心与决心。"

2010年初，陈水波的儿子结婚，他又代表陈氏家族捐资1500万，支持家乡福建泉州社会主义新农村的建设。

真可谓："众人拾柴火焰高，十指抱拳力千斤。"

夫妻之间：善待与包容最重要

好日子要过好，一定要处理好各种关系。先谈谈夫妻关系吧。

夫妻之间，男人要善待女人，女人要善待男人。

男人怎样善待女人呢？

女人喜欢微笑和赞美。现在有的男人很奇怪，对别的女人眉开眼笑的，对自己的女人，总是满脸的不耐烦和抱怨。

有位女士对我说，老公只要夸她一句好话，她能卖力干一礼拜的活，可她一句好话都听不到，全是抱怨的话。

有位女士说，她给老公买件衣服，老公说："你别给我买衣服，你买的衣服那么难看，我怎么穿得出去？"第二次，她又给老公买了件衣服，老公又说："退了去！"第三次，她看这件衣服太好了，就买了下来。她没敢送给老公。

我对许多男士说，别以为媳妇娶到家就永远属于你，爱的种子是需要浇灌的。没有微笑和赞美，爱的种子很快就蔫巴了。

我奉劝各位先生，下班回家先别忙着敲门，先把自己面部的肌肉放松一下，待妻子、孩子来给你开门时，你先微笑着说："太好了！我活着回来了！"别把"情绪的垃圾"带回家，家不是你的垃圾场，孩子更不是你的"出气筒"。

女人怎样善待男人呢？

男人最看重自己的事业。成功的男人希望从妻子那里得到鼓励，失败的男人希望从妻子那得到安慰。男人最不喜欢抱怨，女人好抱怨："你怎么那么笨呀？别人能当'大官'，你怎么没当上呀？别人挣大钱，你怎么没挣来呀？"

男人听到这话，就没了自信。等他出门时遇到一位年轻漂亮的女士对他说："哇！老总，你太能干了，我太佩服你了！"他感觉好极了。你说他"缺德"吗？不，他缺少的是自信。

所以，有智慧的女人要永远对自己的老公说"你是最棒的！"。

男人喜欢美丽，所有的女人都是美丽的。可是女人出门时才打扮呢，左一件右一件，把自己打扮得漂亮极了。回到家里第一件事，先把美丽的衣服都挂起来，把最难看的大裤衩、大背心一穿，到厨房炒菜去了。你老公的感觉是"满大街都是'靓女'，回家就是一个'老娘们儿'"。其实，打开你家衣柜看看，有三分之二都是你的衣服。

男人喜欢赞美的声音，女人的声音最好听。可是，现在许多女人变成"大嗓门"。有位女警察是个功臣，可她对丈夫特横，和她丈夫说话厉声厉色，他老公很有涵养，没太在乎。

有一次她荣获"全国三八红旗手"称号，来北京领奖，见到全国妇联原第一书记黄启璪，看对方说话温文尔雅，她很受刺激，觉得自己不大像女人。

当天晚上，她给老公打电话说："真对不起，过去我对你太厉害了，今后我要改变自己。"

老公一激动，第二天来北京了。到京时间是下午4点。这位女士十分热情："你洗脸，你刷牙，你喝水，我去倒茶。"

这位先生受宠若惊。

夫妻之间，最大的敌人就是指责和抱怨。抱怨，是一种负面的情绪，可以传染给孩子。

记得安徒生曾写过这样一则有趣的童话，叫《老头子做事总不会错》：

> 有一对清贫的老夫妇，他们一直想把家中唯一值钱的一匹马，拉到集市上去换点更有用的东西。
>
> 有一天，老头牵着马去赶集，他先与人换得一头母牛，又用母牛换了一只羊，再用羊换了一只肥鹅，又用鹅换了一只母鸡，最后又用母鸡换了满满的一大袋烂苹果。在每一次交换中，他都想给老伴一个惊喜。
>
> 当他扛着大袋子来到一家小酒店歇脚时，遇上了两个从英国来的人。在他们的闲聊中老人谈到了自己赶集的经过，两个英国人听得哈哈直笑，他们一口认定，老头子回到家准得挨老婆子的一顿数落。可

老头子十分坚定地认为绝对不会发生这种事情。英国人就用一袋金币打赌。如果老头回家没有受到老伴任何责罚，金币就算输给他了。说完三个人一起回到老头子家中。

老太婆见老头子回来，非常高兴，又是给他拧毛巾擦脸又是端水，还一边听老头子讲赶集的经过。老头子毫不隐瞒，全过程——道来。

老太婆津津有味地听着，每听老头子讲到用一种东西换了另一种东西时，她竟都十分激动地予以肯定：

"哦，我们有牛奶了！"

"羊奶也同样好喝！"

"哦，鹅毛多漂亮！"

"哦，我们有鸡蛋吃了！

最后听到老头子背回一袋已开始腐烂的苹果时，她同样不怪不恼，大声说："我们今晚就可以吃到苹果馅饼了！"说完，不由得搂着老头子，深情地吻了他的额头……其结果不用说，英国人就这样输掉了一袋金币。

读了这个童话，也许你会觉得这个老太婆太傻了，一匹马换回一袋烂苹果还那么高兴，是不是有点笨呀？其实，仔细想想，老太婆太聪明了，在她眼里，"老头子比什么都重要"。马、母牛、羊、肥鹅、母鸡、苹果只是身外之物，多一个少一个不影响生活的质量，而抱怨不停，甚至大伤和气，最后丢了老头子，生活中就少了另一半。老太婆真正做到了"以人为本"，她知道家庭生活中夫妻之间和谐相处的基础是宽容、尊重、信任和真诚。

抱怨，是"太糟了"心态的集中表现，是现代文明的通病。生活中人与人的争吵常常来自抱怨。

"就赖你，这么晚才起床，让我上班都迟到了！我怎么有你这么个懒儿子！"妈妈冲儿子吼着。

"就赖你，把我的铅笔盒摔在地上，我怎么有你这么个笨手笨脚的同学！"儿子冲同桌大吼着。

"就赖你，你怎么没把我的铅笔盒放在书包里！我们家怎么找了你这么个保姆！"儿子朝保姆大吼着。

"就赖你，把我刚扫干净的地面弄脏了，我怎么遇上了你这么一只倒霉的猫！"保姆冲家里的猫大吼着。

抱怨，就像瘟疫，传染着，蔓延着，让所有的人心情都很糟很糟。

想一想，在我们的生活中，亲子间常常因为一点小事互相埋怨不欢而散，夫妻之间常常互相抱怨而反目成仇。

人能不能换一种活法呢？

宽容的种子能够长成幸福的大树，结出快乐的果实；

抱怨的种子则会长出病态的树干，结出痛苦的果实。

爱唠叨爱抱怨的人是走不了多远的，因为他会感到身累、心累，天天在折磨自己。如果你身边天天有人在抱怨，你的心情想好起来都不容易。

我想，谁都不愿过这样的日子。

爱是一门艺术，宽容就是其中的精髓。

土地宽容了种子，拥有了收获；

大海宽容了江河，拥有了浩瀚；

天空宽容了云霞，拥有了神采；

人生宽容了遗憾，拥有了未来。

有人想要幸福，就要学习老太婆信任老头子，相信"老头子总是不会错"，"老婆子总是不会错"，充分理解对方，不苛求不抱怨，对方心中一定会充满感激。

亲子之间：思念与牵挂最重要

在儿子五年级的周记本中，我看到两篇这样的周记：

1989 年 9 月 14 日

中秋赏月

今天是妈妈和爸爸 40 岁生日，正巧赶上中秋节。我们三人一起来到阳台上赏月。

漆黑夜色中，稀稀落落的几颗星星，像害羞似的，时隐时现。在它们中间托着一个夏夜十五的月亮。平常的月亮弯弯的像个小船，十五的月亮圆圆的像个银盘。

它那圆圆的脸盘上，挂着慈祥、温和的笑容，静静地望着大地。几朵灰色的云，围绕在它身旁。妈妈告诉我："月亮上黑色的东西不是树，也不是玉兔，而是一个个高低不平的环形山。"我想：假如有一天我能到月亮或其他星球上去，我一定穿上一件特制的衣服，带上氧气瓶，因为星球上没有空气。

望着迷人的月亮，我想：远在美国的大舅一定在思念着我们，在东北的爷爷、奶奶也在想着我们……

我望着悬在空中的月亮和映在地上的月亮，也在思念着他们……

1989 年 11 月 22 日

盼

妈妈已出差两个星期了，我真盼妈妈快点回来。

"今天，妈妈能不能回来呢？"放学后我一边走一边想。不知不觉地走过了车站，当我醒悟过来时已经过去了一大段。

我坐的车快开到家了，我充满信心地想："妈妈一定能回来。"下车后我在心里默默地说："妈妈你快回来吧。"越接近家门口，我越紧张，手里攥得出了汗。我抬头往家的窗口上一看，没有亮灯，我的心顿时凉了一大截子。可我又一想：可能妈妈太累了，在家睡觉。我轻声地上了楼，到了门口，我几乎屏住了呼吸，心里一直嘀咕。我打开门，看见厨房的灯开着，我想：爸爸每天 6 点回来，可现在才 5 点，一定是妈妈回来了。

我跑进厨房，一看果然是妈妈，我高兴得不知说什么才好。今天我算没白盼。

看到儿子这两篇周记时，我已经年过六旬，可我还是忍不住流下泪水。那一刻，我读懂了儿子。想想儿子上学时，我常常出差，有时把孩子一个人留在家里，没想到，他是多么期盼妈妈早点回家！在一个 11 岁孩子的情感世界里，已经懂得了对亲人的思念与牵挂。

人们常说："儿行千里母担忧，母行千里儿不愁。"其实，亲子之间的思念与牵挂是与生俱来的，不能割舍的。世界上没有任何一种关系，能像亲子之间这样密切，因为血缘关系，是别人不能代替的。

"思念与牵挂"常常在小孩和老人心中是最为强烈的。人年轻的时候，因为忙于工作，常常会忘了家。就像当年血气方刚的我们去边疆插队，义无反顾，无忧无虑地走了，忙起来连封家信都顾不上写。而在另一端，年迈的父母牵肠挂肚地等着，每日盼着鸿雁传书。为什么一首《常回家看看》，让我们这一代人泪流满面？因为当年我们这一代人上山下乡，当兵、留学的，对自己的父母关照得太少太少。

记得 1993 年，我 87 岁的老父亲到了弥留之际。临终前，他已不能讲话，可一直用手不停地指着天空。我和大姐守在他身边，不明白他的意思。

望着父亲期盼的目光，我忽然明白，父亲是在问我："你大哥乘的飞机怎么还没到？"

我大哥去美国多年，每两年才能回国探亲一次。头年刚刚回来，这一年不能再回来了。

我趴在父亲耳边轻声说："爸，大哥赶不回来了。"

父亲用手指指床边的纸和笔。我递给他。他用笔模模糊糊写了四个字："我就想他！"

几个小时后，他永远地闭上了眼睛。

第二年，大哥从大洋彼岸回家探亲时，知道了这件事，哭了。

我的邻居，团中央一个处长黄鹰因患癌症突然病逝。

临终前，他期盼出国的儿子回来，天天目不转睛地看着病房的门口。他的儿子在国外留学，听说父亲病重，立刻乘飞机往回赶。当他赶到病房时，父亲已经离开了这个世界。

黄鹰的妻子哭着对我说："他等儿子等得好苦呀！死的时候，眼睛都没有闭上。"

这便是父亲对儿子的牵挂！

原全国妇联书记处第一书记，我最敬重的黄启璪大姐，生前一直顽强地与癌症抗争。听她的女儿、我的好朋友李皓说，她母亲临终前，时常睁着眼睛仰望天空，静静地等。直到有一天，小女儿从国外回来了，她安详地躺在女儿的怀里。最后，她含着微笑走了。

这便是母亲对女儿的牵挂！

树欲静而风不止，子欲养而亲不待。

珍惜亲子间用血肉凝成的联系吧！远走高飞的孩子，要常回家看看年迈的父母，生命比金钱重要。不要等挣够钱，买了好多吃的再回家孝敬父母，那时再好的东西，他们吃不动了，因为没有几颗牙了；不要等他们卧床不起时，再忙着回家看看，因为也许你赶不上和他们临终道别。

珍惜亲子间用生命筑成的联系吧！年轻的父母，不要为了挣钱外出打工、出国留学，置年幼的子女而不顾，在孩子幼小的心灵里，任何的关心都代替不了父母的关爱，任何物质都弥补不了亲情的缺失。常回家看看吧，看看自己的孩子，别让他们等妈妈、等爸爸回家等得那么苦。

婆媳之间：倾听与知心最重要

有人觉得世界上最难处理的是婆媳关系，我不这样认为。

两个不同年代成长起来的女人，要融合成一家人，其实并不难，只要做到倾听、相互了解、将心比心，就可以了。

儿媳要真正地把婆婆当成妈妈，婆婆要真正把儿媳当女儿，需要一个倾听和相处的过程。

我的婆婆住在东北的一个县城。2009 年，我和先生一起回婆婆家，过了一个热热闹闹、舒舒服服的春节。

婆婆已经八十多岁了，一生养育了九个儿女。如今她已是儿孙满堂，全家老少聚在一起有三四十口人，儿孙都很孝敬老人。过年期间，家里每天都挤满了人，大家有的叫"妈妈"，有的叫"奶奶"，有的叫"姥姥"，有的叫"太奶"，有的叫"太姥"……老人应着、答着，脸上挂满了幸福。

我家先生在家排行老二，他二十刚出头就当了公社干部，后来又考大学，毕业后留校工作。我们结婚之后来到北京，他在中央部委工作，离开家一晃就是 40 年。我想：我们不能在身边侍候、孝敬老人，不出力就出些钱吧。所以，每年我都会主动给婆婆寄去一万元钱。逢节回家的时候，还要再带去几千块钱的过节费。

有一年，我们回东北婆婆家过年。初一那天，我送给婆婆一万元钱。婆婆掉眼泪了。她拉着我的手说："我对不住你呀！"

我十分诧异，忙问："您怎么这么讲？"

婆婆带着歉意说："你的孩子我没给你带。"

我大为感动："妈，儿子是您带大的就够了，带孙子是我的责任呀！"

儿子把这一切看在眼里，他用过年得到的压岁钱，给家境困难的四姑家的小弟弟买了新书包、新文具。

婆婆很会夸人。前几年，她总说："全县也找不到这么好的儿媳妇！"

这两年，婆婆又改说："全省也找不到这么好的儿媳妇！"老太太这一夸不要紧，把我的积极性全调动起来了，我觉得能孝敬她是我的幸福。

2009年春节，婆婆身体欠佳，我给她买了一件一千多元的羽绒服，还给了她一万五千元钱，放在一个大红包里很郑重地交给她。

婆婆一见又说了："怎么给我这么多钱呀！我上哪去花啊！你们每天起早贪黑的，挣点钱不容易，全给我了。全世界也找不到像你这么好的儿媳妇呀！"

大家听了，全都笑了。大妹说："二嫂又给妈妈涨工资了！"

我说："是呀！从全省一下子都蹦到全世界了，能不涨吗！"

爱老人，还要倾听他们的心声。

好多年没回家了，这次回家感受到了大家庭的温暖，我心里很高兴。常言道："有妈就有家。"这句话一点都不假。老太太因患肝结石和心脏病，过年这几天，每天只能坐在床上。但是只要能够看到她，大家心里就觉得特别踏实。

我自己的父母过世十几年了。过去每到过年，家里也是二十几个人很热闹。自从父母不在了，每逢过年都感觉少了点什么。几次回婆婆家过年，才觉得有妈妈真好！能挣钱给妈妈花，真有一种说不出的成就感和幸福感。

而且在婆婆家的这些日子，我还有了新的发现。

我发现，当大家说说笑笑的时候，婆婆常常一个人静静地盘腿坐在自己屋的床上，一言不发。我走进她屋里，她就会招呼我坐下，问这说那。有一天，我问她："妈，您养育了这么多孩子，又带大十几个孙子（孙女），真是不容易呀！家里以前的事您还记得吗？"

"怎么不记得，我记得清楚着呢！三天三夜也说不完！我睡觉从来不挂窗帘，每天四点半的时候就睡不着了，坐在床上，看着窗外，过去的事像放电影似的，一幕一幕从我眼前过。"

听了这话，我突发奇想，何不采访一下老人，听她说说过去的事情？

于是，我去商场买了一支录音笔，找了家里比较清静的一天，开始了采访。我搬了一把椅子，坐在老人对面，当起了听众。我还没有发问，老人就开始滔滔不绝地讲起了往事：

"说起过去的事，我就心酸。那时候，我们家里穷，租地主的房子住，屋里很冷。为了挣钱养家，我爹到江东（黑龙江）干活，我妈就带着我们过。8岁我就跟着我妈去锄地，十一二岁的时候，我一口气就能锄三垄地了。秋天去地里捡豆子，冬天上山背柴火，一次背两大捆。山上有狼，'嗷嗷'叫，我吓得浑身哆嗦。

"12岁那年，我看见我大舅妈绣花，就求我妈：'妈呀，给我买一尺布吧，我要学绣花。'我妈给我买了一尺天蓝色的布和五种颜色的线。我用彩线绣了一朵小菜花，做了一双鞋。邻居老常太太看了说：'这丫头手还够巧的！'我可乐了。后来又绣了一朵大菊花，做成了第二双鞋。14岁那年，我自己绣了一个小棉袄，我妈看了，知道我行，一点儿也不管我了，什么都让我自己干。

"16岁那年，我妈找了个媒人，把我嫁给了你爹。结婚那天才知道你爹比我大16岁。婆家只给我做了一个小褥子，几个枕头都是我自己做的。

"不到17岁，我就嫁到老李家，我是一天福都没享。家里七八口人，我回娘家住，一个月的时间里还给家里每个人做了一双鞋。每天鸡叫（凌晨三点多）我就得起床做一大锅高粱米饭。我不会烙黄米面饼，不会淘黄米，我问你奶奶，她不告诉我。我就跑回娘家，你爹去家里找我，我一声不吭，自己掉眼泪。后来，我偷偷看你奶奶怎样淘米，慢慢学会了。以后村里人淘米都来找我学。

"我手没有闲着的时候，和别人唠嗑，从来不用看手里，拿着活，纳鞋底，每年要给家里七八口人各做五双鞋。

"19岁的时候，我生了老大。这之后，一连生了9个。"

听到这儿，我忍不住问："您怀着孩子就不能下地干活了吧？"

"不干活怎么行？怀着孩子照样下田、踩谷子。头晌（上午）歇两歇（回），头歇喂孩子，二歇回家做饭。收工还得和你爹去挖猪菜。那罪受的呀！"说到这儿，老人的眼睛湿润了，那一生的辛劳只有她自己才知道。

"这么多孩子的衣服都是您亲手做的？"我问。

"是呀！衣服、鞋子都是我自己做，每个孩子每年两双棉鞋，三双单鞋，我是成宿地做针线呀。点着小麻油灯，满屋都是烟。有一次，你奶奶都睡醒一觉，看见我还在做，就说你咋还不睡觉呀，你不要命了呀！那时我也不知道困，只是想，我不能让孩子穿不上呀！"

我抚摸着老人的手，眼眶盛满眼泪："您这双手真了不起！还给我做了那么多好看的拖鞋。"

"这点活算啥呀！我干惯了，干起针线活我心里可舒服了。有时看见别人家孩子穿着小洋服，我就拉着人家看。看明白了，回家就能做出来，咱家的孩子从小都穿得利落，别人家都很羡慕。"婆婆真是心灵手巧，我开始崇拜她了！

"我看人家孩子穿毛衣，家里没钱买毛线，我就到牛棚、羊圈，拿个梳子梳牛毛、羊毛，然后纺成线、制成毛衣。可家里孩子多，用手纺得慢，有一天家里来了个亲戚，用木头给我做了个纺车，我乐得没法说。

"40年前，我花了十几元，买了一个二手缝纫机，一直用到现在。儿子说要给我卖废铁，我可舍不得。"

在我们回家前，老人亲手为我们做了新的被褥、拖鞋，那厚厚的毛褥子就是她用旧毛线打碎的毛一点一点絮成的，又平整又温暖。

"您教育的孩子个个都那么孝顺，成绩那么优秀，您是怎么教育的呢？"我问婆婆。

"我没教育，没有管，他们天生就这样。"老太太斩钉截铁地说，"两个儿子上中学离家十多里，每天顶着星星走，伴着月亮回，一分钱没有，只带一个饽饽和一瓶炒咸菜。他们学习都好，全凭奖学金读下来的。"

"您打孩子吗？"

"不打。邻居家有个姓张的，从小打儿子，把儿子夹在大腿里打。后来这儿子变得很坏，偷队里两匹马被判了刑，现在长大了打老子。张老汉晚上睡觉都锁上门，怕他儿子来打他。"

要回家了，两个还在读书的外甥送我上车时悄悄问我："二舅妈，您采访我姥姥，是想写书吗？"

"是，我想写一个老人的一生。"

"我俩知道得最多，姥姥经常跟我们说。"

"那你们记住了什么？"我问道。

"我姥姥说，她小时候没钱念书，背着弟弟站在私塾的学堂外偷听《三字经》《百家姓》。"

难怪他们学习那么努力，原来他们心中早有榜样。

婆婆正是用自己辛劳的一生，哺育了子孙，她的善良、勤劳、坚强、好学，潜移默化地影响着孩子们，她用自己的行动告诉孩子怎样做人、怎样处事、怎样珍惜。

老人讲了许多许多，我们是在听故事，又像在读历史，读一位老人八十年的辛酸史、奋斗史。听完婆婆的故事，眼前这位瘦小的老人一下子变得十分高大。我心中充满了对她的敬意。我忽然觉得，生命就像一颗小苗，在贫瘠的石缝中钻出，不畏严寒、不怕日晒，顽强地生长，最后长成参天大树，为子孙留下一片荫凉。这就是母亲的一生！作为乘凉的子孙，怎样孝敬她、回报她都不过分。

想到这里，我突然得到了一个新的启示：爱老人，不仅是给她钱、为她买衣服、帮她干活，最重要的是倾听她、了解她。她留给子孙的最宝贵的财富，就是她的一生。这本用生命写成的书，儿女们一辈子也读不完！

"老吾老以及人之老，幼吾幼以及人之幼。"孟子说得太好了！做到这一点，什么样的隔代关系都能处理好。

我把这些记录与大家分享，是想告诉大家：爱老人，就去倾听老人！读懂了老人，你才会从心底里喊出：长大不容易！

岳婿之间：使用与赞美最重要

"姑爷是丈母娘的。"老人常常这样讲。也就是说，与婆媳关系比，丈母娘和姑爷的关系是最好相处的。

这其中的奥秘是：姑爷爱帮丈母娘干活，丈母娘爱夸姑爷。

这方面，我妈是专家。

我妈有四个姑爷，每个姑爷对我妈都很好。

我大哥在美国工作，有一次回国探亲，给我妈买了一件漂亮肥大的睡衣。我给妈妈穿上，赞美说："妈，您穿着真漂亮，像冰心老人！"

我妈得意地说："这是我儿子买的。"

我老公看见了，从日本访问回来，给我妈买了一件开襟羊毛衫，我妈可喜欢了，老穿着，来人就说："这羊毛衫是我姑爷从日本买的！"

有一天，我仔细看了商标，原来上面写着："Made in China（中国制造）"。我没告诉我妈。

我妈一过生日，四个姑爷争先买东西。

二姐夫是当老师的，办事特认真。桃子挑得也很仔细。我妈夸他买的桃子又大又甜，她最爱吃。二姐夫每次来，都买桃。

我老公会买鸡，我妈夸他买的鸡又大又嫩咬得动。我老公每次去，都买鸡。

我妹夫会做饭，我妈夸他做的饭，比饭馆的饭都好吃。我妹夫每次去，都下厨房炒菜。

正是因为我妈会爱孩子、用孩子、夸孩子，所以我妈有六个儿女，也添了四个姑爷和两个儿媳，一家人其乐融融。

"用"孩子和"夸"孩子，"用"是前锋，"夸"是后卫。

现在的男孩，在父母身边都受到特别关照。父母舍不得使用儿子，只想侍候儿子，所以儿子在父母身边没有做事的欲望。

而姑爷在丈母娘身边就不同了，丈母娘只有女儿没儿子，很需要儿子帮忙，儿子就有了用武之地，可以大显身手了。男人有了成就感自然积极性高得很。

这时"夸孩子"就显得十分重要了。

丈母娘见姑爷这么能干，一定会夸个不停："有个姑爷就有了儿子！""有儿子就是不一样！""我就缺你这样的帮手！"

于是，姑爷便越干越来劲了。

我常常和许多老人说：爱夸孩子的老人有孩子，爱挑剔孩子的老人没孩子。

如果老人总挑剔孩子的毛病，嫌弃儿女、姑爷、儿媳干得不好，他们自然成了"看客"和"吃客"，那吃苦受累的只能是老人自己了。

对于姑爷来说，如何与性情古怪的老人友好相处呢？很简单，只要尽力欣赏她好的一面，无视她那些不受欢迎的缺点。

性格幽默的姑爷是最受欢迎的。人们天生就喜欢和快乐的人在一起。

乐观的人总能看到事物光明的一面，随时准备扭转败局走向成功。所以，具有幽默感的人总是处处受欢迎。他们不仅自己快乐，也给一家人带来快乐。

许多人在生活中忽视了笑的力量，失去了笑的能力。为一点点鸡毛蒜皮的小事弄得不欢而散，很不值得。

我告诉许多女友，挑选姑爷，第一个条件是性格开朗。他能给你们家带来快乐和欢笑，不管有钱没钱，有房没房，有车没车，快乐比什么都重要。

对一个人来说，开朗愉快的天性是无价之宝。把灵魂的窗户敞开，让阳光进来，让周围所有的人都能看到他幸福和快乐的样子，这样的灵魂不仅能让自己获得幸福，也在为别人祝福。所以，"带来欢乐的人是有福气的人"。

快乐生活的秘诀

为什么有的人一生快乐，而有的人却一生痛苦呢？

为什么有的家庭一直和谐温馨，而有的家庭总是弥漫着战争的硝烟呢？

是因为快乐的人有钱、有房、有车，而痛苦的人没钱、没房、没车吗？

不是。快乐与金钱无关，与心态有关；与住房无关，与自信有关；与车子无关，与爱心有关；与身外之物无关，与人际关系有关。

在本书即将结束的时候，请允许我把快乐生活的四大秘密同你分享。

要"太好了"，不要"太糟了"

在心灵的世界里，住着两个小人，一个叫"太好了"，另一个叫"太糟了"。叫"太好了"的人，每天在你心中编织着欢愉的网络，遇到任何事情，他都能微笑着说声："太好了！"他有一种力量，能把负能量变成正能量，把坏事变成好事，把不利变为有利。那个叫"太糟了"的人，每天在你心中编织着痛苦的网络，无论遇到什么事，他都皱紧眉头："太糟了，糟透了！""烦死了，别理我！"……有这种心态的人，每天和烦恼打交道，好事也会变成坏事，快乐的事也会变成痛苦的事，身心的"正能量"也会被变成"负能量"。他每天生活在愁苦中，这叫"虐待自己"。如果他把这种"惨样"带给孩子和家人看，那就叫"虐待孩子""虐待家人"。

人生是快乐史，也是烦恼史。生活中，每个人都会感受到快乐，也会遭遇到烦恼。不同的是，有的人快乐多于烦恼，有的人烦恼多于快乐。

快乐的人并不是没有烦恼，而是善于排解烦恼，化消极心态为积极心态，尽可能地保持快乐的心情；烦恼的人并不是命运不好、家庭不好，而是自己的心态不好，快乐的事到他那里就变成了烦恼。

我有一个朋友，他家的先生遇到什么事，都说："完了，完了。"一次，别人送他一盆很好养的花，他每天对着花说："完了，完了，掉叶子了，它要死了。"没几天，这盆花就死了。

又有一次，朋友家换灯泡，28个白光灯要换成28个黄光灯。电工爬上梯子，换第一个灯泡时说："这个灯泡大一点，不好换。"他的先生自言自语地说："完了，完了。"话音刚落，灯泡碎了。

电工又开始安第二个灯泡，把里面的灯伞拆了下来，灯泡还是没安进去，这位先生又说："完了，完了。"灯泡又碎了。不一会儿，五个灯泡碎了三个。

就在这时，我的朋友走进家门。先生对妻子说："完了，完了，这些灯泡全安不上去，白买了！"这时，妻子就劝她的先生先出去散散步，然后，她对这位年轻的电工说："在整个装修过程中，我发现你很有水平，什么都会，安这灯泡对你来说，小意思。"

电工立刻来了精神："那当然，小意思！"说着，他爬上了梯子。"噌"一个灯泡安上去了，没坏。"我说你行，你就行！你看，这不是安得很好吗？"我的朋友兴奋地说。

"那当然，小意思！"说着，"噌"一下又一个灯泡安上去了，没坏。

我的朋友立刻说："你水平就是高！"只听"噌""噌"，25个灯泡全安上去了，一个没坏。我的朋友捡起地上的灯伞说："没灯伞光不集中，根据你的水平，把它再安上去，没问题。"

"那当然，小意思！"说着，电工拿起灯伞，爬上梯子，没几下就安回去了。

这时，我的朋友就纳闷地说："你既然水平这么高，刚才我老公在的时候，怎么五个灯泡坏了三个呀？"

电工说："大姐，你不知道，你老公一说'完了，完了'，我的手里就发热，灯泡就碎了。"

我听完这个故事，哈哈大笑。同样一个人，做同样的一件事情却有完全不同的结果。是他的技术不行吗？不是，是他的心态受了不良心态的影响，于是产生了一种副作用。当别人说他"完了，完了"的时候，他内心的世界就被"太糟了"的乌云笼罩着。可想而知结果就很糟糕了。

生活中，这种事情很多，为什么说心态决定成败呢？就是因为，"太好了"的心态能够给人一种积极的、正面的力量，而"太糟了"的心态却给人一种消极的、负面的力量。

世界上最好的化妆品，不是法国的，而是"太好了"的心态。好心情是我们一生中最好的美容产品。如果你想美丽，就每天对自己说："太好了！"这样你就会越长越美，不仅你长得美，和你在一起生活的，你的老婆（老公）也越长越美，你的孩子也越长越美，你们家的鱼也越长越美，你们家的花也越开越美。世界因为你"太好了"的心情，而变得十分光明。

我的一位朋友正是用"太好了"这三个字改变了他和儿子的生活状态。

他告诉我，过去因为儿子学习差，他和妻子常常吵架。每次儿子考坏了，他们夫妻两人就互相埋怨，还要训斥儿子是"笨蛋"，结果孩子的学习成绩越来越差，有一天，儿子终于落到了全班的最后一名。这位先生想，心烦也没有用，不如换一种方法试试。他接过儿子的考试卷，微笑着说："太好了，儿子！这回你再也没有什么负担了！"

儿子大吃一惊，忙问："爸，您是不是有病了？"这位先生说："没病。你想想，一个跑在最后的人还有什么负担呀，你不用再担心别人会超过你，你只要往前跑，就是在进步！"

儿子大受启发，一想，对啊，在童话《龟兔赛跑》里，乌龟还能跑第一呢！于是，他心里高兴起来、轻松起来。第二次考试，他的成绩是全班的第十九名。

爸爸拿过考试卷子兴奋地说："太好了，儿子！比上回进步了十几名！"听了这话，儿子也很高兴。

第三次，儿子考到了全班的第五名，爸爸激动地说："太好了！儿子，你真了不起！离第一名就差四个人了！"

"后来，我儿子的成绩一直是全班第一名！"讲到这里，他的脸上洋溢着一种满意的笑容。

接着，他又给我讲了自己运用"太好了"的心态去处理一件事情的例子：

　　一次，我丢了几元钱，我妻子非常生气，唠叨着，数落个没完："你可真笨，怎么会丢钱？要知道这些钱能买一只鸡，一只鸡能下两个蛋，两个蛋能孵两只鸡，两只鸡能下四个蛋……"她越说越生气，仿佛丢了这几元钱，就丢了一份贵重的家产。我静静地听着，一言不发，但脸上始终带着微笑，因为我已经想好怎样"对付"她了。等她说得累了，不再数落时，我慢慢悠悠地跟她讲："假如这几块钱我没有弄丢，我用它买了个西瓜，可却是个坏西瓜，我没舍得扔，怕你说我，就一个人把它吃了。结果，我又吐又泻，被送到医院，花了好多钱，才把命抢救回来。你说，我这几块钱丢了是不是太好了？"妻子一听，忙说："丢了好，丢了好，丢钱要比丢命好！"

他的故事，让我笑破肚皮。仔细想一想，很有道理。我觉得，今天的孩子们就很需要这种心态，应该从小学会乐观地、潇洒地面对人生，将来肯定会生活得很愉快。

记住，改变心情，就改变了世界。

要"我能行"，不要"我不行"

"我能行"是成功者的心态，"我不行"是失败者的心态。

对自己说"我能行"的人，内心里充满了自信，精神永远是昂扬的，态度永远是积极的，任何事情摆在他面前，他都不会拒绝，不会畏缩，这样，他就成功了一半。

对自己说"我不行"的人，内心充满了恐惧，精神永远是畏缩的，态度永远是消极的，任何工作摆在他面前，他都会拒绝，会退缩，这样，他就失去了很多成功的机会。

记得我刚从农村调到白城地区知青办工作时，发生过这样一件事情。一天，我们的老主任拿了一台海鸥牌老式照相机，问大家："谁会使用照相机？"

我看到办公室里二十多人，你看看我，我看看你，没人敢吱声，我就站起来大声说："我会！"其实，我从来没有玩过照相机，可我相信，我能行。

当晚，我拿着这台相机，找到宣传部的摄影师，请他教我怎么使用。我每天晚上去请教他，和他学习了一周，学会了开机、上卷、拍照、冲洗。我极为认真地拍了一卷黑白照片，洗出来，交给老主任看。

老主任仔仔细细看了半天，惊讶地说："不愧是北京知青，什么都会。"

于是，这台照相机就归我保管了。

从这件事上，我得出一条经验：在生活中，机会往往属于那些相信"我能行"的人。

从那以后，任何新事、难事来到我的面前时，我都会大胆地说："我能行。"然后我再重新学习，就这样得到了许多难得的机会。

相信"我能行"的前提是，认识你自己，在这个世界上，你是独一无二的存在，你只能以自己的方式唱歌，你只能以自己的方式绘画。你的经验，你的环境，你的遗传基因造就了你。

前不久，中央电视台请我给小朋友做了一次讲座，主题是"认识你自己"。

我对孩子们说："不要期许在别人的目光中读到自己的影子；不要期许在别人的笑容里嗅到自己的花期。你有自己的梦想，你有自己的故事，你就是你！蓝天中有你放飞的理想，大地上有你曾经努力过的痕迹，大海里有你遨游的身影！你就是你！自信是你胜利的旗帜，执着是你坚实的阶梯。"

接着，我给他们讲了个故事：

一天，上帝把动物们召集到一起开会，对大家说："谁如果对自己的相貌、体形有意见的话，可以提出来，我帮他换一个完美的形象。不过我只能满足你们其中一个动物的愿望，你们可要想好了。"

猴子的位置最靠近上帝，上帝把目光投向了猴子。

猴子说："我既有聪明的大脑，又有灵活的四肢，所以我对自己的相貌非常满意。不过我倒有一个想法，如果可能的话，能否让大狗熊的长相变得秀气些，它的长相太粗笨了。"

所有动物都把目光投向了大狗熊，大腹便便的狗熊不好意思地说："我也十分满意自己的相貌。我虽然比较胖，可是却很富态。当然，如果能改换面貌的话，我认为大象最应该改换面貌。你们瞧，大象尾巴短短的，耳朵大大的，身体笨拙，简直没有美感所言。所以，您最好给大象做做美容。"

大象听了大狗熊这话之后，慢慢地说："我虽然尾巴短，身壮腿粗，可是大海里的鲸要比我胖多了，您最好还是让他来改改面貌吧。"

上帝问了一圈，所有的动物都说自己是最完美的，希望把机会留给别的动物。这个世界上没有一个完美的动物，更没有一个没有缺点的人，只要正确认识自己的长处与短处，扬长避短，你的生活就充满无穷的快乐。

想想看：长颈鹿为什么宁可在旷野里吃草，伸着脖子啃稀稀疏疏的树叶，也不肯走进丛林？

因为它们知道，善于奔跑的长腿到了丛林就没有了用武之地，善于远远瞭望、躲避猛兽的长腿和长脖子，到了树叶交错的树林中就成了负担。

再想想：老鹰为什么总把巢筑在峭岩树梢上，而不像一般鸟类那样在树林里做巢？它们为什么喜欢在空旷的高中盘旋，而不进入密林追捕猎物呢？

因为它们知道，巨大的翅膀不能在密林里展翅翱翔。把巢筑在树林里，即使是小小的山雀也能对巢里的雏鸟轻松偷袭。

你可能解不出繁杂的数学难题，你可能记不住那么多的外语单词，但你有特殊的本领。

你能与小伙伴们玩得很好，你能够帮助别的小伙伴解决他们所遇到的困难，你会讲很多动人的故事，你会玩很多别的小朋友不会玩的游戏……

也许你的语言差一些，但你却是画画的高手；

也许你不会唱歌，但是你有一双灵巧的手；

也许你连一个苹果也画不像，但你有一副动人的歌喉；

也许你不善于下棋，但你却有把任何小朋友掰倒的腕力。

找到自己的长处，发挥自己的长处，认准目标，认真做事，你一定会收获很多很多甜美的果实。

我告诉孩子们，认识自己，是走好人生的第一步。成功的大厦建立在自信的基石上，每个人都有优点和缺点，长处和短处，人一旦学会突出自己的优点和长处，自卑感就会消失。"我能行"三个字将使人转败为胜，把弱点转化为力量。

在孩子参加各种比赛前，妈妈爸爸要鼓励他，"相信你一定能行！"如果孩子输了，哪怕是最后一名，也要鼓励他说："敢去参加比赛就是好样的。"让孩子赢得起，输得起；拿得起，放得下。提高孩子承受挫折的能力，才是真正对孩子负责。

记住，改变了态度，就改变了命运。

要"我帮你",不要"不关心"

助人是一种习惯,这种习惯是在帮助别人过程中,产生快乐之后而形成的。

一次,我骨折的右脚刚好,就奔赴云南丽江灾区采访。那天,我提着一个笨重的、没有轮子的箱子乘飞机。不巧的是,上飞机前,需要在停机坪上走一大段的路程。我走上几步,便停下来歇歇,要是有人帮我一下就好了。这个念头刚刚在我脑海里闪过,我身边就传来一声关切的问候:"你需要帮助吗?"说话的是一位文质彬彬的年轻人,我心里一阵感激,不由自主坦诚地说:"我需要帮助。"

他二话没说,利索地拎起我的箱子朝飞机走去,在机舱口,他又问我:"你坐哪一排?"

"23排。"我回答。

于是,箱子被送到23排的座位行李架上,我连句感谢的话都没来得及说,这位先生已经穿梭在拥挤的人群之中了。

"你需要帮助吗?"旅途中,这句话一直在我脑海里回荡着,我的心里也一直涌动着一股暖流。如果每一个有困难的人,都能听到这样温馨的话语,能得到帮助,那么人与人的关系,将变得多么和谐。

值得注意的是,当别人没有困难的时候,你也不要瞎帮助。

比如,孩子能够自己穿衣、吃饭、洗澡、整理房间、做作业,你就让他自己的事情自己做,千万不要帮他做,帮他等于害他。

再比如,别人手里拿着手包,里面可能放着贵重的东西,你不要帮人家拿,如果人家丢了东西,你也说不清楚。

还比如,在火车站、飞机场,在公共场所,有人让你帮着看包,你千万别同意,那样你会上当受骗,好心办了坏事。

有个女孩成绩优秀,好不容易拿到美国大学录取通知书,她把护照、美金和录取通知书,都放在电脑包里,提着包出去办事,路上遇见两个大学生模样的年轻人,他们说:"我们是北大的学生,正在办理出国,请小妹妹把电脑借我们用一用。"

女孩想,用用电脑也无妨,就借给了他们。一会儿,两个年轻人说:"资料已经打好,我们需要到外面店里把它打印出来,5分钟就回来。"

女孩犹豫了一下，两个年轻人立马说："难得遇到你这样的好心人。我们这次出国机会难得，多亏你帮忙了，如果办成了，也许咱们还是同学呢！太谢谢你了！"

女孩心软了，把电脑包递给了他们。

5分钟过去了，他们没回来，10分钟过去了，他们没回来，50分钟过去了，他们依然没回来。女孩在肯德基店里，等到天黑，他们依然没回来，所有的证件和美金，以及电脑都不见了。

亲戚朋友都说："这孩子读书读傻了，不该帮忙的瞎帮忙，结果上当受骗了。"

所以，好心要办好事，帮人要用心。不要为了帮人去帮人，那样，往往得不到好的结果。

如果你能留心发现、并了解别人的困难，并用"你有困难吗？我来帮助你"的态度去帮助别人，你会得到更多的朋友，获得一种人生的智慧。当你力所能及地帮助了别人，你会感到一种从未有过的快乐，体会到人生的价值，你付出了时间、智慧，获得了更可贵的友谊。

记住，改变情感，就改变了生活。

要"你真棒"，不要"你真笨"

"你真棒"是对人积极的评价，"你真笨"是对人消极的评价。

在生活中，如果总有人在你身边给予你积极的评价，你会充满了阳光，充满了力量；如果你每天生活在消极的评价之中，你就会感到沮丧，感到悲观。

如果孩子生活在鼓励之中，他学会的是自信；如果生活在谴责之中，他便会忧心忡忡。

有一次，我到京客隆去买东西，一位中年女售货员见到我，特别激动，把我拉到一旁说："我一定要跟你谈谈。"

她告诉我："有一天，上四年级的女儿放学回来，对我说：'妈妈，今天老师留的作业是，读卢勤老师写的《把孩子培养成财富》这本书里的一个故事，我已经读完了，该你读了。'我读了之后，热泪盈眶，原来，女儿是通过这种方式，表达了她对我的意见。"

故事的大意是这样的：

有个男孩上幼儿园的时候，老师对家长说："你的孩子有多动症，坐不了半小时就出去跑，而别的孩子能坐一个小时。"妈妈流眼泪了，回到家，儿子问："老师说什么了？"妈妈笑着说："老师表扬你了，说你以前只能坐20分钟，现在能坐半小时了。"儿子惊奇地说："我坐的时间还可以更长一些。"

儿子上小学了。家长会上，老师说："全班50名同学，这次数学考试，你儿子排第49名，我怀疑他智力上有障碍，您最好带他到医院查一查。"

回去的路上，孩子的母亲流下了泪。然而，回到家里，看到诚惶诚恐的儿子，她振作起精神，对坐在桌前的儿子说："老师对你充满信心，她说了，你并不是笨孩子，只要能细心点儿，会超过你的同桌。这次，你的同桌排在第21名。"

说这话时，她发现，儿子黯淡的眼神一下子充满了光，沮丧的脸也一下子舒展开来了。她甚至还发现，儿子温顺得让她吃惊，好像长大了许多。第二天上学时，去得比平时都要早。

孩子上了初三，又一次家长会。她坐在儿子的座位上，等着老师点她儿子的名字，因为每次家长会，她儿子的名字在差生的行列中总是被点到。然而，这次却出乎她的意料，直到结束，都没听到。她有些不习惯。临别，去问老师，老师告诉她："按你儿子现在的成绩，考重点中学有点危险。"

她怀着惊喜的心情走出校门，此时她发现儿子在等她。路上她拍着儿子的肩膀，心里有一种说不出的甜蜜，她告诉儿子："班主任对你非常满意，他说了，只要你努力，很有希望考上重点中学。"

高中毕业了。第一批大学通知书下达的日子。学校打电话让她儿子到学校去一趟。她有一种预感，她儿子被清华大学录取了，因为在报考时，她跟儿子说过，她相信他能考取这所大学。

她儿子从学校回来，把一封印有清华大学招生办公室字样的特快专递交到她的怀里，突然转身跑到自己的房间里大哭起来。他边哭边说："妈妈，我一直都知道我不是个聪明的孩子，是您相信我，鼓励我。"

这位女售货员流着眼泪对我说："其实我的女儿挺优秀的，还是班里干部，可是我老觉得她不如别人，总是冲她说'你真笨！'没想到，伤害了她，以后我要好好改改了。"

我对她说："夸孩子，也要讲方法，要讲出她棒的地方，不要空说。有一位妈妈老打孩子，听完我的报告，热血沸腾，中午回家看儿子在吃饭，激动地对儿子说：'你真棒！'儿子很诧异：'妈，你有病吧？我看你病得不轻，说胡话了！'下午这位妈妈来找我，说我的话不灵，她儿子不信。我笑着说：'你假惺惺的，谁信呢？儿子吃饭棒在哪里？是吃得多棒，还是吃得少棒呀？你一点诚意也没有，人家当然不信你了。'"

在集体生活中需要"你真棒"。爱赞美别人说"你真棒"的人，朋友多；爱挑剔别人说"你真笨"的人，没朋友。

在家庭生活中更需要"你真棒"。人家做了饭，你赞美说："你真棒，做得真好吃，我从来没吃过这么香的菜。"下一顿，你会吃到更好吃的菜。如果，人家做了饭，你挑剔说："你真笨，做得太难吃了，我从来没吃过这么难吃的菜。"下一顿，可能更难吃，或者你根本就吃不到了。

"你真棒"既是对别人的赏识，也是对别人的尊重。你尊重了别人，别人也会尊重你。

记住，改变态度，就改变了关系。